"十四五"时期国家重点出版物出版专项规划项目
突发公共卫生事件应急物流丛书

面向应急风险环境下弹性供应链网络设计与运作管理

徐 伟 等著

中国财富出版社有限公司

图书在版编目（CIP）数据

面向应急风险环境下弹性供应链网络设计与运作管理／徐伟等著．－－北京：中国财富出版社有限公司，2024.11．－－（突发公共卫生事件应急物流丛书）．ISBN 978－7－5047－8311－0

Ⅰ．F252.1

中国国家版本馆 CIP 数据核字第 2024U35D83 号

策划编辑	王　靖	责任编辑	王　靖	版权编辑	李　洋
责任印制	尚立业	责任校对	卓闪闪	责任发行	敬　东

出版发行	中国财富出版社有限公司		
社　　址	北京市丰台区南四环西路 188 号 5 区 20 楼	邮政编码	100070
电　　话	010－52227588 转 2098（发行部）	010－52227588 转 321（总编室）	
	010－52227566（24 小时读者服务）	010－52227588 转 305（质检部）	
网　　址	http：//www.cfpress.com.cn	排　版	宝蕾元
经　　销	新华书店	印　刷	宝蕾元仁浩（天津）印刷有限公司
书　　号	ISBN 978－7－5047－8311－0/F・3758		
开　　本	710mm×1000mm　1/16	版　次	2024 年 11 月第 1 版
印　　张	21.25	印　次	2024 年 11 月第 1 次印刷
字　　数	265 千字	定　价	96.00 元

版权所有・侵权必究・印装差错・负责调换

学术顾问委员会

主任委员：范维澄

副主任委员：丁俊发　　贺登才　　吴清一

　　　　　　王宗喜　　黄有方　　马士华

委员（按姓氏笔画排序）：

　　　　　　冯耕中　　刘志学　　何明珂　　汪　鸣

　　　　　　张　锦　　恽绵　　翁心刚　　魏际刚

编 委 会

主任委员：王　波

副主任委员：余玉刚　　郑欣怡

委员（按姓氏笔画排序）：

　　　　王　丰　　王英辉　　曲　强　　朱佳翔

　　　　吴菁苨　　张晓东　　郝　皓　　徐　东

　　　　徐　伟　　龚卫锋　　葛金田　　瞿群臻

前　言

我国在全球新冠疫情防治方面作出了巨大的贡献，也取得了巨大的成果，谨以本书致敬在疫情防控中作出贡献的防疫人员，感谢他们的付出。

2019年12月，一种由"新型冠状病毒"引起的恶性传染病迅速席卷全球，对全球供应链造成不可忽略的影响。在疫情常态化的背景下，如何保证供应链稳定是现在以及未来学者们需要解决的问题。随着社会经济的发展和管理技术的进步，人们已经可以初步处理诸如此类的突发公共卫生事件。本书细致总结了现有应急风险下的供应链管理方式，重点从弹性供应链角度出发，系统全面地研究如何使用弹性供应链网络应对突发公共卫生事件，对应急风险下弹性供应链管理具有一定的参考价值。

本书的特点是强调先进性和实用性。首先详细定义了突发事件和应急风险的概念，并对风险进行分类和评级；其次对弹性供应链的现有研究进行了总结，在此基础上提出多种弹性供应链提升方案；最后从实际出发，从应急风险角度提出突发公共卫生事件下供应链管理策略。基于以上特点，本书在基础理论和应用方法上，力求清晰直观、易于应用。

全书由六章组成。第一章为导论，主要介绍了本书的研究背景、意义及研究现状等。第二章首先探讨了供应链风险的概念、特征及其分类，并结合供应链应急风险管理案例介绍了供应链应急风险管理相关内容；其次结合案例介绍了供应链应急风险管理流程相关内容及供应链风险的预防与规避；最后对本书所讨论的供应链突发事件，包括突发公共卫生事件、突发自然灾害事件和突发事故灾难事件作了相关概述和铺垫。第三章介绍了弹性供应链的基本概念、作用机理及供应链网络弹性演化原理、测度分析和评价方法。第四章从突发公共卫生事件、突发自然灾害事件、突发事故灾难事件三个方面，全面地分析了突发情况对供应链的影响，同时对于弹性供应链在应对突发事件中的作用及突发事件下供应链风险度量和风险预警分别进行了分析与概述，并加入案例思考。第五章对应急风险下的弹性供应链网络进行了设计，包括对弹性供应链的需求分析、设计、策略研究及供应链网络弹性提升策略、网络设计等相关内容。第六章阐述了弹性供应链运作评价管理的相关内容。首先是对企业运作管理的基本概述、供应链运作管理模式及物流企业运作管理模式的概述；其次分析了运作管理影响因素，主要考虑顾客满意度、库存管理、企业成本控制、环境可持续性四个方面；最后运用 ESG 指标评价体系对运作模式评价体系进行了研究，针对需求信息有限条件下的弹性供应链进行协调分析并提出弹性供应链运作协调策略。

弹性供应链系统是全世界供应链管理领域不断深入研究的热点，尽管本书所阐述的一些理论和方法有所突破，解决了部分应急风险下的供应链管理问题，有些理论模型和管理方法仍有待进一步研究。由于作者水平有限，书中难免存在疏漏之处，敬请读者朋友批评指正。

徐 伟

2024 年 1 月

目 录

第一章 导论 ·· 001
    第一节 研究背景及研究意义 ··· 003
    第二节 国内外研究现状及文献综述 ···································· 006
    第三节 研究思路及研究方法 ··· 014

第二章 供应链应急风险相关概述 ······································· 017
    第一节 供应链风险基本概念 ··· 019
    第二节 供应链应急风险管理 ··· 026
    第三节 供应链应急风险管理流程 ······································· 035
    第四节 供应链风险的机理分析及应急管理策略 ·················· 044
    第五节 供应链突发事件相关概述 ······································· 054
    第六节 本章小结 ·· 070

第三章 弹性供应链管理相关概述 ······································· 075
    第一节 弹性供应链的基本概念 ··· 077
    第二节 供应链的脆弱性及弹性增强措施 ···························· 080
    第三节 供应链网络弹性演化 ··· 086
    第四节 供应链网络弹性的测度分析 ·································· 092

第五节　供应链网络弹性评价方法 …………………………… 101

第六节　本章小结 …………………………………………………… 108

第四章　应急风险下的供应链影响分析 …………………………… 117

第一节　突发公共卫生事件影响分析 …………………………… 119

第二节　突发自然灾害事件影响分析 …………………………… 125

第三节　突发事故灾难事件影响分析 …………………………… 131

第四节　弹性供应链管理在应对突发事件中的作用 ………… 136

第五节　突发事件下供应链风险度量 …………………………… 139

第六节　突发事件下供应链风险预警 …………………………… 152

第七节　本章小结 …………………………………………………… 165

第五章　应急风险下的弹性供应链网络设计 …………………… 171

第一节　应急风险下的弹性供应链需求分析 ………………… 173

第二节　弹性供应链设计 ………………………………………… 182

第三节　应急风险下弹性供应链策略研究 …………………… 191

第四节　供应链网络的关键要素与应急弹性策略 …………… 208

第五节　弹性供应链网络设计 …………………………………… 219

第六节　本章小结 …………………………………………………… 254

第六章　弹性供应链运作评价管理 …………………………………… 259

第一节　企业运作管理基本概述 ………………………………… 261

第二节　供应链运作管理模式 …………………………………… 263

第三节　物流企业运作管理模式 ………………………………… 265

第四节 运作管理影响因素 ………………………………… 268
第五节 运作模式评价体系 ………………………………… 270
第六节 弹性供应链运作协调策略 ………………………… 290
第七节 本章小结 …………………………………………… 304

参考文献 ……………………………………………………… 308

第一章 导论

第一节　研究背景及研究意义

一、研究背景

近年来,由于技术的提升以及管理观念的革新,供应链管理的运作理念在世界各地获得了充分认同。企业将非关键业务外包,优化全球供应链资源分配,并广泛应用精益生产原则,这些策略极大地推动了企业的持续成长。然而,供应链和产业链也面临着各种意外事件的挑战,这些事件可能对企业造成严重影响。任何供应链环节的故障都可能导致整个企业运营的重大损害。一旦发生供应链中断,则短时间内难以恢复,造成供应成本急剧增加,降低顾客服务水平,甚至造成较坏社会影响。供应链弹性可定义为供应链在遭遇外部冲击时,能够迅速适应并恢复至其正常运作水平,甚至在某些情况下,能够提升至更优状态的能力。这种能力涉及系统对突发事件的响应速度、适应性和恢复力。

当公共卫生事件暴发时,医疗资源的紧张和不确定性常常会削弱物流系统的表现。这种情况不仅会延长医疗救援物资的配送时间,增加运输的经济成本和工作量,还会增加公众的痛苦,给社会安全造成隐患。武汉暴发新冠疫情初始,武汉地区由于人员流动性大,疫情涉及人员多、范围广,防疫工作面临着防疫物资短缺、防疫期过长、恢复周期长等问题,进而引发人们的心理恐慌。面对突发公共卫生事件，各种救援物资需要通过物流服务及时准确地被运送到各个需求点，供应链对需求或供应不可预知的变化迅速作出反应，并且在反应过程中迅速变换行动方向或调整行动策略，所以说弹性供应链网络的优化设计在应对突发公共卫生事件中起到了重要作用。确保各类应急救援物资能够迅速到达目的地，关键在于能否迅速而准确地确定最佳的补给救援路径。在紧急运输的情况下，路径选择是一项复杂的任务，它不仅需要考虑各个医疗物资需求点的需求量和路径的可达性，还需要兼顾需求点的紧迫性、时间限制以及车辆资源的分配等关键因素。因此，增强供应链的灵活性和建立应急机制对于在突发公共卫生事件发生后迅速将物资送达受灾地区、减少损失至关重要。在公共卫生紧急状况下，构建一个既安全又高效的供应链系统尤为关键，尤其是在疫情高峰期，如何科学合理地调配和配置紧急救援资源，并迅速展开救援行动，是提升应急救援效率和优化应急供应链网络系统需要解决的核心问题。

无论供应链网络设计得多么周密，也无法完全杜绝各种故障事件的发生。既然故障事件无法完全避免，那么在供应链网络的设计和运营策略中考虑其可能性，确保网络在发生故障后能够迅速恢复至正常运作，将具有显著的理论价值和实际意义。

对于重度疫区来说，应急物流体系的构建必须足够稳定才能够满足物资及人员运输在较长时间内的需求。当突发公共卫生事件发生时，大量的物资、信息与人员会集中在小范围内调度，极易造成应急物流网络关键节点的拥堵、瘫痪与失效，而个别节点的失效极可能引发应急物流系统的全局崩溃，造成损失不断扩大。

二、供应链弹性产生背景

初期的供应链管理研究主要集中在可预测环境下的运作管理问题。这涉及对供应商的选择与评估、物流网络的构建与优化、供应链各环节企业间的协作、合同制定和利润分配机制，以及战略伙伴关系等方面的探讨。随着社会和经济环境的演变，学者们在供应链管理的实际操作中逐渐认识到，在可预测环境下进行的供应链理论研究对于实际行业和企业的指导作用有限。因此，研究的焦点逐渐转移到了在不可预测环境下的供应链管理上。

构建具有弹性的供应链以应对企业所遭遇的不确定性和重大供应中断，正成为研究的新方向。从经济学的供需平衡角度来看，供应链的不确定性主要源自需求和供应两个维度，需求方面的不确定性典型表现为牛鞭效应，而供应方面的不确定性则以供应链的紧急管理为代表。从风险来源来看，供应链的不确定性来自人为或自然风险，前者以局势动荡、汇率波动、罢工等为典型，后者以疫情、灾害为典型。随着行业的专业化和世界经济的一体化，众多现代企业开始采纳"业务外包""准时生产"和"精益制造"等管理策略，以优化其供应链管理。然而，这些做法也可能使供应链变得更加脆弱，更易受到意外事件的影响。由于供应链的设计和实施通常是一个长期且持续的过程，对其进行根本性的改变不仅成本高昂，而且代价巨大。因此，一些专家主张在供应链设计的早期阶段就融入"弹性"元素，这样一旦遇到供应中断等问题，可以以较小的成本有效应对，并迅速恢复甚至超越原先的运作效率。

三、研究意义

在供应链网络的运作中，可能会遭遇各式各样的失效事件，这些事件往往难以预料，具有突然性、复杂性、破坏性、持久性以及连锁反应等特征。尽管已有众多国内外文献对供应链网络的设计和规划进行了探讨，但多数研究假设供应链能够平稳运行，并采用确定性模型或将关键变量和参数设定为固定值，很少涉及在失效事件出现时的供应链弹性设计。在实际操作中，企业所处的环境充满了不确定性，因此，探索在失效事件风险环境中如何构建有效的供应链网络系统模型显得尤为关键。

弹性供应链的结构设计与优化是供应链风险管理领域的一个新兴研究方向，目前即便是在国外，相关研究也还处于早期阶段，尚未形成一套统一的理论体系，且在定性和定量研究方法上存在不足。弹性供应链的结构设计与运作优化不仅与传统的考虑失效风险的供应链结构设计与优化方法不同，也区别于主要关注失效事件发生后补救措施的应急管理方法。其核心思想是将企业抵御失效事件影响的能力内置于供应链网络系统之中，同时尽可能少地增加供应链的日常运营成本。弹性供应链的结构设计与优化研究在供应链风险管理领域具有创新性、探索性，因此，开展这一领域的研究不仅具有理论上的重大意义，也具有实际应用价值。

第二节　国内外研究现状及文献综述

一、弹性供应链网络界定

供应链网络的构建是供应链管理的根基，而确保该网络具备足够的弹性则是其配置中至关重要的一环。弹性是供应链网络的核心属性，它赋予了供应链在遭遇破坏性事件时的抵御和恢复能力。鉴于全球范围内破坏性事件频发，供应链网络在日常运作中所承受的风险日益增加，一旦发生中断，不仅恢复缓慢，还会对经济和社会带来深远的影响，给企业造成重大损失。2020年的新冠疫情就是一个明证，它对全球供应链系统造成了剧烈冲击，导致许多行业的供应链网络部分或完全中断，恢复工作异常艰难，对全球经济产生了长期的负面影响。疫情引发的供应链中断问题凸显了企业在供应链弹性建设方面的不足，同时也揭示了当前关于弹性供应链网络设计研究的局限性。

随着学术界对供应链网络失效风险研究的不断深化，有关供应链弹性及其策略的研究也日益丰富。刘家国等（2012）在理论分析的基础上，构建了包含三个要素的供应链弹性概念模型，并得出结论，供应链的能力和弹性管理能力是提升供应链弹性的关键。杨洋等（2018）运用贝叶斯后验概率方法，开发了区域能源供应链弹性的测量模型，并通过北京能源供应链的实例数据，提出了采用多元化能源结构以抵御能源风险的建议。曾桂荣（2018）通过分析供应链的能力和要素，提出了商贸企业供应链弹性管理的优化路径，包括供应链重构性、协调性、敏捷性和客户关系管理文化等方面。方晗炜等（2017）将弹性供应链视为系统在受到干扰后能够恢复甚至优化到原始状态的特性，并认为这对供应链风险管理在不确定条件下有显著的改善作用。姚卫新等（2015）从建立弹性供应链的必要性出发，提出了灵活的供应链建设策略。关志敏等（2016）针对具有多种采购策略的柔性供应链，研究了供应商失败风险和价格波动下的供应链成本与服务水平优化问题。Chowdhury 等（2016）认为供应链弹性是供应链通过准备水平来防止和减少中断影响的能力。Kamalahmadi 等（2017）将供应链弹性视为供应链的适应能力，通过控制供应链结构和功能来减少紧急情况的可能性，并及时有效地应对干扰。Wagenberg 等（2018）将供应链的灵活性等同于其适应性，强调通过控制供应链结构和功能来减少干扰的可能性和蔓延。Dubey 等（2018）定义供应链弹性为系统受到干扰后在可接受的时间内恢复到原始状态的能力。P. L. Meena 等（2011）研究了在重大灾难事件导致失败情况下的供应商选择问题，并通过模型分析和算法找到了最佳供应商数量的解决方案。Rajesh 等（2018）从供应链战略角度分析了供应链可持续性和弹性的核心要素，并通过对制造网络的多案例分析，解释了供应网络中可持续性和弹性目标的一致性。Pournader 等（2016）利用数据包络分析（DEA）和模糊集理论建立了评估供应链风险弹性的模糊网络DEA 模型，并通过实证分析验证了模型的实用性，指出整个供应链系统的弹性并不意味着每一层都具备相应的弹性特性。

二、弹性供应链网络设计

关于弹性供应链网络设计问题，国内外学者从不同角度开展了相关的研究工作，明确供应链网络中断模式是设计缓解相应中断风险的供应链网络的前提。根据供应链网络拓扑结构，供应链网络中断模式可以分为两类：节点中断和运输路线中断。

1. 考虑供应链节点中断的研究

供应链中的节点故障指的是供应链中的供应商、制造商或分销商等因遭受干扰而部分或完全丧失其供应或生产能力。在设计供应链网络时，若只考虑节点故障，该问题可主要归结为设施选址的问题。

闫妍等（2010）探讨了基于节点失效情况下的供应链应急管理策略，构建了正常运行和单一节点失效情况下的单目标混合整数规划模型，并通过CPLEX软件求解，提出了以最小化供应链总成本为目标的网络运行方案。马卫民（2011）研究了考虑节点中断的可靠供应链网络设计问题，在包含供应点、中转点、需求点的供应链中选择合适的中转点，以构建一个可靠的网络，并确保在节点中断后仍能较为正常地运行。关志民等（2011）基于不确定理论对弹性供应链问题进行研究，构建了多目标机会约束规划模型，采用标准化正规化约束法求解模型的帕累托前沿，并进行了案例分析和关键参数的灵敏度分析。周健等（2015）针对多级供应问题，构建了两阶段、双目标、多周期的混合整数规划模型，集成优化了节点中断风险下的供应商选择和生产配送调度，并提出了应急响应策略。张松涛（2015）提出了一种供应链应急鲁棒策略，以满足客户需求，即在供应随机中断的情况下，同时基于Takagi-Sugeno模糊控制系统，构建了考虑提前期的供应链应急模糊模型，并通过实例仿真验证了模型的可行性和有效性。狄卫民等（2017）针对三级供应链系统，考虑需求不确定性和工厂与配送中心的中断情况，建立了以期望总成本最小化为目标的供应链选址-库存决策模型，设计了混合遗传算法，并通过案例验证了模型和算法的有效性和收敛效果。Snyder等（2017）基于经典的设施选址问题，假设所有配送中心的中断概率相同，研究了配送中心发生随机中断时的供应链网络设计问题，对模型进行简化，并利用拉格朗日松弛算法进行求解。Jabbar Zadeh等（2009）提出了混合鲁棒-随机优化模型和拉格朗日松弛方法，用于设计应对节点设施中断的弹性供应链，并讨论了供应链设计决策受多种因素影响。Cardona – Valdes 等（2011）研究了三级网络中配送中心发生随机中断时的弹性供应链设计问题，以总成本和总服务时间最小化为目标，建立随机优化模型，并利用 L 型算法求解，证明了计算的有效性。Namdar 等（2013）研究了供应链节点发生中断时，考虑利用采购策略应对中断风险，建立两阶段随机规划模型，分析了不同中断程度下各种采购策略的最优组合。Azad 等（2014）考虑中断发生时设施部分失效，客户需求发生变化，建立混合整数线性规划模型来确定设施的最佳位置和客户的分配，提出一种具有有效不等式的 Benders 加速分解方法，并通过大规模案例验证了模型和算法的有效性。

当前的研究多集中于供应链节点的中断情况，但在实际操作中，运输环节的中断同样可能发生，例如由于运输道路或工具的损毁导致的运输中断。因此，在供应链网络设计中，应当考虑将弹性理念融入运输路线的选择中。现有的确定性优化模型并未充分考虑不确定性因素对弹性供应链网络设计的影响，而实际上，中断事件通常具有不确定性。因此，研究具有中断随机性的弹性供应链网络设计问题将更符合实际操作的需要。本研究将采用机会约束规划、鲁棒优化、随机规划等模型来进行弹性供应链网络的设计，这些方法为解决在不确定环境下的弹性供应链网络设计问题提供了理论基础和实践指导。

2. 考虑节点和运输中断的研究

供应链中的运输线路可能会因为某些原因（如自然灾害、事故等）遭受中断，导致运输能力部分或完全丧失。在设计供应链网络时，同时考虑节点和运输线路的中断，可以将问题视为节点设施选址与分配的问题。

蔡政英等（2011）探讨了中断对供应链的交互影响，特别是中断事件如何导致供应链中的边路失效，并构建了多变量耦合控制模型来描述弹性运作问题，提出了一种弹性响应机制。Ahmadi Javid 等（2017）研究了由制造商和分销商组成的两级供应链网络中的分配和路由问题，考虑了网络中断情况下制造商生产能力和分销系统中车辆运输能力的变动，旨在在不同的风险度量政策下确定设施位置和配送路线。

这些研究综合考虑了节点和运输中断对供应链网络设计的影响，为解决多种中断情况下的弹性供应链网络设计问题提供了理论支持。现有文献已经证实，使用随机规划模型来设计能够抵御中断风险的弹性供应链网络是有效的。在这些研究的基础上，本研究通过构建两阶段随机规划模型，并结合备用供应和现货购买两种中断恢复策略，旨在规避网络中节点和运输路线的中断风险，进一步丰富了弹性供应链网络设计模型的研究。

尽管目前对失效事件风险下的弹性供应链网络设计尚未形成系统化研究，但已有的供应链优化设计思想为弹性研究奠定了理论基础。肖建华等（2018）在面对节点故障和需求波动时，考虑了节点的应急响应能力，并构建了一个三级弹性供应链网络优化模型。王长琼等（2020）在设计四级供应链网络时，针对工厂和配送中心可能的中断，整合了转运策略，并在模型中引入了弹性系数，以提升整个供应链的利润。他们还采用改进的遗传算法求解模型，并通过案例分析验证了模型的有效性，为决策者提供了应对中断风险的参考。孟宏旭（2020）针对供应链网络结构的不稳定性，构建了混合整数线性规划模型，比较了考虑市场需求不确定性的多周期弹性供应链应急决策利润模型与常规模型的弹性应急机制。研究以最小化网络运营总成本为目标，通过实际案例分析，展示了在节点中断情况下，应急运行能力的优势。闫妍等（2010）研究了供应链网络中节点故障情况下的弹性紧急调度问题，以最低总成本为目标，建立了有限资源约束下的单目标成本优化数学模型，并通过软件求解得到了应急调度计划。李永红（2010）构建了供应链系统弹性变形模型，分析了随时间变化的弹性变形值，发现供应链弹性驱动的系统变形是一个动态的、波动增长的过程。研究表明，供应链网络成员间的合作能够创造弹性，从而为供应链带来持续增长。李俊（2012）提出了基于可拓学的供应链弹性综合评价方法，构建了评价指标体系框架，并建立了综合评价模型。王海燕等（2019）在客户需求不确定性的情况下，考虑了配送中心的中断，构建了最小化成本的供应链网络模型。Ruiz Tomes（2013）等在供应链网络模型中采用多源供应和灵活生产策略来应对中断风险，并使用决策树方法评估所有可能的节点中断情况，为供应链网络设计提供了新的视角和方法。

基于文献分析，在构建弹性供应链时，考虑不确定性要素是非常有现实意义的。当前的国际经济社会环境，人为与自然因素造成的风险或突发事件是常态，而实际问题中不确定变量的分布信息不易获得。目前，大多数研究者更偏向于在供应链的早期设计阶段就考虑潜在的设施失效风险，并采取预防性措施。然而，关于供应链遭受中断后的应对策略和恢复策略的研究相对较少。尽管已有一些研究提出了确保供应链在中断后仍能持续运作的应急策略，但这些策略的实际效果尚未得到充分的实证验证。此外，也有学者在设计阶段考虑了设施失效后的恢复力，但整体而言，将供应链中断前、中、后三个阶段作为一个连贯的生命周期进行综合研究的文献仍然不多见。

三、供应链应急风险研究

马卫民等（2015）设计了一个考虑供应端节点可能中断和需求端数量波动的稳健供应链网络，包括供应点、中转点和需求点。Jabbar Zadeh 等（2014）开发了一种针对供应链中断风险的响应策略，并据此构建了闭环供应链的随机鲁棒优化模型。Namdart 等（2014）探讨了在供应链中断情况下，采用采购策略来维持供应链弹性的方法。单泪源等（2016）在风险中性的前提下，分析了由制造商和风险规避型零售商组成的二级供应链的最优策略。杨洋等（2010）则采用扎根理论，构建了供应链全面恢复机制的理论框架。吴忠和等（2012）在考虑损耗和新鲜度影响的情况下，研究了不同供应链结构和契约下的突发事件供应链协调机制。吴晓志等（2012）在流通损耗的背景下，分析了突发事件引起需求和成本波动时，收益共享契约对易逝品双渠道供应链协调的效果。Sheffi 等（2020）提出，提高供应链的柔性和企业的弹性是帮助企业从严重的供应链冲击中恢复的关键。Tang 等基于供应链风险的类型，分析了不同的柔性战略，包括经营风险即供应链内部的不确定性，如需求、供应和成本的不确定性等，并探讨了供应链规划控制策略、多元化合作策略和风险管理策略。计国君等（2014）结合机会成本和博弈论，建立了综合规划模型，为应急物流配送系统的资源调度提供了决策优化的依据。根据现有文献的总结，目前应对供应链中断风险的策略主要分为预防性措施、中断期间的控制以及中断后的应急响应三种类型，但将这三者结合在一起进行综合研究的工作相对较少。此外，大多数研究倾向于关注供应链的静态资源配置，而对于供应链动态能力的探讨则相对较少。许多研究都是建立在应急机制的基础上，但对某一特定区域的应急预案、不同区域应急物流的选址和配送设计的研究却很少。

第三节　研究思路及研究方法

一、研究思路

首先，本书介绍供应链应急风险相关概述，介绍了应急风险概念、特征、分类及其管理方法，并引出一系列风险评估管理及风险规避方法，同时对突发事件中突发的公共卫生事件、突发自然灾害事件和突发事故灾难事件中的概念、主要特征、类别及其来源与影响因素进行了详细阐述。其次，本书对弹性供应链管理进行了相关描述，介绍了弹性供应链的基本概念、作用机理及其演化过程，并提出了对供应链网络弹性指标的测度分析及评价方法。

本书对常见风险事件的情况进行了相关概述，着重从供应链环境风险、供应链内部风险和供应链整体风险三个方面对常见风险因素进行归类，提出风险因素的预防方法和风险发生时的应急措施。对于突发公共卫生事件弹性供应链集成模式，本书从期望成本最小和权衡效率两个方面进行了讨论分析，还分析了提升供应链弹性的方法。本书的研究思路和逻辑结构如图 1-1 所示。

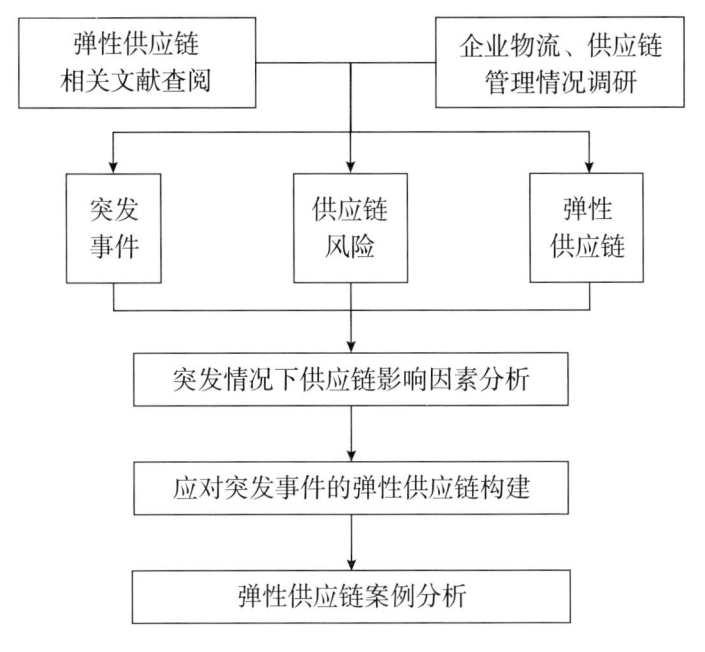

图 1-1 本书的研究思路与逻辑结构

二、研究方法

1. 文献评述法

在本书中,我们通过深入分析和综合考察了众多研究者的理论成果和思想观点,对当前供应链中断风险管理领域的研究现状进行了全面的审视。这一过程不仅揭示了研究的热点问题,也拓宽了我们对供应链弹性和韧性问题的认知范围。同时,我们也识别了现有研究的局限性和不足之处,这为我们指明了未来研究的潜在机会和方向。

通过对现有文献的系统梳理,我们发现了几个关键的研究热点,包括但不限于供应链的多级网络设计、中断风险评估、应急策略开发,以及供应链的恢复力建设。这些热点问题反映了学术界和业界对于提高供应链在面对各种不确定性和中断时的适应性和响应能力的关注。

2. 理论分析法

理论分析方法包括风险管理理论、系统论、博弈论、协同理论等方法。风险传染病模型通常用于传染病传播分析，供应链风险或级联失效与病毒传播具有一定相似性，因而用于分析供应链风险传播机理。

3. 定性与定量分析法

在本书中，我们在对现有理论进行系统的归纳和定性分析的基础上，融合了经济学和风险管理的相关理论，提出了一个全面的弹性供应链运作分析框架和运作机制模型。此外，我们还引入了定量分析方法，以研究和评估供应链在面对突发事件时的弹性和响应能力。通过这种定性和定量相结合的研究方法，本书旨在为供应链管理提供一套更为科学和实用的工具和策略。

4. 理论分析与实际研究相结合

本书在理论分析的基础上，运用问卷调查与案例分析相结合的方法研究应对突发事件的供应链弹性水平。

第二章　供应链应急风险相关概述

第一节　供应链风险基本概念

一、供应链风险定义

供应链系统的复杂性使得其风险难以界定，从不同的角度出发可以定义不同的供应链风险。

国外学者从不同角度对供应链风险进行了相关研究并取得了阶段性研究成果。供应链风险主要来自供应、需求及其关系。Metchell 认为，供应链风险是因企业中员工的教育层次、国别及市场结构的稳定性、市场利率的变化等供应市场特征的差异而产生，这些因素可能造成供应不足的风险。Zsidisin 等将供应链风险定义为由于供应的不及时从而导致货物和服务质量降低。Sodhi 认为供应链中风险是指顾客需求的不确定性。Nagurney 等用供应链风险来表示供应和需求的不确定性。

Tang 以经营风险和中断风险为基础对供应链风险进行了定义，经营风险即供应链内部固有的不确定性，包括需求的不确定性、供应的不确定性、成本的不确定性等。中断风险是指由于自然或人为的灾难对供应链造成的重大破坏，如地震、飓风、恐怖袭击等。Gaonkar 和 Viswanadham 考虑了对企业造成的损失情况来定义供应链风险，造成企业损失的原因是在供应链运作过程中可能发生的突发事件。Hallikas 等将供应链风险定义为不确定性产生的后果。这种不确定性主要来自顾客需求和客户交付两方面，不确定的需求数量、交货成本、交货时间和产品质量都将导致供应链风险。

国内学者对供应链风险的研究始于20世纪末21世纪初。赵红、吕芳从合作的角度出发，将供应链的风险分为关系风险和绩效风险。他们认为，关系风险主要指供应链企业间缺乏必要的沟通造成相互信任的缺乏而产生的风险，绩效风险则指与合作情况无关的所有能够导致供应链整体失败或损失增加的危险。

从供应链风险产生的位置来划分。马士华将供应链风险分为内生风险与外生风险两类，内生风险产生于信息差、客户需求等，外生风险则主要来自政策、环境、法律等方面。丁伟东认为供应链风险会利用供应链系统的脆弱性对其造成破坏，给上下游节点企业及整个供应链带来损失和伤害，是种潜在的威胁。

由于供应链涉及的方面较多，从不同的角度出发对供应链风险的描述也不同，总结以上看法，基本含义如下。

（1）供应链风险可能源于监管不力或超出常规规划范畴的事件。

（2）供应链风险也可以理解为供应链运行受阻或中断的可能性。

（3）供应链风险可能潜藏在供应链的任何环节，对整体效益构成威胁，特别是在供应链的脆弱或关键节点，风险发生的概率更高。

（4）供应链风险往往伴随着意外事件，涉及许多不确定因素。为了应对这些不确定性，增加技术或成本投入可能会降低预期收益，因此需要在经济效益和灵活性之间找到平衡。

（5）供应链风险指的是供应链面临危机的可能性，这种危机通常由不确定因素引起。由于这些因素的不可预测性，一旦在生产制造或货物流通过程中出现风险，可能会影响预期的效果和收益，对整个供应链造成不同程度的影响。

基于现有研究，本书对供应链风险的定义是，在物资通过供应链从生产端到用户端的过程中，涉及商流、物流、信息流等多个环节，包括运输、储存、装卸、搬运、包装、流通加工、配送、信息处理等。供应链中的任何一个环节出现问题，都可能引发风险，影响其正常运作。

二、供应链风险主要特征

供应链风险兼有风险的一般性和供应链的特殊性，主要可归纳为动态性、多样性、复杂性、运作性、传递性和互补性六个特征。

（1）动态性。供应链风险是运动的，会随着外界因素的变化而变化。

（2）多样性。供应链风险源自内部和外部因素的共同作用，既包括自身在生产经营过程中产生的内部风险，又包括在信息传递过程中所受到的外部风险等。

（3）复杂性。供应链是一个复杂的网链结构，其复杂性大大增加了风险发生的概率。供应链的平稳运行需要各个节点的相互协作，各利益相关者相互依赖、相互作用才能完成最终目标。如一个鞋子制造企业，它既是橡胶和棉布制造商的下游，又是分销商、零售商的上游，其中任何一个企业出现问题都会影响整个供应链的平稳运行，甚至导致网链的运作失灵，致使整个供应链遭到破坏。供应链的复杂性增加了对供应链风险的防范和控制难度。

（4）运作性。企业的经营水平直接影响到供应链风险。企业的经营水平包括预算投入、技术水平、战略规划、信息化程度等。所以控制供应链风险时要从企业组成、构造原理等方面着手。

（5）传递性。供应链是一个动态的整体，各企业节点间相互依存，任何一个节点出现问题都会影响供应链的稳定性。供应链需求信息流具有传输的牛鞭效应，差错会在企业间传递积累，不断放大风险，最终导致整条供应链崩溃，失去其原本的功能。供应链的网链结构特点决定了任何一个企业节点的错误都会影响到整条供应链。

（6）互补性。部分供应链风险之间的关系是此消彼长的，一个风险的降低可能会导致另一个风险的滋生。为维持供应链的稳定性，企业生产应密切关注各种风险之间的关系。解决风险互补性问题的较好方法是严格把控库存的多少，持有适当的库存。当库存较少时，会出现供应链中断的可能性，而较多的库存则会占用过多的流动资金，增加成本负担等。

三、供应链风险分类

供应链风险可以根据其来源划分为两大类：内部风险和外部风险。内部风险主要涉及以下几个方面：下游客户的需求波动可能引发的风险、核心企业在生产过程中遇到的不确定性风险、上游供应商在供应过程中的不确定性风险。而外部风险则包括监管政策的变化、法律法规的影响、基础设施的可靠性、自然灾害的发生、经济危机的冲击。历史研究显示，相对外部风险，供应链更频繁地受到内部风险的冲击。

在供应链的运营管理过程中，可以通过分析不同环节和职能来识别供应链风险。周艳菊等学者将供应链风险分为需求风险、供应风险、环境风险、制度风险、经营风险和信息技术风险六大类。Tang 将供应链风险分为运营风险和中断风险两类。运营风险在供应链中是固有的,它源于各种不可预测的因素,如客户需求的波动性,这可能导致需求预测的不准确;供应方面的不稳定性,可能由于供应商的生产问题或物流延误所导致;成本的不可预见性,可能因原材料价格波动或汇率变化而产生。中断风险涉及那些可能导致供应链运作中断的重大事件,包括自然灾害,如地震、洪水、飓风等,这些事件可能对供应链的物理基础设施造成破坏;人为灾害,如恐怖袭击,这些行为可能对供应链的安全和稳定性构成威胁;经济危机,如利率波动和员工罢工,这些情况可能影响供应链的财务健康和运营效率。

总结现有对供应链风险的研究发现,从不同的角度、按照不同的标准可以对供应链风险进行不同的分类。结合现有研究,本书从供应链风险的来源、风险结果对供应链的影响程度、行为主体的不同分别对供应链的风险进行分类。

1. 根据供应链风险的来源分类

根据供应链风险的来源不同对供应链风险进行分类,可将其划分为外部风险和内部风险。

(1)外部风险通常称为环境风险,是由外部环境中不可预测和难以控制的因素引起的。

①自然灾害风险。飓风、地震、山洪等自然灾害可能导致供应链节点遭受损害。

②突发公共卫生事件风险。新冠疫情、霍乱等突发公共卫生事件可能严重影响货物和商品的流通,增加供应链中断的风险。

③社会环境风险。包括工厂的水污染、电力供应中断、火灾以及因疾病流行导致的生产中断等问题。

④政策风险。宏观经济政策和金融危机的不确定性可能增加经济危机的风险，导致企业破产。同时，政府经济政策的预期变化也可能影响供应链中各实体的策略行为，增加企业风险。

⑤市场风险。企业对市场核心需求的把握不足以及市场的不稳定性可能导致供应链风险。

⑥社会信用风险。社会信用体系的不完善可能导致信息流通不畅，从而带来风险。

（2）内部风险是指由供应链内部下游客户需求波动、核心企业制造过程中的不确定性、上游供应商供应不确定性等所导致的风险。

①信息风险。由于信息不完全或信息阻塞所造成的风险。

②经营风险。由于生产经营变动或市场环境改变导致企业未来的经营性现金流发生变化，从而对企业的市场价值产生影响的风险。经营风险是外因，市场风险是内因。

③制度风险。主要由于制度方面的不确定性导致的风险。

④运输风险。主要包括运输、配送、物流等方面的不确定性导致的风险。

⑤利益分配风险。利益分配的不均衡可能会对企业的长期运营和管理产生负面影响，这种风险源于利益分配机制的不公或不合理。

⑥企业文化风险。在企业并购过程中，由于两家企业的经营哲学、发展背景、员工素质等文化因素的不匹配，可能导致并购整合失败，这种风险强调了企业文化在企业合并中的重要性。

⑦信息技术风险。数据在传输过程中可能遭遇竞争对手的窃取，或者由于信息基础设施的故障，这些都可能给企业带来严重的不利影响。

2. 根据风险结果对供应链的影响程度分类

根据风险结果对供应链的影响程度，供应链风险分为偏离风险、中断风险和灾难风险。

（1）偏离风险。当成本、需求、提前期等一个或多个参数偏离预期值或均值时，供应链根本结构虽未发生很大变化，但会造成偏离风险。这样的风险包括需求波动、供应波动、采购成本和产品成本等的波动，以及提前期和运输时间的波动等。

（2）中断风险。人为因素或自然因素产生的突发事件致使某种产品、仓库和运输不可获得时，会改变供应链的根本结构，这种风险称为中断风险。根据定义，常见的中断风险有产品中断、供应中断和运输中断。例如，TOYOTA在墨西哥的一个工厂发生了火灾，导致某个零部件的生产供应中断；非洲猪瘟导致猪肉市场的供应中断；美国港口的停工导致从亚洲运往美国的汽车零部件运输中断。

（3）灾难风险。灾难风险是指不可预计的供应链节点网络系统性中断导致的暂时性供应链网络的崩溃。如新冠疫情致使企业复工复产难度增加，造成全球整体经济的暂时停滞。

3. 根据行为主体的不同分类

供应链是由多个相互连接的环节组成的复杂网络，每个环节都有参与供应链运作的企业作为行为主体。根据行为主体的不同对供应链风险进行分类，可以将其划分为供应商风险、生产商风险、批发商风险、零售商风险、物流服务商风险等。

这些分类方法提供了不同的视角来识别和理解供应链风险。例如，库存风险可以从信息不准确的角度来看待，因为它可能源于信息传递的误差，同时也可以视为偏离风险，它涉及库存水平与预期或计划的偏差。这种多角度的分类有助于更全面地理解和管理供应链中的各种风险。

第二节　供应链应急风险管理

一、供应链应急风险概念

1. 供应链应急风险定义

供应链中的应急风险涉及在供应链运作中，突发事件（例如自然灾害、政治不稳定、经济动荡、技术问题、人为错误等）可能引发的一系列问题，如供应链的中断、延误、效率降低或成本上升等。这些不确定性因素可能对企业的常规运作和战略目标的实现产生负面效应。由于这些事件通常难以预见、突然发生且具有破坏力，企业需要迅速作出反应并采取有效措施来应对。

2. 供应链应急风险的特点

（1）突发性：这类风险通常在缺乏明显预警的情况下突然降临，给企业带来突然的冲击。

（2）破坏性：突发事件可能对供应链造成重大损害，引发供应链中断、库存积压、生产停滞等严重问题。

（3）传递性：由于供应链各环节的紧密联系，一个环节的风险可能迅速扩散到其他环节，引发一连串的反应。

（4）复杂性：供应链应急风险涉及众多利益相关方和多种因素，包括供应商、制造商、物流服务商、客户等，以及政治、经济、社会、技术等宏观环境因素，这使风险管理变得更加复杂。

3. 供应链应急风险管理的重要性

在当今企业运营中，供应链的应急风险管理是确保业务连续性和推动长期增长的关键。随着全球经济一体化的加深，供应链变得更加错综复杂，相互依赖性增强，任何小的扰动都可能迅速波及整个系统，造成广泛的连锁反应，对企业的财务状况、品牌信誉乃至整体生存造成重大影响。因此，认识到供应链应急风险管理的重要性，并采取恰当的管理策略，对于保障企业的稳定运营和实现长期发展目标至关重要。

首先，强化供应链的应急风险管理能有效减轻突发事件对企业运营的影响。这些事件可能包括自然灾害、政治动荡、公共卫生危机、技术问题或合作伙伴的财务困境等，它们通常难以预测且具有破坏性。通过预先识别潜在风险、制订应急计划并进行模拟演练，企业可以在危机发生时迅速采取行动，减少业务中断，降低损害，保护企业的核心资源和市场竞争力。

其次，供应链的应急风险管理对于保障供应链的稳定性和持续性至关重要。供应链的稳定性是企业持续生产和满足市场需求的基础。通过改进供应链流程、建立多元化供应商网络、实施库存策略和加强信息共享，企业可以提高供应链的弹性，即使在面对突发事件时也能保持运营，确保产品供应，满足客户需求，保持市场地位。

再次，供应链的应急风险管理有助于提升企业的市场竞争力。在竞争激烈的市场中，能够迅速适应变化和有效应对挑战的企业往往能够获得优势。通过加强应急风险管理，企业不仅能减少突发事件带来的成本和利润损失，还能提高客户满意度和忠诚度，增强品牌影响力。这种优势有助于企业在市场中获得更大的影响力，为长期发展打下坚实基础。

最后，供应链的应急风险管理是提高企业抵御风险和持续发展能力的重要手段。随着全球经济的发展和市场环境的变化，企业面临的外部风险变得更加复杂。通过建立完善的应急风险管理体系，企业可以更有效地应对不确定性，减少风险暴露，提高经营的安全性和稳定性。

这种管理能力也是企业核心竞争力的重要组成部分，有助于企业在激烈的市场竞争中实现持续成长。综上所述，供应链的应急风险管理对企业的稳定运营和长期发展至关重要。它不仅关系到企业的短期生存和利润最大化，更关系到企业的长期战略目标和可持续发展愿景。因此，企业应重视供应链的应急风险管理，不断提升风险管理意识和能力，完善风险管理机制，以应对日益复杂的市场环境和挑战。

二、常见供应链应急风险事件

在研究供应链应急风险事件与管理的过程中，研究供应链应急风险事件的机理应该是基础性的工作。对常见应急风险事件的机理进行分析，可将其分为以下4类。

（1）资金风险。

资金风险是指通过贸易融资的方式向客户垫资后，资金不能按约定时间提取的风险。产生这种风险的内在原因主要有委托人（客户）经营困难、资金链断裂、委托人不能履行合同。当货物价值贬值或者购买价格被人为抬高，当货物的实际价值低于预付款时，形成了实际的风险暴露，资金回报缺乏保障，合同条款存在漏洞，客户恶意违约。

（2）货物风险。

货物的风险与供应链公司对货物进行的控制有关。主要内容包括以下两个重要方面：一是货权未能得到充分保障，既包括一些相关单证、手续不完备所带来的货权上的瑕疵，也包括货物未置于供应链管理企业，货权不能实现的情况；二是货物的流动性风险，即产品专用性强，流动性差，货物无法快速变现的风险。

（3）物流风险。

物流风险是指货物在仓储、运输等物流环节中造成损坏、灭失等所带来的风险。

（4）其他常见风险。

主要指管理风险和政策风险。管理系统风险是指由于信息管理不规范而造成企业管理混乱，相关技术操作人员失误、失责的风险及道德风险。政策风险即由于我国相关产业发展政策和管理会计政策变化所带来的风险。从目前来看，国家产业政策是积极向好的，但企业需要注意与进口和出口有关的税收、配额和政策等方面的变化。

常见的供应链应急风险事件如下。

（1）融资性贸易风险。

某贸易公司（简称 A 公司）与供货商（B 公司）及银行（C 机构）进行融资性贸易操作。A 公司基于与 B 公司的长期合作关系，通过 C 机构融资采购 B 公司的商品。然而，由于市场波动，商品价值下滑，导致 A 公司无法按期还款给 C 机构。同时，由于 B 公司在交易过程中存在隐瞒商品真实价值的行为，导致 A 公司陷入巨大的风险之中。C 机构在发现风险后，采取了紧急措施，如冻结账户、要求提前还款等，使 A 公司陷入财务危机。这次风险事件影响了 A 公司的日常运营及信誉。

通过此次案例可以看出，融资性贸易虽然带来了资金流动性便利，但也伴随着巨大的风险隐患，如供货商的信息不对称和市场波动等。因此，参与融资性贸易的企业应谨慎操作，确保充分了解和评估风险。

（2）循环贸易伪造风险。

循环贸易伪造经营业绩是一种违法行为，常见于企业为了短期利益而进行的虚假交易行为。例如，某企业为了掩盖经营业绩不佳的状况，开始采取循环贸易的方式伪造业绩。他们与其他关联企业或虚构的企业进行虚假交易，制造销售增长的假象。例如，他们先虚构采购订单，从关联企业购买大量原材料，而后迅速将这些原材料高价转售给其他关联企业或个人，从而伪造出高额的销售额和利润。此外，他们还通过虚构物流单据、伪造发票等手段来掩盖真相。然而，这种循环贸易并未真正增加企业的经济效益和市场竞争力，只是表面光鲜的假象。最终，该企业的违法行为被审计机构揭露，并受到了法律制裁和投资者的指责。

（3）委托采购贸易货权失控。

某公司 A 委托供应商 B 公司采购原材料，由于货权管理不严格，导致货权失控。具体过程为，A 公司委托 B 公司采购大量关键零部件，支付预付款后，B 公司未能按期交货。经查，B 公司收到货款后，将部分货物转售给其他客户，造成对 A 公司的违约。A 公司因缺乏货权管理意识，未能及时采取措施控制货物所有权，导致生产中断，造成重大经济损失。

案例显示，货权管理在委托采购贸易中至关重要。企业应对货权进行严格控制，确保货物所有权明确，防范供应商风险。在签订采购合同前，应明确货权归属和交货期限等条款。同时，加强供应商管理，定期评估供应商履约能力，确保供应链的稳定性和可靠性。此外，建立应急机制，对可能出现的货权失控风险进行预警和应对。

（4）垫资贸易形成大额资金损失。

垫资贸易是企业为缓解现金流压力的一种常见做法，但如果操作不当，可能会造成大额资金损失。

例如，某贸易公司因业务扩张急需资金，采取垫资贸易方式，向一家供货商预付了大量货款。由于市场风险评估不足，对供货商的资信状况了解不深入，导致资金预付后供货商无法按时交货，甚至出现了欺诈行为。该贸易公司陷入了资金链断裂的危机，不仅损失了预付的货款，还影响了与其他合作伙伴的关系，业务运营受到严重打击。此外，因未能及时收回资金，公司面临高额的债务压力和利息支出，最终陷入破产边缘。

此案例警示企业，在垫资贸易操作中应谨慎评估风险，充分了解合作伙伴的资信状况，避免因盲目扩张或追求短期利益而陷入资金损失困境。同时，企业还应加强内部控制和风险管理，确保资金安全，避免类似风险事件再次发生。

（5）商品违约出库或重复质押。

某物流公司 A 在运输一批货物时，未严格按照合同约定进行出库操作，导致货物违约出库，被客户 B 发现货物数量不足和质量问题。经调查，原来是物流公司 A 的出库管理系统出现漏洞，员工操作失误，导致部分货物被误出库。客户 B 因此遭受损失，与物流公司 A 产生纠纷，物流公司 A 支付了高额违约金并赔偿客户损失。

另一个案例中，某企业 C 在融资过程中，将同一批货物多次质押给不同金融机构。由于质押物管理系统不完善，未能及时发现重复质押情况。当资金链断裂时，各金融机构纷纷要求处置质押物，才发现重复质押问题。最终通过法律途径解决纠纷，企业 C 付出了沉重的代价。

这两个案例提醒各企业要加强商品出库管理和质押物管理，严格履行合同，避免违约出库和重复质押带来的损失和风险。同时，完善的内部管理制度和风险防范机制也是必不可少的。

（6）贸易应收账款保理风险。

贸易应收账款保理是一种金融服务，旨在帮助企业在交易中快速回收资金。然而，这也存在一定的风险。

例如，某制造企业在与其长期合作的供应商交易的过程中，为了加速资金流转，选择了应收账款保理服务。但供应商的某些客户因市场变动，经营困难，导致拖欠货款。这直接影响到保理公司的收款，保理公司不得不向该制造企业追索款项。由于未对客户的信用状况进行深入调查，也未建立有效的风险控制机制，该制造企业陷入了资金困境。这一案例反映出贸易应收账款保理的主要风险之一是客户信用风险。此外，还可能涉及法律合规风险、操作风险等。因此，企业在选择保理服务时，应充分了解客户信用状况，建立风险控制机制，确保贸易安全。同时，也需要与专业保理公司合作，规避风险，实现良性发展。

三、供应链应急风险管理案例

1. 案例描述

2018 年 5 月 2 日，福特汽车的关键零部件供应商 Meridian 位于密歇根州的工厂发生火灾，这场火灾直接影响了福特的三家工厂生产，尤其是 F - 150 系列皮卡的生产受到了严重冲击。F - 150 作为福特的标志性皮卡车型，长期占据美国汽车销量排行榜的首位，并多次荣获美国年度汽车大奖，深受美国消费者的喜爱，无论是长途旅行还是日常购物，都是他们的首选。

福特公司随后宣布，由于 Meridian 工厂火灾导致关键零部件短缺，福特在密苏里州堪萨斯城的卡车装配工厂自 5 月 7 日起暂时关闭，约 3400 名员工受到影响。紧接着，5 月 9 日，福特位于迪尔伯恩的卡车工厂也因同样原因被迫停工，约 4000 名员工被波及。堪萨斯城和迪尔伯恩是福特汽车的重要生产基地，仅在 2018 年 4 月，这两个工厂就分别生产了 29572 辆和 31482 辆卡车。

在遭遇供应链中断的紧急情况下，福特汽车迅速采取行动，成立了一个专门的应急响应小组，负责处理因火灾受损的镁散热器生产模具。火灾发生当日，即 5 月 2 日，该小组已在密歇根州 Meridian 工厂附近准备就绪。在获得消防部门的许可后，他们迅速行动，成功从火灾现场救出了总计 40 吨的 19 套关键冲压模具。

为了缓解供应链中断的风险，福特积极寻求镁产品供应的替代方案。在广泛搜索了包括合作伙伴和竞争对手在内的全球资源后，福特在英国诺丁汉找到了合适的替代生产设施。为了将受损设备迅速转移至英国，福特协调了世界上最大的运输机之一——安 – 124 运输机，并安排了俄亥俄州哥伦布市的机场作为转运点。在短短 24 小时内，福特成功完成了供应链风险的应急处理，这一高效的风险管理流程为业界提供了宝贵的经验。

5 月 8 日，载有 40 吨设备的安 – 124 运输机从美国飞往英国诺丁汉，在当地开始了关键零部件的生产工作。随着镁散热器供应的逐步恢复，福特宣布，F – 150 的生产分别于 5 月 18 日和 5 月 21 日在迪尔伯恩和堪萨斯城的工厂重新启动。在经历了10天的停产之后，F-150系列的生产得以恢复，标志着此次供应链风险事件得到了圆满解决。

2. 案例启示

（1）单一供应源风险（Single Source Risk）。

对于福特公司，如此关键且需求量巨大的零件供应仅靠一家供应商生产，在做战略采购时就应进行供应风险评估并谨慎考虑。

供应商工厂起火引发供应链中断本身是一个小概率事件，但由于镁压铸的工艺较为特殊，导致福特在美国只拥有唯一的供应商 Meridian，换言之镁散热器对于福特公司而言其战略重要性很高。依据卡拉杰克供应矩阵（见图2-1），福特公司应着重考虑是否应开发备选供应商。

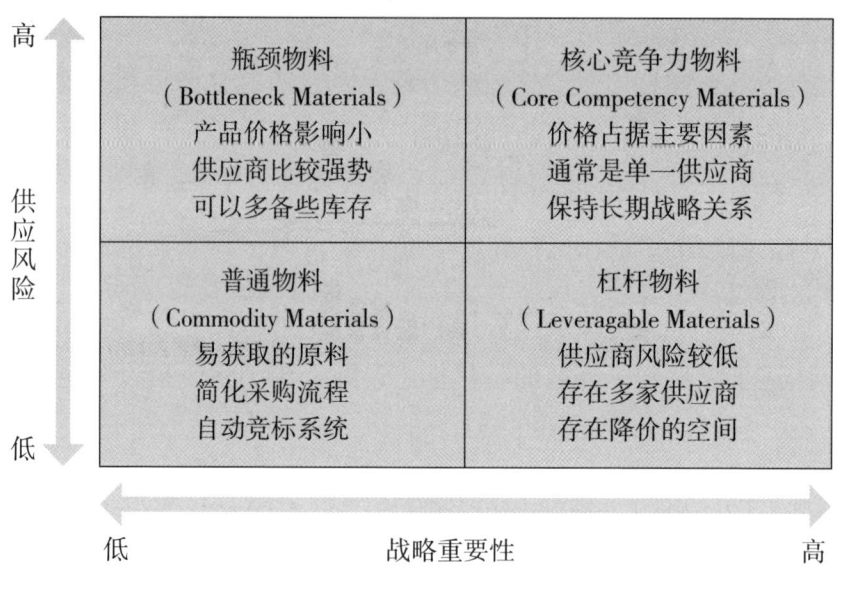

供应风险 高	瓶颈物料 （Bottleneck Materials） 产品价格影响小 供应商比较强势 可以多备些库存	核心竞争力物料 （Core Competency Materials） 价格占据主要因素 通常是单一供应商 保持长期战略关系
供应风险 低	普通物料 （Commodity Materials） 易获取的原料 简化采购流程 自动竞标系统	杠杆物料 （Leveragable Materials） 供应商风险较低 存在多家供应商 存在降价的空间
	低　　　　战略重要性　　　　高	

图2-1　卡拉杰克供应矩阵

（2）供应链的敏捷性（Supply Chain Agility）。

福特公司在突发事件发生后的极短时间内快速分解任务清单，精准执行每一步的物流操作，采取了最合适的方案来恢复其供应链，充分体现出了供应链的敏捷性及执行力的强大。

（3）供应链团队的成熟度（Supply Chain Team Maturity）。

在危机发生后，福特能够在全球范围内迅速调度包括替代工厂、运输资源在内的各种供应商资源，充分体现了其供应链管理团队的高成熟度。

（4）供应商关系（Supplier Relationship）。

供应商的关系需要企业不断维护，良好的供应商关系不仅能增加企业和供应商之间的流程流畅度，而且能使企业在遇到突发风险时，获得来自供应商的有效援助。依靠其全球供应伙伴及内部团队，福特成功克服了这次供应链危机，凸显了其良好的供应商关系，彰显出供应商关系的重要性。

第三节　供应链应急风险管理流程

一、供应链应急风险管理流程概念

风险管理这一概念起源于美国，C·小阿瑟·威廉斯将其定义为一种科学的管理手段，它涉及对风险的识别、控制和监督，目的是将风险带来的成本降至最低。供应链中的应急风险管理专注于识别、评估、控制和监控可能干扰企业运营的各类突发事件，并基于这些信息制定策略和措施，以确保企业的生产和经营活动能够稳定、安全和持续地进行。在法约尔的安全生产理论以及马歇尔的风险分担理论提出之后，供应链风险管理策略经历了从风险回避、保险决策到风险控制的研究演进。风险管理与控制的理论已经逐步成为主流经济学和现代管理学分析框架的一部分。

应急风险管理是一系列环节的集合，其核心目标是最小化潜在损失。风险事件可能会削弱供应链网络的运作效率，增加运营成本，严重时甚至可能导致供应链结构的瓦解。与侧重于事件发生概率和影响程度的传统风险控制理论不同，从复杂网络系统的角度来看，供应链风险控制更注重预防和减轻风险，强调整体性和风险的协调管理。供应链应急风险管理通常包括以下四个基本步骤。

（1）风险识别和预防。"工欲善其事必先利其器"，意思就是需要我们做好准备工作，风险识别和预防是供应链应急风险管理的首要步骤，旨在全面系统地找出影响供应链正常运作的潜在风险因素。为了减少风险可能造成的损害，关键在于清楚地识别并预防这些风险。供应链中断风险的识别需要从整个供应链网络的角度出发，不应只关注单一企业、环节或供应链的某个局部，而应深入分析供应链的每个组成部分，包括供应商、制造商、物流服务商、分销商等，以及它们之间的互动。此外，还必须考虑外部环境因素，如政策变动、自然灾害、市场波动等。风险的识别和预防应首先建立在对供应链风险相关理论的概述和建模方法的基础上，通过科学的方法分析风险的成因。风险识别是风险管理的第一步，它使企业能够理解风险的不确定性，从而做到充分准备，因此，风险识别和预防环节是至关重要的。

（2）风险衡量。供应链风险衡量是指运用相关分析方法对特定风险发生的可能性和损失范围及程度进行估计和度量。这一过程首先需要通过考虑风险发生的概率、时间点以及损失函数，来评估单个节点企业的风险水平，然后基于这些评估结果，进一步综合评价整个供应链网络的风险状况。由于供应链网络的复杂性,风险往往以多种形式存在,并且它们之间可能会相互影响和渗透。某些风险通过节点企业之间的关联作用可能会产生叠加和放大的效果,这种现象通常被称为"滚雪球效应"。因此,采用多因素驱动的供应链风险评估方法变得尤为重要,这种方法能够量化分析节点企业之间的相关性、风险阈值等关键风险变量,从而优化企业的供应链应急风险管理策略。

(3) 风险控制。供应链风险控制是应急风险管理的关键环节。在此阶段,管理者可以采取分散、转移或规避等策略来管理风险。在风险分散和转移的过程中,供应链网络中不同节点企业的目标函数差异可能会导致供需不确定性,进而增加供应链中断的风险。然而,通过加强供应链节点企业之间的合作,可以减少这种不确定性。

供应链中的企业可以通过签订合同和建立合作伙伴关系共同分担风险。这样做可以在不增加整个供应链网络系统风险的前提下,实现供应链整体利益的最大化。对于已经发生的风险,管理者需要采取适当的缓解措施,以减少风险最终导致的损失。简而言之,供应链风险控制旨在通过各种策略和措施,有效管理供应链中的不确定性和潜在风险,以保护供应链的稳定性和企业的长期利益。

(4) 剩余风险评价。在供应链的应急风险管理过程中,剩余风险指的是即便采取了风险管理措施之后依然残留的风险。对剩余风险的评估是整个风险管理流程的最终步骤,它涉及对风险控制成效的深入分析,并从中吸取宝贵的经验教训。这样的评估有助于在未来面对类似风险时能够迅速识别并采取应对措施,其根本目标在于提升整体的效益。

供应链应急风险管理流程如图 2-2 所示。

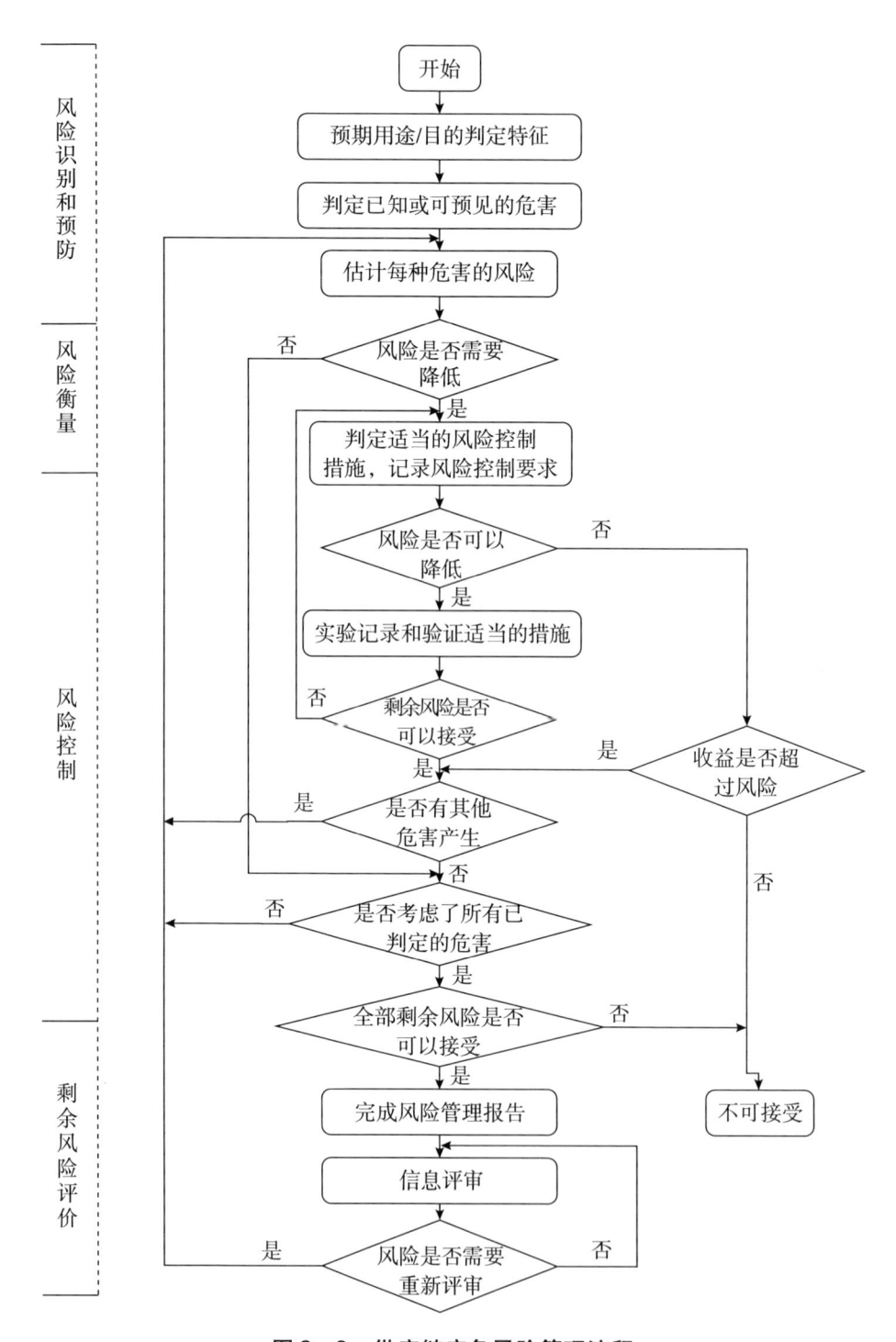

图 2-2　供应链应急风险管理流程

二、供应链应急风险管理流程应用案例

供应链应急风险管理流程的提出，使供应链企业能够通过风险管理的底层逻辑和运营管理知识，识别在什么方面、什么环节、什么阶段会有何种风险出现或有潜在性风险存在，评估和预测风险出现的概率及风险出现对企业的危险程度。供应链应急风险管理流程还可以帮助企业考虑应对风险的方案或措施。有研究报告数据证明，应用应急风险管理流程可以帮助企业降低风险的发生概率，减少经济损失，提高应对风险的效率。

A 公司是一家新能源制造装备企业，其中项目管理是 A 公司的短板。现有的研发项目管理流程包括立项评审、项目启动、方案设计、测试和验证、设计和确认输出、项目收尾六个阶段。按照项目管理的标准来看，目前 A 公司在风险管理和控制方面存在不够全面和缺乏针对性等问题，具体表现在实际项目研发过程中，在采购、进度、范围等环节出现问题时，项目经理的反应并不及时，不能及时有效地针对问题提出应对方案，致使项目延期甚至是中断。结合供应链应急风险管理流程，A 公司研发项目风险管理目前存在的不足如下。

（1）缺少整体的风险分析系统。A 公司目前在项目研发之前并未构建风险分析体系，无法在项目早期对项目运行过程中可能出现的风险进行识别和确定，本来可以避免出现的大部分风险都可能会出现在项目运行过程中，大大降低了项目运行稳定性。

（2）未从以前研发项目中总结经验教训。A 公司自成立以来，以往的相关项目经验教训完全可以为研发项目风险管理提供有用的风险管理案例，然而截至目前，A 公司的项目管理中风险记录文件一直是

空白。对于风险管理来说，对风险的预判和管控的精确度，以及相关应对措施的有效度，与项目风险管理归纳的细致性呈相关性。

（3）研发项目风险管理的方法不准确。目前 A 公司由技术部来主导研发项目推进，其他部门如质量部、采购部、生产部等只会在一定的阶段参与进来，因此，有些风险，如在生产阶段的潜在风险等，无法被精确预测。此外，A 公司缺乏对风险大小的有效测度，即使预测到某个风险的潜在发生性，也无法有效测度该风险对项目的影响程度，一些较为严重的风险因此会被放过，给项目带来巨大损失。

（4）员工缺乏项目风险控制的意识。A 公司目前的状况为项目经理一人承担项目风险的应对责任，缺乏对员工进行应急风险管理相关知识体系的培训，员工对管控风险的参与度很低，普遍认为应急风险管理是项目经理需要关注的问题。在项目研发过程中出现风险后，A 公司的应急风险管理流程由项目经理负责协调资源处理，大大降低了风险应对的效率，因此有时会造成项目的延期甚至是中断。

（5）过度依赖单一供应商。企业如果只选择一个供应商，一旦该供应商出现问题，整个供应链可能会受到严重影响。例如，福特汽车因火灾导致其供应商 Meridian 停产，造成福特三家工厂停产。

（6）缺乏透明度和信息共享。供应链中各节点企业之间的信息不透明，会导致需求信息的曲解和放大，造成供应链的不稳定。企业应该建立信息共享机制，以减少信息不对称带来的风险。

通过避免这些错误，企业可以更有效地管理供应链风险，提高供应链的弹性和稳定性。

案例启发：对于供应链企业，如何识别风险，并更有效地管理供应链风险呢？

三、供应链应急风险管理流程优化

(一) 流程优化理论

1. 流程优化的概念

流程表示了一项活动开展的次序。流程优化是建立在流程分析、流程绩效测评的基础之上,针对规范企业流程进行的一项管理活动。它以提升流程管理水平为目的,为有效实现企业管理目标提供保障。在实施流程优化的过程中,要严格遵守事先制订的优化计划,按照计划的步骤落实优化行为,对实施计划过程中出现的偏差要不断修正改进措施,确保在突发事件发生时能够有效地应对,从而达到最佳的流程优化效果。

2. 流程优化的原则

(1) 目标导向原则。以实现预定目标为目的,不过分强调某一流程环节的重要性。

(2) 关键流程优先原则。对实现目标影响较大且有重大缺陷的流程要优先安排。

(3) 具体可行性原则。流程优化应系统全面地分析现行流程的优缺点和实施针对性的优化措施,从而使优化后的流程更加规范且具有更好的可操作性。

(二) 对 A 公司风险管理的流程优化

供应链应急风险管理能力是企业面对不确定性和潜在危机时的关键能力。有效的风险管理能够帮助企业降低损失,保障生产和供应的顺利进行。以下是一些策略和优化思路。

（1）风险评估与识别：企业需要全面了解其供应链的各个环节，识别潜在的风险点，如地理位置、政治环境、市场波动、供应商实力等。

（2）建立应急风险管理体系：在识别潜在风险后，企业应建立完善的供应链应急风险管理体系，包括风险管理团队、政策和流程。

（3）数据分析预测建模：利用数据分析和预测建模帮助识别潜在风险，并在供应链中断发生之前进行预测。

（4）物流风险管理：利用实时信息灵活调整运输方式，采用自动化的货运管理和运输流程、云协作和标准化的货运凭证，以降低供应链中断的可能。

（5）供应链的柔性和反应能力：建立快速反应机制，增强供应链响应市场变化的能力，提高供应链系统设计的柔性、生产设备的柔性等。

风险管理的优化活动全程围绕的对象是企业的风险管理活动，优化不是对先前风险管理模式的全盘否定，而是在先前活动的基础上，通过流程分析、流程优化等方法对现行风险管理活动进行改良。优化过程如下。

1. 构建项目 FMEA（失效模式和影响分析）潜在失效模式

根据不同项目的特点，在项目感知的初期就采用 FMEA 的控制技术，并根据风险的大小进行安排，从而制定预防措施和完善对策，对存在的风险进行管理，项目可以有效避免或减少由于风险导致的损失。

2. 项目分阶段展开

该项目分阶段启动，即确认项目里程碑。里程碑计划可以说是战略计划或项目的主要结构，并且是项目工作计划的关键组成部分。基于不同阶段的产品或结果，可以显示达到目标所需的各种条件，并说明每个时期要实现的阶段状态。

3. 创建项目工作分解结构

创建项目工作分解结构（WBS，Work Breakdown Structure）是将项目的最终结果和特定工作划分为更小、更易于管理的部分。项目的工作分解结构越清晰，项目团队就可以越充分地把握项目的细节和范围。工作分解结构的最底层部分称为工作包。工作包有助于管理进度、成本和工作质量。根据A公司当前的项目开发流程，分解每个阶段的具体工作。

4. 风险识别

针对A公司，项目研发可从技术管理风险、进度风险、成本风险等几个角度着手去识别潜在风险。主要包含以下的方式。

（1）组织人员收集A公司发生在项目研发中的故障类型和模式。

（2）召集有关的人员和专家根据自身的经验列举出已经存在的或者是可能出现的故障类型和模式。

（3）对不同公司的同类项目进行调查和分析，了解存在的风险事件及种类。

（4）参考同行业或相关行业企业普遍存在的风险事件。

（5）调查和研究风险事件的发生原理，以此来预测可能发生的风险。

5. 风险分析

（1）风险严重度评分。当风险事件即故障模式确认后，由于各风险有不同的权重，怎样评价风险非常关键。

（2）计算风险度（RPN，Risk Priority Number）。解决问题的优先顺序由 RPN 的数值大小来判断得出，RPN 是风险模式的严重程度（Severity）、探测难度（Detection）、发生概率（Occurrence）三个关键因素的乘积，即 $RPN = S \times O \times D$。风险度 RPN 的数值越大，就表示该风险越需要关注。

6. 风险应对

将所有风险事件的风险度进行计算后，就可以根据计算结果对一些风险进行预防、预警和改进。在实际项目中，由于资源的有限性，不可能对所有识别的风险都进行改善，因此要重视那些风险度数值很高的风险。而对于那些风险度数值很低的风险则要记录和监控，但可以暂不采取措施，以便情况发生变化时能够及时采取行动。为了筛选出符合这两种情况的风险，就需要对所有的风险事件的风险度进行排序。

第四节　供应链风险的机理分析及应急管理策略

一、供应链风险因素影响机理

供应链是一系列连接起始供应商和最终用户的复杂网络，其基本特征包括复杂性、动态性和多样性。在那些产业分工更为细致的领域，供应链的结构往往更加复杂，涉及的企业更多，相应地，潜在的风险也更大，例如汽车行业的供应链。随着供应链中元素数量的增加，不确定性因素也随之增多，任何一个环节的问题都可能引发连锁反应，即所谓的"蝴蝶效应"，这可能导致供应链中的相关企业甚至整个供应链遭受重大损失。

这里我们举两个小例子来帮助读者更好地理解风险因素对企业的影响机理。

案例1：以吉林石化公司为例，分析工厂爆炸对其供应链产生的影响。

（1）生产停滞。爆炸事故使得双苯厂的苯胺二车间的生产设施彻底损毁，导致苯胺等关键产品的生产链被迫中断。该车间原本具备年产7万吨苯胺的能力，此次中断不仅对吉林石化公司，也对整个化工行业的供应链造成了显著影响。

（2）物料损失。事故还导致了1500立方米的硝基苯储罐和两个2000立方米的纯苯储罐的损毁，以及其他辅助生产设施的破坏，这些物料的损毁进一步加剧了供应链的中断问题。

（3）市场供应紧张。鉴于吉林石化公司是国内苯胺生产的主要企业，其生产中断可能导致市场苯胺供应短缺，影响下游企业的运营。

（4）物料存储。事故暴露出物料在存储方面存在一定的问题，尤其是硝基苯等危险化学品的储存。储罐的爆炸和泄漏表明，在物料储存过程中可能存在安全风险，如储存方法不当或设备老化等问题。

（5）物料运输。虽然事故的直接原因与物料运输无直接联系，但事故后的应急响应和物料转移考验了企业的运输能力。事故发生后，如何迅速且安全地将剩余物料转移到安全地点，对于减少损失至关重要。

思考问题：爆炸导致的供应链中断对公司运营产生了哪些具体影响？供应链的韧性和恢复能力是否足够强大以应对此类突发事件？未

来应该如何增强供应链的多样性和灵活性？

案例2：海啸对丰田汽车公司及其供应链影响分析。

2011年3月11日，日本发生了震中为东北部的巨大地震及随之而来的海啸（称为"东日本大震灾"），这对丰田汽车公司的供应链产生了显著的影响。

（1）供应链中断，供应商受损。地震和海啸对丰田的许多供应商造成了严重影响。包括原材料生产商和零部件供应商在内的许多公司遭到破坏，导致丰田的生产线缺乏关键部件和原材料。特别是电子零件和半导体的供应受到了严重影响，因为这些部件对现代汽车至关重要。

（2）生产和物流延误。由于供应链中断，丰田不得不暂停或减缓生产，特别是对受影响严重的生产线。物流方面，运输网络也遭到破坏，导致原材料和成品的运输受阻。这不仅影响了生产进度，也对公司交付承诺产生了负面影响。

（3）财务损失。由于生产停滞和物流问题，丰田公司遭受了巨额的财务损失。生产的中断导致了收入的减少，同时还需要花费额外的资金进行修复和重建工作。修复和恢复供应链的过程对公司的财务状况造成了压力。

（4）供应链重组与调整。事件发生后，丰田公司认识到单一供应链的脆弱性，因此开始重组供应链，增加供应商的多样性。公司不再过度依赖某一地区的供应商，而是寻求全球化的供应链布局，以减少对单一地区供应商依赖的风险。丰田公司还加强了供应链风险管理，建立了更为完善的风险评估和应对机制。公司引入了更多的应急预案，确保在类似突发事件中能够迅速调整和恢复供应链。

2011年的东日本大震灾凸显了供应链的脆弱性，对丰田汽车公司的生产和财务状况产生了深远的影响。通过此次事件，丰田公司在供应链管理方面进行了深入的调整和改进，包括多元化供应商、加强风险管理、提高供应链透明度以及技术投资等。这些措施不仅帮助丰田恢复了正常生产，也为未来应对类似突发事件提供了宝贵的经验。

思考问题：在突发自然灾害下，企业如何对供应链进行调整？

二、供应链风险应急管理策略

应急管理的对象是突发事件，可以根据这些事件的起因、紧急程度、危害性以及影响范围进行分类，并据此采取相应的管理方法和策略。供应链风险受到多种因素的影响，为了实施有效的预防措施，需要对这些风险因素进行深入分析。

为了制定有效的供应链应急策略，必须基于供应链的实际情况，预测并评估系统可能面临的风险类型及其潜在的影响，然后选择最合适的策略进行应对。这样的策略选择应考虑到风险的多样性和复杂性，确保供应链能够在面对突发事件时保持韧性和响应能力。

1. 联合应急库存策略

供应链网络的复杂性增加了其面对突发事件时的脆弱性，因此需要采用更高效的供应链管理方法来增强网络中各企业应对突发事件的能力。库存管理是应对这类事件的关键策略之一。企业可以通过建立横向的战略库存联盟，共同维护一个专用于应对紧急情况的应急库存，这种库存与企业为应对日常需求波动而保持的安全库存不同，它专门用于满足突发事件引发的非常规需求。首先，供应链中的每个环节都应保持合理的库存水平和灵活的生产能力。缓冲库存的设置应当恰到好处，既不宜过多以避免增加成本，也不宜过少以防止生产中断。适当的库存水平有助于缓解市场波动带来的短缺风险，因此企业需要找到合适的平衡点。其次，生产过程中应保持一定的额外生产能力，这不仅能够降低因设备不可靠带来的风险，还能提高对客户需求变化的适应性。再次，企业需要提升市场预测能力，准确判断消费者需求并了解竞争对手的策略，以便在市场中保持竞争力。最后，企业应增加研发投资，加快产品或服务的创新和更新速度，准确定位新产品，提高服务效率，并提供优质的售后服务。通过这些措施，企业能够更好地准备以应对突发事件，确保供应链的稳定性和企业的持续发展。

2. 多种供应、服务模式组合策略

多种供应策略可以通过在多个供应商之间转移订货量来有效保证供应链运营过程的有效性和连续性，尤其对于跨国公司，使其供应商分布在不同的国家能使供应链获得较大的弹性来应对突发事件。同时，采用多样化的服务策略，例如在不同产品中共享部件和生产流程，或为不同产品线构建专门的供应链，可以提高生产线的灵活性和效率。在供应链遇到突发事件导致某些部分无法正常运作时，具备良好替代性的生产设施、流程或组件能够为供应链的快速恢复提供优势，从而最小化潜在的损失。这种策略的实施有助于提高供应链的韧性，确保企业能够在面对挑战时保持竞争力和市场供应的稳定性。

3. 延迟策略

在供应链管理中，企业常采用产品生产的分阶段策略，即先制造标准化的中间产品或模块化组件，而将产品的具体差异化工作推迟到最终用户明确其对产品外观、功能和数量的具体需求之后。这种需求延迟（或称为延迟定制）的策略允许下游企业或消费者推迟其需求的确定，从而在面临突发事件时，有助于维持供应链的稳定性和增强其适应性。通过这种策略，供应链能够在需求明确之前保持灵活性，减少因过早定制而可能带来的风险和成本。当客户的具体需求确定后，再进行最终的产品差异化，这样可以更有效地响应市场变化，提高供应链对不确定性需求的响应能力。

4. 信息共享策略

供应链的信息共享涉及合作伙伴之间关于供应链操作的各类数据的交流，包括客户订单、销售记录、库存状态和产品需求等。这种信息的透明和自动化流通能够增强供应链的透明度。当供应链的各个环节能够迅速获取上下游企业的相关信息时，可以显著降低由于信息不均衡和沟通不畅所带来的风险，同时提升供应链的响应速度和整体竞争力。实际上，许多供应链在面对突发事件时遭受损失，往往是因为无法迅速获取关键信息，导致反应迟缓，错过了最佳应对时机。此外，供应链管理的核心在于企业间的协同合作，而信息共享正是提升合作效率和效果的关键因素。通过有效的信息共享，供应链成员能够更好地协调行动，优化决策，从而在竞争激烈的市场中保持优势。

三、风险应急措施

1. 风险应对原则

企业面临供应链风险时的应对原则如下。

（1）不逃避责任原则。当企业出现紧急情况时，首先都必须以坦诚的态度对待消费者，将消费者放在第一位，并勇于承担应承担的责任。

（2）与消费者良性沟通原则。突发事件发生后，企业不仅需要按照有关程序进行赔偿，而且要及时联系受害人本人和其家人，与他们进行情感交流，了解他们的要求，让事态朝着积极的方向发展。

（3）速度第一原则。事故发生后，要及时控制事态，时间是最关键的因素。公司需要尽快启动应急管理组，以分析局势并掌握局势发展之间的关系，作出决定并妥善处理情况。

（4）系统性原则。在处理紧急情况的过程中，企业必须首先系统地考虑紧急情况可能对企业的影响，并制定系统的应对策略。

（5）寻找权威支持原则。紧急情况发生后，在真相透露之前，消费者仍然对公司的产品保持警惕。为了消除消费者的疑虑，公司应向有关权威测试部门报告其产品。

（6）审时度势原则。要在适合的时候做出正确的选择。

2. 供应链突发事件应急措施

从供应链紧急情况的统计分析中，不难发现这些供应链紧急情况显示出许多相似性和规律性。因此，成功实施供应链突发事件应急措施已成为将危机转化为供应链管理机遇的制胜法宝。

（1）供应链突发事件危机预防措施。

在供应链运作环境中，危机无处不在，供应链企业应始终保持危机意识，成立应急管理组，进行定期或不定期的应急危机模拟演练。此外，还需要检测和预测可能发生的危机，并尽可能消除危机。

①建立风险防范意识。例如，伊利品牌的婴幼儿奶粉因为含汞被召回，其市值在一天之内就蒸发了40亿元；古井贡酒被怀疑与酒精混合，其市值在8天之内蒸发了32亿元。当前许多公司仍然缺乏危机管理意识，事前检测和预防是供应链应急管理的重要组成部分，培

养企业长期的供应链应急预防意识是减少企业损失的关键。

思考问题：伊利品牌和古井贡酒的市值蒸发有什么共同点？

②建立危机预警系统。例如，在"中毒门"之后，苹果公司在随后的平板电脑市场仍然可以取得可观的销售业绩，完全归功于苹果的危机预警系统。该系统监视着苹果公司的各种风险指标，对可能导致突发事件风险的因素进行预警，最大限度地减少了突发事件风险带来的消极影响。供应链危机预警系统是供应链风险防范的基础，通过对其各种风险指标进行预警，企业可以有效地控制供应链突发事件风险的情况。

思考问题：建立危机预警系统对苹果公司有什么作用？

③风险事件的模拟演练。例如，在肯德基的"秒杀门"事件中，肯德基公司认为，由于某些优惠券是伪造的，因此取消了优惠券的兑换并向客户道歉。但消费者对肯德基以自我为中心的行为非常不满，致使肯德基的销售额一度下降。当企业进行紧急危机管理时，有必要进行定期和不定期的模拟演练。只有在演练期间对应急管理人员进行足够的培训时，他们才能在发生风险情况时做出恰当回应。

思考问题：肯德基对风险事件的处理具有什么不妥的地方？

（2）供应链突发事件全面管理措施。

供应链突发事件的影响是全方位的，因此供应链应急管理团队还需要对突发事件进行全面的危机管理，并且供应链需要响应企业的当前情况，对事件的各种因素进行监控，及时发出警报，同时对资源、行为和舆论进行全面管理。

①资源管理。资源包括企业内部资源、政府公共部门资源、新闻媒体资源和行业协会等。这些资源不仅是企业生存的基础，还是企业

解决突发事件的重要工具。企业若想有效地解决风险问题，需要协调和管理好这些资源。

与每年"3·15"之后的重大改组相比，2011年国美电器对违规操作事件的处理尤其成功。首先，国美电器在事件曝光后的第二天便及时公布了其应对方案，积极组织有关部门对非法店铺进行彻查，并对相关非法经营者进行调查和处理。其次，国美还召开了新闻发布会，与有关部门合作进行监督。国美电器在处理商店员工违规的紧急事件中，成功地将危机变成了机遇，不仅使企业成功克服了困难，更为重要的是在消费者心中树立了良好的形象。

②行为管理。发生风险事件时，公司的行为管理将对供应链突发情况的结果产生至关重要的影响。积极的态度、敏捷的响应速度、及时与消费者沟通以及坦诚的举止都是企业成功解决供应链风险情况的法宝。

2011年5月在台湾发生的增塑剂事件影响了台湾一半以上的地区，大大减少了台湾相关产业的生产和销售量。但是，增塑剂的处理受到了大多数公众的认可。政府的实时监督、调查以及对涉事公司和个人的调查与惩罚，及时的响应速度以及与消费者的实时沟通，是有效应对此次危机的关键因素。

思考问题：应对台湾增塑剂事件有什么行为管理措施？

③舆论管理。"众口铄金，积毁销骨"，公众舆论很强，因此在应对供应链危机时，企业还必须做好公众和新闻媒体的管理，引导新闻媒体及时向公众公布真相，预防不良媒体虚假报道对消费者进行错误引导的情况发生。此外企业还需要及时与消费者沟通、实时回答消费者提出的质疑，重建信任机制。

2010年11月发生的康芝事件,由于企业的处理方式不当,导致其品牌受到很大的影响。在风险发生时,康芝公司没有很好地控制和引导公众舆论,导致制药业内部发生争斗,这不仅损害了公司自身的形象,更侵犯了消费者的利益。

思考问题:在康芝事件中,舆论管理有何作用?

(3)供应链突发事件危机控制措施。

中国目前的网民规模已突破10亿人,舆论力量极强。如果企业不能及时对有碍于企业成长发展的虚假信息进行管控,舆论的力量可能会给企业带来灭顶之灾。因此企业需要对突发危机进行及时的掌控。

①主动应对。企业应在常规运营期间构建一个全面的供应链应急管理框架,对所有生产环节的潜在风险进行持续监控。一旦发生紧急情况,企业应迅速采取行动,与受影响方沟通并协商赔偿,以有效控制局势。

②及时反应。在供应链危机管理中,速度至关重要,及时反应能够为企业减少损失,正面引导事件发展,并及时消除消费者的疑虑,重建信任。及时公开透明地公布事件真相,有助于企业快速摆脱危机的负面影响。

③恰当处理。不同的应对策略会导致不同的结果,正确的方法可以帮助企业减少损失,而不恰当的处理可能会加剧问题。因此,在危机发生后,选择正确的应对措施至关重要。

④勇于承担责任。愿意承担责任的企业更容易赢得公众的信任,并在市场竞争中立足。面对突发事件,企业应及时采取行动,主动承担责任,尽快消除负面影响,推动事态向好的方向发展。

再完善的风险管理体系也不能预防所有的风险，很多突发事件是无法规避的，作为在激烈竞争中生存的企业，时刻都应保持居安思危的状态，为突发事件的发生做好万全的准备，在突发事件发生后把握黄金处理时间，将突发事件带来的损失降到最低。

第五节　供应链突发事件相关概述

一、突发公共卫生事件相关概述

1. 突发公共卫生事件定义

突发公共卫生事件概念是以"SARS 事件"为背景提出的。2002年，中国广东首次出现严重急性呼吸综合征（SARS，又称"非典"），疫情被控制是在 2003 年中期。2003 年，国务院第 7 次常务会议通过《突发公共卫生事件应急条例》，至此，"突发公共卫生事件"概念正式被提出。

在国际层面上，SARS 被普遍认为是 21 世纪初的第一次全球性突发公共卫生事件。这次疫情之后，全球各国政府深刻认识到了在全球化背景下人员流动的速度之快和规模之大。因此，公共卫生安全不再仅仅是单一国家或地区的问题，而是成为一个全球性的问题，需要通过国际合作来共同应对和解决。为了从抗击"非典"疫情中学习经验，并为各国提供预防和应对突发公共卫生事件的指导，世界卫生组织（WHO）在 2005 年对原有的条例进行了修订，形成了《国际卫生条例（2005）》。根据该条例，那些通过疾病的国际传播对其他国家构成公共卫生风险的不寻常事件，被视为需要国际社会协调一致作出反应的"国际关注的突发公共卫生事件"。这一定义明确了事件的严重性、不寻常性、意外性和突发性，并强调了公共卫生事件应该是需要国际社会共同面对和解决的重大问题。《国际卫生条例（2005）》的制定和实施，旨在加强全球对突发公共卫生事件的防范和应对能力，通过国际合作和协调一致的措施，提高全球公共卫生安全水平。

判断影响事件是否构成"国际关注的突发公共卫生事件"的因素包括疾病感染病例、死亡人数、传染性、治疗效果、疫区人口密度、疾病发展速度、是否向国外传播、是否有必要限制国际旅行和贸易等。一旦事件被定为国际关注的突发公共卫生事件，世界卫生组织将提醒各国加强防控，提前准备应急措施以及病例隔离等相关事宜。各国政府还应对事件进行评估并及时控制疫情传播，如关闭学校或取消大型集会，甚至对特定地区实施旅行禁令等。

国内定义：突发公共卫生事件是指突然发生，造成或者可能造成社会公众健康严重损害的重大传染病疫情、群体性不明原因疾病、重大食物和职业中毒以及其他严重影响公众健康的事件。

突发公共卫生事件往往是供应链面临紧急风险的触发因素，其带来的影响广泛且错综复杂。例如，疫情等灾难性事件可能会迅速导致交通网络中断和物流体系受阻，这些在供应链中可能引发连锁反应，如物流延迟和物资供应的中断。同时，这类事件还可能干扰劳动力市场，导致人力短缺，以及加剧原材料供应的紧张，这些因素都可能进一步削弱供应链的稳定性和适应能力。世界卫生组织仅宣布了六次国际关注的突发公共卫生事件，最近一次是新冠疫情，六次事件基本情况如表2-1所示。

表 2-1 世界卫生组织确定六次国际关注的突发公共卫生事件

宣布顺序	宣布时间	疫情事件
第一次	2009 年	H1N1 流感疫情
第二次	2014 年 5 月	脊髓灰质炎疫情
第三次	2014 年 8 月	埃博拉疫情
第四次	2016 年	寨卡病毒疫情
第五次	2019 年	埃博拉疫情
第六次	2020 年	新冠疫情

2. 突发公共卫生事件主要特点

特点一：成因多样性。突发公共卫生事件可能由多种因素引起，包括伴随其他自然灾害发生的情况。例如，2008 年汶川地震后，公共卫生安全受到高度重视，以预防灾难后疫情的暴发。此外，环境破坏、生态失衡、交通事故等也与突发公共卫生事件有关，动物疫情、药品和食品风险也是主要诱因。由于成因复杂，突发公共卫生事件的预防需要全面和多角度的措施。

特点二：分布差异性。突发公共卫生事件的发生往往与时间和季节变化有关，如 SARS 疫情多见于冬春季节，而夏季高温则更利于某些肠道病毒的传播。地域差异也会影响病毒和传染病的分布，人类活动和生态因素也是重要影响因素。

特点三：传播广泛性。在全球化和便捷的国际交通背景下，突发公共卫生事件可能迅速跨越国界，影响全球。疫情一旦发生，由于传播途径多样，控制难度大，如人与人之间的传播或跨物种传播，若处理不及时，可能导致全球性扩散。

特点四：危害复杂性。突发公共卫生事件不仅直接影响人们的健康，还可能对经济和政治产生间接影响。例如，"非典"和新冠疫情对中国乃至全球经济都造成了重大冲击，全球性疫情使各国面临经济和政治挑战。

特点五：治理综合性。治理要从四个角度入手，第一是技术层面与价值层面相结合，我们不但需要拥有先进的技术，还要进行一定的投入，包含经济、人力等方面；第二是要注重直接任务与间接任务相结合，治理需要达成直接目的，同时也应与社会任务相结合；第三是部门之间的结合，责任部门与其他相应部门结合起来，协同完善治理；第四是国际与国内的沟通，在突发公共卫生事件发生后，及时分析国内事件情况并实现国际及时沟通，积极响应，快速有效地进行处理，同时解决突发公共卫生事件时，还应该注重社会体制，工作效率、效能，人员协调等深层次问题，从多角度入手实现问题的综合治理。

特点六：新发事件不断产生。新病毒的不断发现和疫苗研发的挑战要求我们始终保持警惕，不断在各领域进行研究和创新，以应对新的突发公共卫生事件。

特点七：种类多样性。突发公共卫生事件因其种类不同，可划分为生物因素事件、食品药品安全事件，以及各种灾难、事故等。

①生物因素事件。H7N9是禽流感的一种亚型，家禽是其主要宿主和感染源。人感染H7N9禽流感是由H7N9禽流感病毒引起的急性呼吸道传染病，其中重症肺炎病例常可演变成急性呼吸窘迫综合征、感染性休克，甚至多器官功能衰竭。经调查，H7N9禽流感病毒基因来自东亚地区野鸟和中国上海、浙江、江苏鸡群的基因重配。

②食品药品安全事件。2006年广州大学城食物中毒事件，共有

200多人中毒，这些食物中毒的人均出现了腹痛、腹泻、发热等消化道病症，经过调查得知，是由于某食堂的食物受到肠炎沙门氏菌的污染。

特点八：食源性问题较多。比如1988年上海甲型肝炎疫情暴发；1999年宁夏沙门氏菌污染导致食物中毒；2001年苏皖地区肠出血性大肠杆菌食物中毒；2002年南京毒鼠强中毒；2004年劣质奶粉事件等。这些事件都属于食源性疾病和食物中毒引起的突发公共卫生事件。

特点九：事件频发性。突发公共卫生事件频繁发生，公共卫生基础建设必须跟得上，增加公共卫生设施建设投入，提高经费支出，同时加大对生态保护的投资力度和对有害物质的管理，都有助于降低突发公共卫生事件的发生频率。

特点十：危害严重性。突发公共卫生事件一旦发生，不仅会对人的健康造成影响，还会对整个社会的经济发展与社会稳定造成极大的影响。突发公共卫生事件发生后必须及时控制，否则其影响会不断扩大，造成巨大损失，如新冠病毒的横行对我国经济社会发展产生了较大的负面影响。

3. 突发公共卫生事件的来源与影响因素

（1）来源。

①传染病流行事件：某些传染病在短时间内发生，广泛传播，大量患者死亡，其发病率远远超过正常发病水平，如1988年上海暴发了甲型肝炎疫情，2004年青海暴发了鼠疫。

②群体性不明原因疾病：在一定时期内，在相对集中的区域内同时或相继出现多名具有共同临床表现的患者，暂时无法诊断该疾病，

这种疾病可能是传染病或集体中毒。

③食物中毒和职业中毒事件：中毒是指吞咽、吸入有毒物质或有毒物质与人体接触引起的有害影响。重大食物中毒和职业中毒是指由于食物污染和职业危害而引起大量人员伤亡的中毒事件。

（2）影响因素。

影响突发公共卫生事件的因素包括：报告的及时性、应急响应速度、应急处理能力、对公共卫生工作的重视程度、疫苗接种率、集体居住环境、防控措施的实施情况、学校是否实施晨检制度、食堂卫生状况、饮用水安全等。

时间因素在突发公共卫生事件中扮演着关键角色，包括报告的及时性和应急响应速度等。一旦发生突发事件，时间的把握至关重要，要求决策者具备迅速判断、反应、决策和行动的能力，并能够及时纠正不当决策。

二、突发自然灾害事件相关概述

1. 突发自然灾害事件概念

自然灾害指的是对人类生存构成威胁或破坏人类生活环境的自然现象。它们包括但不限于干旱、极端高温与低温、寒潮、洪水、山洪、台风、冰雹、霜冻、暴雨、暴雪、酸雨、大雾、狂风等。自然灾害形成的过程有长有短，有缓有急。如地震、洪水、飓风等，一旦致灾因素累积至临界点，便能在极短时间内瞬间爆发，展现出其毁灭性的力量，这类灾害被归类为突发性自然灾害。而旱灾、农作物与森林所遭受的病虫害，尽管其形成往往需要数月时间，但其发展速度与影响之显著，足以对国家的年度经济核算产生直接冲击，因此同样被视为突发性自然灾害。至于另一类自然灾害，如土地沙漠化、水土流失、环境恶化等，则是致灾因素在长年累月的积累下，逐渐显露其危害性。它们的发展过程往往跨越数年，甚至更长时间，以一种相对缓慢而持续的方式侵蚀着地球的生态平衡，这类灾害则被称为缓发性自然灾害。自然灾害系统是由孕灾环境、致灾因子和承灾体共同组成的地球表层变异系统，灾情是这个系统中各子系统相互作用的结果。

2. 突发自然灾害事件主要特征

突发自然灾害的特点归结起来主要表现在六个方面。

（1）突发自然灾害具有广泛性与区域性。突发自然灾害的分布范围很广。不管是海洋还是陆地，地上还是地下，城市还是农村，平原、丘陵还是山地、高原。由于自然地理环境的区域差异，突发自然灾害的发生也表现出地域性特征。

（2）突发自然灾害具有频繁性和不可预测性。全球每年都会经历无数次自然灾害，其发生频率在近年来似乎有所上升。突发自然灾害的不可预测性包括发生的时间、地点和规模的不可预测，使防灾工作面临较大挑战。

（3）突发自然灾害具有一定的周期性和不重复性。主要突发自然灾害中，无论是地震还是干旱、洪水，它们的发生都呈现出一定的周期性。人们常说的某种自然灾害"十年一遇、百年一遇"实际上就是对自然灾害周期性的一种通俗描述。突发自然灾害的不重复性主要是指灾害过程、损害结果的不重复性。

（4）突发自然灾害具有联系性。突发自然灾害在区域间和不同灾害类型间都存在联系。例如，一个地区的气候异常可能会影响全球气候系统；一个国家的工业排放可能会在邻国形成酸雨。此外，某些自然灾害可能会引发一系列相关的灾害，如火山活动可能导致多种次生灾害。

（5）各种突发自然灾害所造成的危害具有严重性。突发自然灾害造成的危害是巨大的。例如，全球每年会发生数百万次地震，其中数千次有感地震和数百次造成破坏的地震。干旱和洪涝等灾害也给全球带来数百亿美元的经济损失。

（6）突发自然灾害具有不可避免性和可减轻性。由于人与自然之间始终充满着矛盾，只要地球在运动、物质在变化，只要有人类存在，自然灾害就不可能消失，从这一点看，自然灾害是不可避免的。然而，充满智慧的人类，可以在越来越广阔的范围内进行防灾减灾，通过采取避害趋利、除害兴利、化害为利、害中求利等措施，最大限度地减轻灾害损失，从这一点来看，自然灾害又是可以减轻的。

以上突发自然灾害事件的种种特性将会直接导致供应链中的某个或多个环节出现中断或受损。这种中断或受损不仅影响供应链的顺畅运作，还威胁到企业的正常运营和市场的稳定供应。突发自然灾害事件的发生成为触发供应链应急管理机制的直接原因。

3. 突发自然灾害事件主要类别

（1）大气圈和水圈灾害。这些灾害通常包括气象和海洋事件。气象灾害可能呈现为干旱、洪水、冰雹、霜冻、寒流、热带气旋（在本国多体现为台风）以及河流冰凌泛滥等形式，其中干旱和洪水是影响最为深远的气象灾害。海洋灾害则可能包括风暴潮、破坏性海浪、海啸和赤潮等现象。

（2）地质灾害。地质灾害涵盖了地震，山体滑坡、泥石流、地面塌陷等山地灾害，采矿活动引发的地面裂缝、地表沉陷，以及土壤冻融等。

（3）森林草原火灾。这类火灾的发生可能源于人为或自然因素。自然因素如雷电、火山活动、地震和强风等也能引发火灾，尽管这类火灾的发生频率相对较低，但一旦发生，往往火势更加猛烈和难以控制。

（4）生物灾害。包括农作物生物灾害、森林生物灾害、草原病虫鼠害等。

4. 突发自然灾害事件的影响因素

突发自然灾害事件的影响因素主要包括自然影响和人为影响。自然原因主要是气候条件导致气象灾害频繁，山区面积广大、地质构造复杂导致地质灾害多发。以下是人类对自然的影响。

①植被的破坏。过度放牧使草场退化、沙化严重，并对农业生产和人类的活动构成了严重的威胁。

②森林的锐减。对森林资源利用不合理，伐优留劣，乱砍滥伐，导致森林生态系统衰退。

③过度的开垦，使土地严重退化，人均森林面积逐年下降，土壤蓄水能力减弱，导致风沙加大，水土流失严重。过度的开采和不合理的生产、生活方式破坏了生态平衡，导致环境严重恶化。

④物种的灭绝。它虽然是一个自然过程，但目前人为的活动加速了物种灭绝的速度。

5. 应对突发自然灾害事件采取的必要措施

企业供应链在应对突发自然灾害事件时，需要采取一系列系统性和综合性的策略，以确保自身的稳定性、连续性和韧性。

（1）建立健全的风险评估与预警机制。

企业应建立完善的风险评估体系，对供应链中可能面临的自然灾害风险进行全面、深入的评估。这涉及对地震、洪水、台风等灾害可能带来的影响进行分类和量化，以明确它们对供应链各环节的具体威胁。利用物联网、大数据分析和人工智能等现代技术，企业能够实时监控供应链状况，提前发现风险并发出预警，以便在灾害发生前及时采取行动。

（2）优化供应链布局与结构。

在设计供应链时，企业应将自然灾害风险纳入考量。选择地理位置较为安全的供应商和生产设施，避免过度集中于易受灾区域。实施多源供应策略，减少对单一供应商的依赖，增强供应链的适应性和灵活性。同时，建立备用供应商和生产设施，确保在主要供应链受损时能迅速切换，维持运营连续性。

（3）优化库存管理和实施缓冲策略。

库存管理对于应对自然灾害至关重要。企业应根据历史销售数据、市场趋势和风险评估来设定合理的安全库存水平。通过设置库存缓冲区，企业可以在突发事件发生时获得宝贵的响应时间。同时，应加强对库存的实时监控，确保数据的准确性，为灾害应对提供支持。

（4）利用信息技术提升应急响应能力。

现代信息技术在提升供应链应急响应能力方面发挥着关键作用。企业可以借助物联网技术实时追踪物流运输情况，及时发现潜在问题并采取措施。建立供应链风险信息共享平台，与合作伙伴共享关键信息，共同应对自然灾害。

（5）加强员工培训。

员工是企业应对灾害的关键资源。定期培训和演练能够提高员工对自然灾害的认识和应急处理能力。同时，关注员工心理健康，提供必要的心理支持，帮助他们应对灾害带来的压力。通过提高员工的专业素养和应急能力，企业能更有效地应对突发事件。

综上所述，企业供应链在应对突发自然灾害事件时，需要采取一系列系统性和综合性的策略。通过建立健全的风险评估与预警机制、优化供应链布局与结构、优化库存管理和实施缓冲策略、利用信息技术提升应急响应能力、加强员工培训以及制定应急预案并建立持续改进机制等措施，企业可以有效提升供应链的抗灾能力，确保供应链的稳定性、连续性和韧性。

三、突发事故灾难事件相关概述

1. 突发事故灾难事件概念

突发事故灾难是在人们生产、生活过程中发生的，直接由人们生产、生活活动引发的，违反人们意志的，迫使活动暂时或永久停止并且造成大量的人员伤亡、经济损失或环境污染的意外事件。

2. 突发事故灾难事件主要特征

（1）突发性和紧迫性。突发事件通常出乎意料地发生，若未能迅速采取有效措施，可能会导致危机迅速恶化，增加损害程度。这类事件的发展过程极为迅速，从初期迹象到全面暴发，往往经历的时间极短，且扩散速度迅猛，难以预测。由于缺乏准备，相关主体在应对这类突发事件时往往面临时间压力，这增加了控制和处理的难度。

（2）突发事故灾难暴发点的偶然性。突发事故灾难事件的发生往往具有随机性，时间和地点都具有一定的不可预测性。虽然可能存在某些预警信号，但具体的暴发点往往没有明显的规律。事件的具体发生时间、规模、形态和影响程度通常难以准确预测。因此，一旦发生，人们往往难以立即判断其发展趋势和性质。

（3）危害性和破坏性。突发事故灾难事件具有严重的危害性和破坏性，可能对人民生命财产安全、社会秩序和公共安全造成重大威胁。如果处理不当，可能会导致重大的人员伤亡和财产损失，或引发社会动荡。这类事件往往是危机的导火索，如果控制失效，可能会演变成更大规模的危机。

3. 突发事故灾难事件主要类别

事故灾难主要包括工矿商贸等企业的各类安全事故、交通运输事故、公共设施和设备事故、环境污染和生态破坏事故等。

对于造成多少人员伤亡、经济损失或多大程度的环境污染才属于灾难性事件，国际上有不同的标准，如死亡人数就有5人、25人、100人等多种。我国学者根据研究提出一种灾难性事件的范围及分类方法，即按照灾难性事件的严重程度及经济损失情况，可分为十级，如表2-2所示。

表2-2　　　　　　　　　　灾难性事件分级

等级（G）	死亡人数（人）	重伤人数（人）	直接经济损失（万元）
一级（G1）	≥100000	≥150000	≥10000000
二级（G2）	10000～<100000	100000～<150000	5000000～<10000000
三级（G3）	5000～<10000	10000～<100000	1000000～<5000000
四级（G4）	1000～<5000	5000～<10000	100000～<1000000
五级（G5）	500～<1000	1000～<5000	10000～<100000
六级（G6）	100～<500	500～<1000	1000～<10000
七级（G7）	50～<100	100～<500	100～<1000
八级（G8）	10～<50	50～<100	50～<100
九级（G9）	1～<10	10～<50	10～<50
十级（G10）	无	<10	<10

任何一个灾级均包含 3 个指标，但根据就高不就低的原则，只要其中一个指标达到该级标准即可算作该级灾害。具体而言，各种灾害事故可以依其灾情达到某一灾级中的 1 个、2 个、3 个指标，分别作弱、中、强等级划分。如某次灾害造成了 1000 多人死亡、5000 多人重伤和 12 亿多元的直接经济损失，则该灾害为强四级灾害；如果该灾害造成 1000 多人死亡、6000 多人重伤和 1 亿多元经济损失，则因其直接经济损失未达到四级灾害而使该次灾害在总体上只能属于中四级灾害。

一般人为事故灾害则多属于五级以下灾害，但也有少数人为灾害因损害后果十分严重而例外，如 1995 年中国"亚太 2 号"卫星发射失败，造成 6 人死亡、23 人受伤、直接经济损失约 14 亿元（中国太平洋保险公司赔偿额达 1.62 亿美元），也可算作弱四级灾害。

需要指出的是，无论是灾度还是灾级，均是在相对稳定的时间与空间内确定，即不同的历史时期和不同的国家，衡量灾情轻重的标准会有差异。如在中国，历史上由于社会财富不多，即使是同量级灾害，其造成的直接经济损失亦会较当代社会要低；而各种灾害事故造成的人员伤害又可能因防灾能力及国民减灾意识的不足要较当代社会严重。因此，随着时间的推移和社会经济的发展，灾度或灾级的划分标准亦应做相应的调整，调整的规律将是人员伤亡的要求标准会相对趋低，而直接经济损失的要求标准会趋高。

4. 突发事故灾难事件的来源与影响因素

造成事故灾难事件发生的主要原因是人的不安全行为、物的不安全状态、管理上的缺陷。

①人的不安全行为：麻痹侥幸心理；不正确佩戴或使用安全防护

用品；机器在运转时进行检修、调整、清扫等作业；在有可能发生物体坠落的地方冒险通过、停留；在作业和危险场所随意走、攀、坐、靠；违反安全规章制度和安全操作规程、未制定相应的安全防护措施；管理者安全意识淡薄，安全法律责任观念不强。

②物的不安全状态：机械、电气设备带"病"作业；机械、电气等设备在设计上不科学，形成安全隐患；防护、保险、警示等装置缺乏或有缺陷；物体的固有性质和建造设计使其存在不安全状态；设备安装不规范、维修保养不标准、使用超期、老化。

③管理上的缺陷：有些管理者在思想上对安全工作的重要性认识不足，安全法律责任意识极为淡薄；安全规章制度、操作规程、岗位责任制、相应预防措施、安全注意事项和物流管理程序等未建立健全或不完善；管理人员不落实或不彻底落实公司的各种安全规章制度；有少数管理者，未能按照公司安全管理制度和安全管理要求，结合管辖区域的生产特点和作业环境，用心钻研，确保管辖区域的人员健康和财产安全，安全管理的执行力差；有些管理者的安全知识、安全管理能力和手段有缺陷；保证规章制度落实的有效奖惩措施需完善和加大执行力度；管理者不注重"管理要求"，如安全通报、通知。管理者不重视安全、不落实规章，安全管理不到位，即在行动上不全面认真地进行安全检查、教育、规范、整改，这是最大的管理缺陷。

5. 供应链需采取有效措施应对突发事故灾难事件

供应链在应对突发事故灾难事件时，需要采取一系列策略，这些策略与应对突发自然灾害事件有所不同，但同样强调系统性、灵活性和快速响应能力。

(1) 建立快速响应与应急机制。

①立即启动应急响应团队：突发事故灾难事件往往具有突发性和紧迫性，因此供应链应提前组建应急响应团队，并确保团队成员具备快速决策和行动的能力。团队应包括来自采购、生产、物流、销售等关键环节的代表，以便全面协调供应链的应对工作。

②制定详细应急预案：企业应针对可能遭遇的各种突发事件，制定详尽的应急预案。预案中应详细规定应急流程、资源配置、通信和信息共享等关键环节，确保在紧急情况下能够迅速且有效地实施。

③建立应急物资储备：根据事故灾难的类型和可能的影响范围，企业应提前储备必要的应急物资，如救援设备、临时生产设施、替代原材料等，以便在关键时刻能够迅速调用。

(2) 评估与监控风险。

①全面评估风险：企业应对供应链进行全面的风险评估，识别可能导致事故的关键因素和潜在风险点。这涉及对供应商的可靠性、生产设施的安全性、物流通道的稳定性等方面进行细致分析。

②实时监控与预警：运用物联网、大数据、人工智能等现代信息技术，对供应链进行实时监控和预警。通过建立预警系统，企业可以及早发现风险因素，并采取预防措施。

(3) 提升供应链灵活性与韧性。

①多元化供应商策略：为减少对单一供应商的依赖，企业应采取多源供应商策略。与多个供应商建立合作，确保在某一供应商遇到问题时，能够迅速转向其他供应商，保障物料供应的连续性。

②灵活的生产与物流安排：企业应具备灵活调整生产计划和物流路线的能力，以应对突发事件。例如，采用模块化生产提高生产线的适应

性；同时，建立多样化的物流网络，减少对单一运输方式或路径的依赖。

③库存管理与缓冲策略：合理的库存管理和缓冲策略可以在一定程度上缓解供应链中断带来的冲击。企业应建立科学的库存水平评估机制，根据市场需求和供应风险来设定合理的库存量。同时，通过设立库存缓冲区或安全库存，可以在突发事件发生时为企业提供一定的缓冲时间，以应对供应中断带来的风险。

（4）沟通与协作。

①加强与供应商和客户的沟通：在突发事件发生时，企业应加强与供应链上下游的沟通，及时了解各方的需求和挑战，并共同探讨解决方案。通过信息共享和协同合作，企业能更有效地应对挑战。

②建立行业合作与共享机制：企业应积极参与行业合作，与其他企业共同应对供应链风险。通过资源共享、经验交流和信息互通，企业可以相互支持，提高整个供应链的稳定性。

（5）持续改进与学习。

①总结经验教训：在事故灾难事件发生后，企业应及时总结经验教训，分析事件的原因、过程和影响，并制定相应的改进措施。通过持续改进和学习，企业可以不断提高应对突发事件的能力和水平。

②加强员工培训与演练：企业应定期对员工进行应急响应和供应链管理的培训和演练，提高员工的应急处理能力和专业水平。通过模拟真实场景下的应急响应过程，企业可以检验预案的有效性和可行性，并及时发现和改进存在的问题。

综上所述，供应链在应对突发事故灾难事件时，需要采取建立快速响应与应急机制、实施风险评估与监控、提升供应链灵活性与韧性、加强沟通与协作以及持续改进与学习等策略。通过这些措施的实施，企业可以更有效地应对突发事件带来的挑战，保障供应链的稳定性和连续性。

第六节　本章小结

本章主要内容为供应链应急风险的相关概述，从以下几个方面分别对供应链应急风险进行了介绍：供应链风险基本概念、供应链应急风险管理；供应链应急风险管理流程；供应链风险预防与规避。并分别就突发公共卫生事件、突发自然灾害事件、突发事故灾难事件等几种代表性的突发事件进行了供应链应急风险的分析。

供应链风险由风险因素、风险事故、风险结果三部分组成。风险管理是对风险进行识别和管控，使最终成本降低到最低限度的科学的管理方法。风险管理是供应链中的重要一环，可以有效地应对供应链风险。

案例分析

在以下案例中，供应链在遇到灾难事件或其他突发性障碍时，不但没有给公司带来重大损失，反而孕育了商机，这与案例公司的供应链科学有效的管理模式有关。

案例一：波音公司供应链巧对新冠疫情

在新冠疫情的冲击下，波音公司的供应链遭遇了多重挑战，以下是对其影响的表述。

（1）供应网络受阻。随着疫情的迅速蔓延，各地实施的封锁措施和边境管控导致波音的供应网络遭受重创。众多供应商面临停工，导致原材料和组件的供应受阻，波音的生产线因此无法正常运转。

（2）制造进度延误。供应链的断裂和物流难题直接影响了波音的生产进度，尤其是787梦想客机的生产因缺乏必要零部件而不得不中断，这不仅延长了交付周期，也给公司带来了财务压力。

（3）运营成本增加。疫情引发的供应链问题使得波音的运营成本激增。运输延误、供应商的不确定性以及新增的健康安全措施都推高了成本。同时，为预防未来供应链中断，波音不得不增加库存，进一步加重了财务负担。

（4）市场需求下滑。疫情对航空业的打击导致飞机需求大幅减少，波音公司尤其是商用飞机部门面临订单减少的困境，这对生产计划和供应链管理产生了严重影响。

（5）供应链伙伴关系重组。面对供应链的挑战，波音不得不重新审视与供应商的合作关系，可能需要寻找更为可靠的合作伙伴或重新布局供应链网络，以降低未来潜在的供应链风险。

（6）后疫情时代的供应链重塑。疫情过后，波音需要对供应链进行深入的评估和改进，包括提高供应链的韧性、增强应对突发事件的能力，并采取更为灵活的供应链策略。同时，公司可能会加大数字化转型力度，通过数据分析和自动化技术提升供应链的效能和透明度。

综上所述，新冠疫情对波音公司的供应链带来了深远的影响，迫使公司在短期内进行紧急调整，并在长期战略上寻求优化和升级。

思考问题：波音公司在突发事件来临时，应该怎么及时调整供应链？

案例二：丰田加强供应链风险防范以应对自然灾害

2011 年 3 月 11 日的东日本大地震对丰田汽车公司的供应链造成了严重冲击，以下是对其影响的表述。

（1）供应网络遭受重创，合作伙伴受损。东北部的大地震和海啸导致丰田众多供应商遭受严重破坏。众多原材料制造商和零部件供应企业遭受重创，造成丰田生产线面临关键材料和零部件短缺的问题。尤其是电子元件和半导体产品的供应受到重创，这些关键部件对汽车制造至关重要。

（2）制造与配送延迟。供应链的中断迫使丰田暂停或降低生产速度，尤其是那些受影响较大的生产线。同时，物流网络受损，导致原料和成品的运输受到阻碍，这不仅拖慢了生产步伐，也影响了公司的交货承诺。

（3）经济负担加重。生产停滞和物流挑战导致丰田承受了巨大的经济损失。产量的减少直接影响了收入，同时公司还需投入额外资金进行灾后修复和重建，这对公司的财务状况构成了压力。

（4）供应链重构与优化。东日本大地震之后，丰田意识到单一供应链的易受攻击性，并开始对供应链进行重构，增强供应商的多样化。公司着手建立全球化的供应链体系，减少对特定区域供应商的依赖，并强化供应链风险管理。丰田还引入了更加周密的应急计划，确保在未来的突发事件中能够迅速适应和恢复供应链运作。

东日本大地震揭示了供应链的薄弱环节，并对丰田汽车公司的生产运营和财务状况造成了长远的影响。这一事件促使丰田在供应链管理上进行了深刻的变革和提升，包括实现供应商多样化、强化风险管理、提升供应链透明度以及投资于技术改进。这些措施不仅帮助丰田恢复了生产秩序，也为公司应对未来潜在的危机积累了宝贵的经验。

思考问题：丰田公司应该怎么加强长期的供应链风险管理？

第三章 弹性供应链管理相关概述

第一节　弹性供应链的基本概念

一、弹性的概念

"弹性",在《现代汉语词典(第7版)》中的定义为"物体受外力作用变形后,除去作用力时能恢复原来形状的性质",英文表述为"resilience",在 Webster 词典中的解释翻译成中文为"从意外或变化中恢复或适应的能力"。我们从中外对弹性的定义可以看出,弹性主要包括两部分内容:一是具有弹性的组织或者系统受到了外部环境的干扰而导致自身状态发生改变;二是弹性是一种能够自我恢复或者主动适应环境的能力,具有弹性的组织或系统能够在受到干扰之后,在一定的时间内将其自身恢复到受到干扰之前的状态。

弹性的定义和起源可以追溯到几个不同的领域和时期。在物理学和力学中,弹性是指物体在外力和其他外界因素作用下产生的变形和内力。在经济学领域,弹性理论最早是由英国经济学家阿尔弗雷德·马歇尔提出的,用来解释价格与需求的关系,是指一种变量对另一种变量的微小百分比变化所做的反应。

弹性的学术应用最早出现于生态学、社会学及心理学等领域。生态系统中弹性的概念为"生态系统遭受扰动后保持系统结构和控制功能的能力",生态系统中的弹性包括系统的快速增长、保持、创造性破坏和自适应更新四个阶段,是一个显著的动态过程。生态系统中的弹性有三个重要的属性：生态系统在保持相同功能和结构控制的条件下承受的扰动量级；生态系统在无外力作用下进行自组织的程度；生态系统为应对扰动而开发学习和适应能力的程度。

社会学则认为弹性是社会系统对社区、机构及经济体变化的行为反应。联合国国际减灾战略（UNISDR）将弹性定义为："暴露于潜在危险中的社群组织或者社会系统对风险抵御、适应、变通的能力，从而实现并维持系统的基本功能和结构"。社会系统的自组织能力大小决定了其弹性的大小。

心理学中的弹性主要是针对所研究个体一生中的精神、心理和行为变化过程而提出的，主要是指个体应对人生逆境过程中所表现出的承受能力，这些逆境包括疾病、灾难性的负面生活经历、社区暴力、贫困等，个体弹性水平不同，其人生的发展轨迹也会随之产生很大的差异。

上面提到的生态学、社会学、心理学都没有对弹性进行统一明确的定义，但是各学科对于弹性内涵的认知大致相同。弹性和研究个体、组织及系统的脆弱性程度具有直接相关性，弹性是研究个体、组织及系统从意外或者灾难事件中恢复到原状的重要能力。

二、弹性供应链的内涵

综合以往关于弹性供应链的研究文献，本书将弹性供应链定义为："供应链参与方（制造商与其供应商和客户）保持对环境的高度警觉，具有当供应链断裂发生后灵活快速地应对并适应的能力，从而保证供应链完整的结构和功能，以及物流、信息流、资金流的连续性"。弹性供应链一方面体现在供应链层面，是存在于制造商、供应商及客户之间，在应对供应链中断事件的管理活动中的一种能力，这不仅体现了制造商、供应商自身对于供应链的管理能力,也体现了供应链中制造商、供应商和客户在面对供应链中断时的组织能力和合作能力;另一方面,体现在供应链主要成员在供应链中断之前建立的事先预警和准备机制。因此,弹性供应链同时具备主动和被动两种功能属性。

供应链网络弹性可以分为空间弹性和时间弹性。

空间弹性(Spatial Resilience):指供应链在空间布局上的弹性和灵活性,主要包括供应链网络中的地理分布及多样性,能够抵御区域性风险,如自然灾害、政治不稳定等。当某一地区发生问题时,能够迅速调整到其他区域或市场,保证供应链的持续运行。

时间弹性(Temporal Resilience):指供应链在时间上的应变能力,主要包括对时间延误、交货期变化的响应能力,以及在突发事件后能够迅速恢复供应链的正常运作,有效应对需求波动、供应链中断等因素带来的时间压力。

弹性供应链机制包括弹性的形成机制、弹性的作用机理、弹性的外在表现,按照"结构—行为—绩效"的分析框架,弹性供应链机制如图3-1所示。

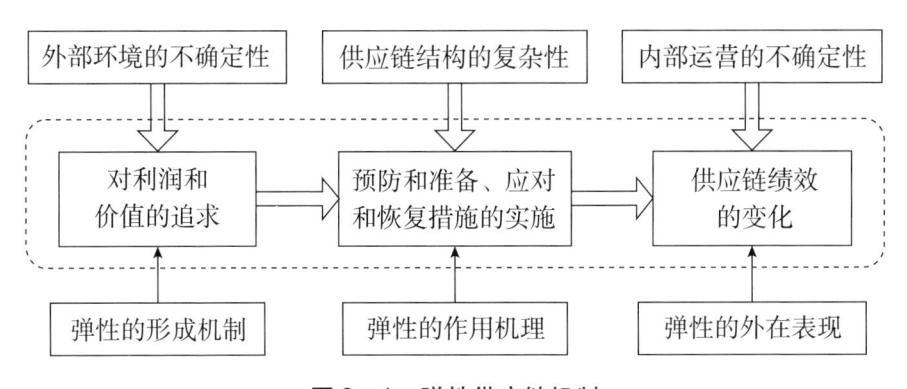

图3-1 弹性供应链机制

第二节　供应链的脆弱性及弹性增强措施

一、供应链脆弱性

1. 供应链脆弱性内涵

Svensson（2000）将供应链脆弱性定义为一种由于随机扰动发生而导致与预期结果产生偏差，导致供应链内部的制造商、分销商等角色产生负面结果。Peck（2006）在风险理念的基础上提出其概念，即"由供应链内部风险和外部风险可能对供应链造成的破坏性"。其阐述了供应链脆弱性与风险的关系，认为供应链脆弱性是风险的发生对供应链系统造成的破坏行为。宁钟（2004）认为供应链脆弱性与供应链风险并不等同，当不利事件对供应链造成损伤时，供应链风险就转化为供应链脆弱性。王蕾等（2021）在对供应链脆弱性的文献综述中，将供应链脆弱性的概念界定为：供应链运行的过程中不仅受到内部因素的扰动，而且受到外部因素的干扰，在这种双重干扰下，供应链风险的驱动能力大于供应链风险的缓解能力时，供应链的某一个环节会与原定的目标产生偏离，出现难以恢复的状态，造成一定的损失。

鉴于以上学者对供应链脆弱性内涵的研究，供应链脆弱性的内涵可以理解为：企业或组织在供应链上进行原材料采购、生产、销售、与节点个体交涉等业务活动时，会受到供应链网络内部和外部的不确定因素扰动，造成某个业务活动中断或者阻塞，导致供应链系统难以实现预期的目标，并对制造业企业及其他个体造成损失和伤害的一种难以掌控的行为。

2. 供应链脆弱性影响因素鉴别方法

聚焦制造业供应链，制造企业供应链与其他类型的供应链相比，具有涉及链条范围广、链条生产制造活动种类多、关系管理较为复杂、特殊产品运送需要注意事项多等特点。在研究制造企业供应链脆弱性的影响因素上，需要结合其特点，识别归纳出更准确、切合的因素。

在生态研究领域，学者将脆弱性生态环境的影响因素归为自然原因和人为原因，这种将主体分为内、外两个部分的思想被引入不同领域的脆弱性研究中，如灾害系统脆弱性、金融系统脆弱性。关于供应链脆弱性的影响因素分析，有的从涉及供应端和需求端的不确定、产品自身的使用周期和设计生产产品的技术周期等因素的内部视角进行研究，也有的从全球市场动态化、复杂化以及多变化的物流市场等因素的外部视角进行研究。随着财务风险、自然灾害、重大疾病等事件导致供应链产生敏感反应的事件发生，一些新的因素也在不断被吸纳到供应链脆弱性影响因素的研究当中。

隋博文和谭翔（2019）研究跨境农产品供应链脆弱性的问题，同样基于内部因素和外部因素的双重视角，提出6个包括供应波动、政策变化、价格波动、利益冲突、物流桎梏、信息阻滞在内的二级影响因素，并利用结构方程对基本假设进行检验。王海燕等（2020）从供应链运作系统的视角将供应链脆弱性影响因素划分为内生因素和外生因素。内生因素是供应链系统内部的供应商子系统、物流服务商子系统等，外生因素考虑的是供应链作为一个系统来说，外部环境因素和节点企业间的关系处理等合作因素。基于系统动力学的视角进行因子辨析，研究的影响因素以独立子系统的形式得以存在。

综上所述，供应链脆弱性作为伴随供应链而生的一种自有属性，是不可能完全避免的，但相关人员要致力于减少因供应链脆弱性发生而产生的各类风险事件，降低供应链对风险的敏感性，减少制造企业的经济损失和人力投入，保证制造业供应链的健康运行。制造业供应链内部因素影响的程度大小和外部扰动发生的严重程度决定了供应链脆弱性的大小。当前形势下，制造业供应链脆弱性的影响来源主要有以下方面。

①来自制造企业网络系统内部的影响。包括精益制造背景下供应链网络的复杂性、新型技术在企业内部应用的程度不深入、制造企业不同类型产品自身的特性、小批量和个性化生产需求的驱动下的生产特点等。其中，精益制造理念倡导的是以最低的成本实现最高的质量和价值追求，制造业企业作为主体，与供应商、分销商签订合同时会根据市场需求实行动态化合同管理，涉及零部件采购问题、外包产品设计问题等，这会使供应链管理较之以往更加复杂。

②来自制造企业网络系统外部的影响。包括全球化的多变市场环境、自然环境及突发事件等外界因素对原料采购造成的波动，运输过程造成的中断或阻塞，科技网络搭载的不同步问题等。

③来自制造企业网络系统内外部交互过程中的影响。包括外包业务主体与制造客体分离、存在于供应链主体网络外的其余节点介入、关系管理上联系不够紧密。制造业核心企业对供应链上其他成员的依赖性较强，尽管供应链系统作为一个整体存在，需要协同运作，但作为制造业企业来说，对于原材料供应商的依赖度较高，除以合同形式

约束供应商的原材料及时供应行为外，还需要与其他供应商保持一定的战略合作关系。

制造企业参与全球市场竞争时，供应链脆弱性受到来自供应链网络内部、外部、内外部交互的过程中三个方面存在的因素影响，有效解决供应链脆弱性问题，制造企业就会以全新的姿态面对跌宕起伏的供应链内外部环境。只有保持供应链的稳定性，才能保证制造业供应链的健康发展。

3. 供应链脆弱性应对策略

新冠疫情对我国制造业产生冲击，影响制造业供应链系统的长远发展。我国在全球化的进程中，制造业发挥着领头作用，向世界展示中国质量、中国速度、中国品牌、中国方案。面对制造业供应链遭到扰动的情形，企业必须提前做好准备，降低供应链脆弱性。

①全面实行供应链数字化。科技是新型驱动力，供应链是借助现代科技自成一体的新型组织，既来源于技术，也要依靠技术做大做强。在供应链管理中，充分依托数据资源，提升供应链运作效率和制造业企业管理水平，畅通采购、库存、运输、销售等业务流程，致力于达到消费者和合作商双重满意的目标，提高供应链预警和应急管理水平，减少风险事件的发生。

②创新驱动供应链发展。重视供应链的创新性发展，任何活动和工作都要融入创新思维，知识学习是创新的来源。在强调"高质量发展，高素质人才"的背景下，企业要加强人才培养中知识学习方面的创新。开展供应链相关专业教育，做到既重视基础知识理论创新，也要开展创新性实践行动，保证人才的可持续创新发展。供应链管理工作中需要创新，制造企业内部需要创新，故企业要将供应链创新性建

设作为供应链管理的日常组成部分。

③贯彻制造强国发展战略。面向制造业供应链的政策支持体系正在形成，制造业供应链要以构建供应链良性生态环境为行业目标，积极响应质量强国战略。制造企业以高质量要求严把产品制造关，解决产品生产周期问题，适应市场环境，加速中国制造驶入全球制造的快车道。

④加强应急管理建设。供应链脆弱性的存在与风险密不可分，两者在一定程度上存在相关关系。要想在风险发生时对其进行有力管控，将其对供应链的影响降到最小，必须加强制造企业的应急管理建设和制造业供应链整体的应急管理建设。企业内部的应急管理建设作为企业管理的一部分，每个企业有相关的应急流程，对于整个供应链系统来说，应依据扮演的角色和属性的不同，在供应链应急预案中设置不同的作用和能力要求。

二、加强弹性供应链的措施

1. 缓解和准备措施

事前措施，即缓解和准备措施，主要针对供应链结构的设计和优化。由于供应链结构的大规模调整需要较多的时间和资金，在供应链中断事件发生后的短期内难以实现，因此在供应链规划阶段就要考虑中断风险，将弹性的思想寓于供应链的规划设计中。而对于已经存在的供应链来说，则需要通过有效的防御性保护措施提高现有供应链结构的可靠性和稳定性。具体来说，事前的缓解和准备措施主要通过两种作用方式来提高供应链网络的弹性：一是构建能有效应对中断风险的鲁棒系统；二是通过对供应链网络进行攻击性分析，辨别供应链网络的关键节点和关键路径，将有限的资源合理分配，用于加固某些关键设施，从而加强系统整体的弹性。

在准备阶段主要可以从三个方面进行：供应链结构设计、供应链网络攻击性分析、分配有限资源加固系统关键设施。此外，除了供应链网络结构设计和优化，要有效地应对供应链风险，还需要引起供应链全体成员对风险管理的关注。首先，和任何组织内部改变管理文化的案例一样，组织水平的任何改变都离不开领导者的直接参与。企业的领导者要充分认识到弹性供应网络的重要性，再把这种理念向整个组织推广，使弹性成为组织文化的一部分并成为一种信念。这可以通过进行关于安全和弹性的培训获得，并将弹性管理的思想同日常运营和决策的流程结合起来，使弹性思想深入企业管理的每一个细节。其次，建立供应链风险管理团队，负责日常的供应链风险管理。这个团队需要跨越职能部门，最好由企业高层直接领导，这样能通过日常的风险管理及早发现可能的风险，并在突发事件发生后及时采取措施，尽可能"大事化小，小事化了"。最后，将风险管理的权利授予每一个员工。每个工作人员发现风险的苗头都有权作出决策以及时遏制其发展，减小中断事件发生的概率。这跟丰田汽车公司的质量管理文化是类似的：在丰田汽车公司，若是遇到质量问题，每个工人均有权将插头拔掉，暂停生产。生产线停止运行后，一组工程人员会下到生产线去看是哪里出了问题，这样做可以尽可能地避免任何的质量问题。

2. 应对和恢复措施

事后措施，即应对和恢复措施，主要针对供应链运营的优化和改善。相对于改变供应链结构的巨大成本，供应链运营策略的调整是中断事件发生后较易实现的弹性策略。一般来说，供应链上的企业在受到中断事件影响后,会采取一定的应对和恢复措施来消除中断事件对供应链的不利影响。根据中断事件应对措施的作用对象是不是中断事件的直接对象,可以将中断事件的应对和恢复措施分为两个基本类型。

第一,可以采取直接应对和恢复措施,即指针对发生中断事件的供应链节点企业所采取的应对和恢复措施。措施的实施者可能是发生中断事件的企业自身,也可能是供应链上与之相邻的其他企业,如中断企业自身所采取的生产计划的调整以及供应链上其他成员对中断企业的援助行为等。直接措施的目的是使中断企业能够迅速从中断事件中恢复,从而使供应链恢复至中断事件发生前的正常运营状态。

第二,可以采取间接应对和恢复措施,即指不以恢复中断企业为目标的其他应对和恢复措施。当中断事件的影响较为严重时,如地震、暴雪等自然灾害会使整个受灾地区的基础设施遭受严重的破坏,因而使受灾的供应链成员企业恢复需要投入巨大的成本,导致恢复工作的不经济。在此情况下,可以暂时放弃对中断企业的恢复,通过柔性决策(订货和库存管理、基于后备生产和服务能力的采购管理、需求管理)等间接措施来保障供应链的持续运营。

第三节 供应链网络弹性演化

一、供应链演化与弹性供应链

供应链演化与弹性供应链之间有着紧密的关系,主要表现在供应链管理理念、技术和策略的逐步发展和完善中,以适应不断变化的市场环境和外部挑战。随着全球化和市场需求的不断变化，供应链必须发展和演化，以更好地应对不确定性和潜在的风险。弹性供应链的概念因此应运而生，专注于增强供应链的应对突发事件的能力，如自然灾害、政治变动或经济危机。随着信息技术的快速发展，包括大数据、云计算、物联网和人工智能在内的技术被集成到供应链管理中。这些技术的应用使供应链不仅能够支持日常操作的效率，还能增强其应对突发事件的弹性，通过实时数据分析和决策支持来优化响应策略。

在供应链的早期阶段，主要关注点是效率和成本控制。然而，随着市场和环境的变化，单纯追求效率已不能满足企业的需求。供应链的演化开始更多地考虑如何平衡效率和弹性，确保即使在面对不利条件时也能持续运作。供应链的演化还包括从简单的买卖关系转向更为复杂的战略合作伙伴关系。这种深层次的合作关系有助于建立更弹性的供应链，因为企业可以通过共享资源、信息和风险管理策略来增强彼此的抗压能力。供应链的演化是一个持续的过程，企业必须不断学习和改进其策略和操作。这种持续的改进过程支持了弹性供应链的发展，使企业能够适应和前瞻性地管理即将到来的挑战。总体而言，供应链的演化与弹性供应链的发展相辅相成，两者共同推动了企业在动态和复杂环境中的生存和发展。

二、供应链网络的干扰因素

供应链网络面对的干扰因素很多，既有外在因素也有内在因素，总体可以分为环境干扰因素、行业干扰因素、组织干扰因素、决策者干扰因素、脆弱性因素、能力因素6类。

（1）环境干扰因素。存在于供应链网络外部，能够对整个供应链网络正常运作产生影响的因素称为环境干扰因素，常见的有自然灾害、社会环境变动、宏观经济波动、政治和政策变化等。

（2）行业干扰因素。行业干扰因素指的是只对特定行业特定领域产生影响的因素，常见的主要有产品需求市场的不确定性、市场竞争的变化以及供应关系的变化等。

（3）组织干扰因素。组织干扰因素常常发生在企业内部，是企业生产运作过程中产生的对供应链网络造成影响的因素，主要有机器故障、运营效率低下、企业信誉受损、生产技术的研发与提升等。

（4）决策者干扰因素。决策者干扰因素主要是供应链网络运行过程中，参与决策的组织或个人的主观行为对网络造成的影响，主要和决策者的经验丰富程度、决策者的风险偏好等因素有关。

（5）脆弱性因素。供应链网络中存在许多不稳定性因素，会对供应链的正常运营产生破坏，这就是脆弱性因素。供应链网络的脆弱性越大，其发生供应链中断的可能性也就越高，中断之后的恢复能力也就越弱；供应链脆弱性越小，供应链发生中断可能性就越低，供应链越稳定，其复原能力也就越强。从企业内部和外部脆弱性的角度进行分类：企业内部脆弱性影响因素主要有资源限制、企业生产敏感性、企业危机意识和全球化水平等；企业外部脆弱性因素主要有竞争对手故意威胁，市场经济外部压力，需求扰动和供应商中断等。

（6）能力因素。供应链能力因素主要指的是供应链日常管理能力和供应链的复原管理能力。供应链日常管理能力主要包括企业在正常运营时展现出的企业创新、财务管理、信息化水平等方面的能力。企业应对供应链中断时的反应能力很大程度上取决于其日常管理能力，例如企业通过强有力的创新能力而采取新的工作流程来应对中断危机，更好化解财务风险，通过各种信息化手段来传递信息，都能够有效减弱供应链中断对企业造成的影响。供应链复原管理能力是指企业在遇到供应链异常或中断问题时，能在短时间内将供应链恢复到正常运营状态的能力，比如供应链的柔性和敏捷性等。供应链日常管理能力因素主要包含以下九种：资产、效率、可见性、协作性、组织性、市场定位、财务能力、创新能力和信息化水平；供应链复原管理能力因素主要包括以下八种：采购柔性、生产柔性、订单交付柔性、适应性、预见性、敏捷性、分散性和安全性。

三、供应链网络弹性优化方法

本章第二节中提到，供应链的弹性能力包括保持供应链正常运行的能力，以及供应链中断后快速恢复的能力。供应链的弹性越强，代表供应链的竞争力越大，面对供应链扰动时中断的概率就越低，损失越小，复原速度越快。因此，提高供应链的弹性可以有效应对供应链扰动带来的危害。相关学者从不同角度进行了大量研究，主要有以下几个方面。

（1）按照实施的主体，供应链网络弹性优化方法可以分为政府层面和企业层面。

①政府层面。

Luca等通过对五家公司的案例研究来分析欧洲能源供应链中政府支持策略的作用，确保供应链的正常运营以及能源生产的安全性从而提升供应链的弹性。首先是保护供应链网络中的关键基础设施，例如政府实施的欧盟关键基础设施保护计划（EPCIP）；其次是外交政治方面，政府应增强供应链的防御能力，建立与其他国家的持续合作计划，就是降低供应链网络对特定供应商的依赖，例如，政府主导增设新的运输线路或使用新的可再生能源等；最后是加强危机管理，政府应加强能源储备，国家至少要储存90天净进口量的石油储备，以稳定国内能源供应链正常运营，稳定国家内部能源市场。

②企业层面。

一些学者采用定性分析的方式为供应链节点企业提供弹性供应链优化策略。Peter和Yuri认为采用精益生产理论、六西格玛管理、提高供应链灵活性以及强大的企业文化可以有效提高节点企业在供应链网络中的弹性，且弹性供应链优化对于普通企业费用巨大且复杂；Wang等通过对弹性供应链的研究文献总结指出，识别供应链漏洞、冗余管理、供应链灵活性构建、供应链结构重构以及企业合作等安全措施是供应链节点企业弹性优化的有效手段。

（2）按照实施时间与实施目的不同，供应链网络弹性优化方法可以分为事前防御方法和事后响应应急方法。

所谓事前防御的方法是指在供应链发生扰动之前制定预防措施来吸收部分扰动，以此降低供应链中断的概率；事后响应应急方法是指在供应链网络发生中断后能立即识别并响应，在有限的时间内尽快恢复供应链正常运营，避免供应链的崩溃乃至永久性中断。

关于供应链防御和应急方面的内容，有相关学者做了分析和总结，Nils等通过对以往弹性供应链优化策略研究文献的梳理，总结出弹性供应链的主要防御手段（但不限于）如下：企业间分享知识与信息、加强企业员工培训、建立安全库存缓冲策略、预先设立应急方案以及加强企业间合作关系、与多个供应商同时建立生产和运输关系以保持资源松弛、建立早期预警机制对供应链扰动进行监控等。应急手段包括提升供应链的敏捷性、加强与供应链成员的业务合作、提高生产和分销渠道的畅通性以及灵活性、对员工进行培训、利用冗余应对供应链扰动等。我国学者耿亮和肖人彬认为战略层面应事前采取供应链防御措施，如增加企业的备用供应商、加固供应链网络中的薄弱环节、灵活设计供应链合同；操作层面事后应采取应急策略，比如采取内部供应链节点紧急调度策略、备选供应链节点的采购策略、战略应急库存储备以及供应商的自我修复等。

还有学者单独对供应链网络弹性的事前防御策略进行分析和研究。Yan 和 Sun 从偏差成本的角度考虑，运用博弈法构建了优化模型，通过数值计算验证了优化模型及采取多源供应作为弹性预防措施的有效性；姚卫新和陈茜利用风险压力测试来模拟供应链网络的突发事件冲击，以此寻找弹性供应链中的薄弱环节，采取合理的策略进行优化测试，该研究成果认为，提高供应链的整体反应能力、改善供应链柔性、保持库存冗余、构建科学的防御体系、采取多源供应链供应以及需求延迟化是弹性供应链中断的有效预防措施。也有专家学者单独对事后应急策略进行分析，闫妍等将运行成本作为优化目标，以有限资源作为约束，构建了基于节点失效的数学规划优化模型，通过求解数学模型给出了相应的应急调度计划方案，对弹性供应链进行了优化。

对供应链网络弹性优化策略的文献研究成果归纳总结如表 3-1 所示。弹性供应链优化策略方面的研究非常丰富，国内外专家学者从微观、宏观、防御应急、供应链结构以及供应链运营等方面做了大量的研究，但从政府支持策略角度以及构建弹性评估模型方面的研究较少，还有待进一步研究。

表 3-1　　　　　　　供应链网络弹性优化策略

优化策略	概念
结构优化	寻找供应链薄弱环节，考虑中断的供应链设计与布局，从根本上解决弹性问题
冗余管理	增加有价值备份，在扰动前设置资源冗余，扰动发生时及时调用，包括设置战略安全库存、多源供应商等
提升灵活性	是指加强供应链面对扰动随之产生形变而不中断的能力，包括采购灵活性、运输灵活性、契约灵活性等
加强协作性	是指加强与其他节点企业和项目合作，实现风险共担，利益共享
信息与知识共享	供应链成员间信息交流与共用，及时捕获扰动情形与供应链状态，知识互通有无，实现共同成长
企业文化	营造弹性管理文化氛围，使每个人都重视弹性管理
创新	企业创新能力与创新程度越高，弹性就越高

第四节　供应链网络弹性的测度分析

供应链网络弹性的测度是进行供应链管理的前提条件，也是衡量供应链管理绩效的有效方式。对弹性供应链进行测度可以有效提高网络弹性，提高供应链应对中断突发事件的能力，使供应链在突发事件发生之后尽可能快地恢复到原来的状态或者演变成更加理想的状态。想要实现这一目标，就需要对各种弹性供应链提升策略的作用效果进行有效量化，为制定和选取弹性供应链策略提供科学的决策依据。

一、供应链网络弹性的测度属性

供应链网络化的发展趋势，使供应链网络弹性测度研究成为供应链研究的重点。供应链网络的特征，使供应链网络的弹性属性不易发现，无法准确清晰地描述，从而增加了供应链网络弹性测度研究的难度。

目前，关于弹性供应链的研究越来越丰富，但是针对供应链弹性测度的研究并不是很多。已有的研究成果中，Carvalho认为只有在突发中断事件发生之后才能对供应链的弹性进行测度，他从两个不同的角度定义了表征供应链弹性能力的指标，分别是供应链网络的多样性、适应性及凝聚力的函数和供应链系统承受的变化程度、供应链系统的自组织程度函数。Datta用客户服务水平、生产随时间变化情况、单个分销中心的平均库存水平和整个供应链网络的整体库存水平四个变量对供应链弹性进行测度，构建了基于Agent的弹性供应链框架模型。Falasca从定性的角度，借助"弹性三角"概念给出了弹性测度的指标。Pettit提出了弹性供应链评估和管理的工具，认为供应链弹性是供应链脆弱性与自身能力（预防、应对、恢复等）相互制约的结果。

Zsidisin利用柔性和冗余两个指标来测度供应链弹性，其中，柔性包括审计供应商、监督供应商的财务状况以及对供应商进行认证；冗余则包括采用双源供应或多源供应策略、保持额外的供应能力、建立连续供应规划、要求供应商及时汇报中断事故以及要求供应商保持适当的库存以应对缺货。Zhao基于供应链节点中断后军需资源的可获得性、网络连通性、网络可达性分析了军需弹性供应链问题。

供应链网络弹性管理的最基础部分就是供应链的弹性测度，它能够为弹性供应链策略有效性评判提供有效的理论和方法，对于弹性供应链管理的决策至关重要。研究表明，弹性供应链测度指标与一般网络系统弹性测度指标具有相似性，因此，参照一般网络系统的弹性测度指标，我们可以得到供应链网络弹性测度的两个衡量指标。

一是自适应性，相当于一般网络系统弹性测度中的脆弱性指标。自适应性是一种适应环境变化的能力，它取决于供应链网络正常运行过程中积累的供应链成员之间的协调能力和学习能力，以及抵御扰动和风险冲击的能力。

二是自修复性，是从一般网络系统弹性测度的可修复性指标衍生而来，是一种自我修复的能力。它取决于供应链网络中断后能否拥有可用资源，以及可用资源能否维持到供应链网络恢复正常运行的能力。

二、供应链网络弹性的测度流程

关于供应链网络弹性测度的方法有很多，大量的学者对此提出了行之有效的方法。其中 Cabral 等利用网络分析法（Analytic Network Process，ANP）建立了供应链敏捷性、精益性、弹性、绿色性的测度模型；于海生等（2015）通过分析供应链网络弹性的影响因素，构建供应链网络弹性属性集合，提出用模糊理论计算供应链网络弹性测度的方法；耿亮建立了基于动态不可操作性输入输出模型的供应链网络弹性测度模型，利用不可操作性的连锁效应，从时间、空间和成本等多方面对弹性进行了测度；Soni 提取了与供应链弹性密切相关的十个影响因素，用图论的方法分析并建立了供应链弹性测度的方法；Munoz 考虑了供应链弹性的多维属性以及终端风险会在供应链不同层级之间传递的特征，将能表现供应链在中断事件影响下运行情况的多个绩效指标通过线性加权的形式相结合，构建了一个能够较为全面反映整个供应链弹性性能的测度模型。

考虑供应链网络成员思维的复杂性以及模糊性，本章节主要介绍一种借助三角模糊数对供应链网络弹性测度的方法，具体步骤如下。

1. 构建供应链网络弹性测度框架

弹性是供应链网络一个动态演化的属性，根据弹性供应链的定义，供应链网络弱点的存在和供应链中断的发生会对弹性供应链产生负面的影响，而供应链网络成员通过进行弹性管理控制，发现供应链网络弱点，提前采取措施提高供应链网络应对中断的能力，同时在中断发生后能够快速从中断中恢复，提高供应链网络的弹性。供应链网络弹性测度框架模型如图3-2所示。

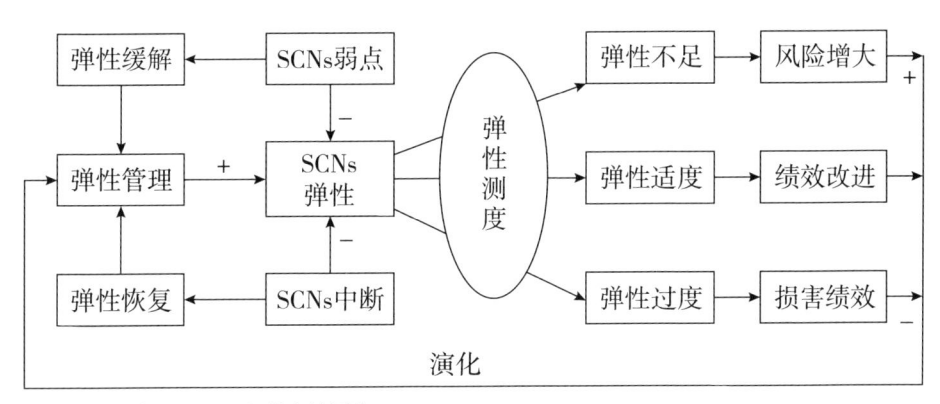

注：图中"SCNs"即供应链网络。

图3-2 供应链网络弹性测度框架模型

2. 完善弹性供应链测度属性

根据供应链网络弹性测度框架可以知道供应链网络弱点和供应链网络弹性管理能力是影响供应链网络弹性的两个维度。供应链网络弱点是指一个供应链网络容易发生中断的地方，而供应链网络弹性管理能力是预测和恢复供应链网络中断的能力。根据文献和专家问卷资料分析，供应链网络弱点又由多种属性构成，例如市场波动、资源限制、供应中断等。同样，供应链网络弹性管理能力也由多种属性构成，如供应能力、制造能力等，如表3-2所示。

表3-2　　　　　供应链网络弹性管理能力属性集合

一级属性	二级属性
供应能力	合格供应商数量；供应渠道柔性；小批量出货能力；灵活的供应商合同
制造能力	模块化产品设计；部分共性；产量调整能力
网络结构	网络储备能力；网络冗余；信息交换能力；可视性；反馈能力
适应能力	提前期缩短；可替代技术开发；经验学习能力；快速变化网络路径能力
预测能力	监测早期预警信息能力；风险管理能力；危机识别能力
恢复能力	资源调度能力；危机缓解能力
协调能力	协同预测能力；产品生命周期管理能力；风险共享的合作关系；订单沟通协调能力

3. 建立弹性测度模型

由于人类思维的复杂性及模糊性，用三角模糊数来表示两种属性的相对重要性更贴近实际，针对供应链网络弹性测度属性集合提出了基于三角模糊数的供应链网络弹性测度模型。该模型计算量较小，易实现，并且更贴近实际问题。这里给出在三角模糊数定义及运算规则和语义转换规则的基础上具体分析弹性供应链测度的具体流程，即三角模糊数定义及运算规则。

定义1：称 $\tilde{p} = (l, m, u)$ 为三角模糊数，如果 $\tilde{p}$ 的隶属度函数可以表示为：

$$u_{\tilde{p}}(x) = \begin{cases} 0, x \leq l \\ \dfrac{x-l}{m-l}, l \leq x \leq m \\ \dfrac{x-u}{m-u}, m \leq x \leq u \\ 0, x > u \end{cases}$$

式中，$x \in \mathbf{R}$，$\mathbf{R}$ 表示实数集，$l < m$ 且 $l < u$，l 和 u 分别为下界和上界，l 和 u 表示模糊的程度，$u - l$ 越大，模糊程度越强。

设 $\tilde{p}_1 \equiv (a,b,c)$，$\tilde{p}_2 \equiv (p,q,r)$，规定模糊数的广义加法、广义减法、近似乘法及标量乘法的运算规则如下：

$$\tilde{p}_1(+)\tilde{p}_2 \equiv (a+p, b+q, c+r); \tilde{p}_1(-)\tilde{p}_2 \equiv (a-p, b-q, c-r)$$

$$\tilde{p}_1(\cdot)\tilde{p}_2 \equiv (ap, bq, cr); \lambda(\cdot)\tilde{p}_1 \equiv (\lambda a, \lambda b, \lambda c)$$

此处介绍一种语义测度方法，Chou 将测度语义分为 5 个等级进行模糊语义转换，分别是非常低（Very Low，VL）、低（Low，L）、普通（Medium，M）、高（High，H）及非常高（Very High，VH）等。转换方法如图 3-3 所示。其中 $u(x)$ 是隶属度函数，将语义变量转换为三角模糊数，转换结果如表 3-3 所示。

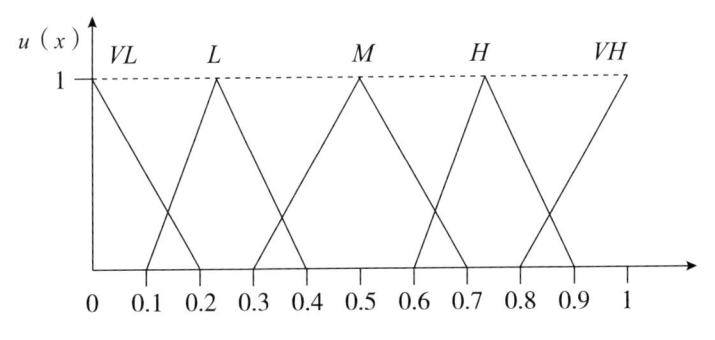

图 3-3　5 项语义变量转换三角模糊数

表3-3　测度属性语义变量与三角模糊数对照表

测度属性语义变量	三角模糊数
非常低（VL）	(0, 0, 0.2)
低（L）	(0.1, 0.25, 0.4)
普通（M）	(0.3, 0.5, 0.7)
高（H）	(0.6, 0.75, 0.9)
非常高（VH）	(0.8, 1, 1)

4. 建立供应链网络弹性测度流程

步骤一：定义供应链网络弹性测度属性集合，如表3-4所示。

表3-4　供应链网络弹性测度属性集合

供应链网络弹性测度维度	一级属性	二级属性
供应链网络弱点（A）	不可控力（A_1）	自然灾害（A_{11}）
		市场波动（A_{12}）
		汇率波动（A_{13}）
	故意攻击（A_2）	偷窃（A_{21}）
		恐怖破坏（A_{22}）
	外部压力（A_3）	政策变化（A_{31}）
		环境变化（A_{32}）
		价格压力（A_{33}）
	资源限制（A_4）	成员能力限制（A_{41}）
		原材料限制（A_{42}）
		人力资源限制（A_{43}）
	网络连通程度（A_5）	网络尺度（A_{51}）
		外包程度（A_{52}）
		供应中断（A_{53}）
		网络结构（A_{54}）

续表

供应链网络弹性测度维度	一级属性	二级属性
供应链网络弹性管理能力（B）	供应能力（B_1）	合格供应商数量（B_{11}）
		供应渠道柔性（B_{12}）
		小批量出货能力（B_{13}）
		灵活的供应商合同（B_{14}）
	制造能力（B_2）	模块化产品设计（B_{21}）
		部分共性（B_{22}）
		产量调整能力（B_{23}）
	网络结构（B_3）	网络储备能力（B_{31}）
		网络冗余（B_{32}）
		信息交换能力（B_{33}）
		可视性（B_{34}）
		反馈能力（B_{35}）
	适应能力（B_4）	提前期缩短（B_{41}）
		可替代技术开发（B_{42}）
		经验学习能力（B_{43}）
		快速变化网络路径能力（B_{44}）
	预测能力（B_5）	监测早期预警信息能力（B_{51}）
		风险管理能力（B_{52}）
		危机识别能力（B_{53}）
	恢复能力（B_6）	资源调度能力（B_{61}）
		危机缓解能力（B_{62}）
	协调能力（B_7）	协同预测能力（B_{71}）
		产品生命周期管理能力（B_{72}）
		风险共享的合作关系（B_{73}）
		订单沟通协调能力（B_{74}）

步骤二：给出语义转换规则。

将测度语义做 5 个等级的模糊语义转换。注意到供应链网络弱点维度对应的供应链网络弹性测度属性类似于成本类属性，而供应链网络弹性管理能力维度对应的弹性测度属性类似于收益类属性，所以有语义转换函数 F（供应链网络弹性管理能力属性/供应链网络弱点属性）= (x,y,z)，即 F（非常低/非常高）= $(0,0,0.2)$，F（低/高）= $(0.1,0.25,0.4)$，F（普通/普通）= $(0.3,0.5,0.7)$，F（高/低）= $(0.6,0.75,0.9)$，F（非常高/非常低）= $(0.8,1,1)$。

步骤三：收集专家语义测度资料。

通过问卷等多种方式，收集专家对供应链网络弹性测度属性的绩效测度与权重测度资料。属性的绩效测度反映供应链网络中该属性的现状，属性的权重测度反映该属性在供应链网络整个属性集合中的地位。

步骤四：进行各子属性的弹性测度。

假设收集到 k 位专家的测度资料，经模糊语义转换后，第 $t(t=1,2,\cdots,k)$ 位专家给出的属性 A_{ij} 对应的绩效为：

$$\tilde{P}_{A_{ij}^t} = (\tilde{p}_{A_{ij}^t}^x, \tilde{p}_{A_{ij}^t}^y, \tilde{p}_{A_{ij}^t}^z)$$

权重为 $\tilde{W}_{A_{ij}^t} = (\tilde{w}_{A_{ij}^t}^x, \tilde{w}_{A_{ij}^t}^y, \tilde{w}_{A_{ij}^t}^z)$，同时假设第 t 位专家的权重为 λ_t，可以得到属性 A_{ij} 对应的弹性绩效测度为：

$$\tilde{P}_{A_{ij}} = \sum_{t=1}^{k}\left(\frac{\lambda_t}{\sum_{t=1}^{k}\lambda_t}(\tilde{p}_{A_{ij}^t}^x, \tilde{p}_{A_{ij}^t}^y, \tilde{p}_{A_{ij}^t}^z)\right) = (p_{A_{ij}}^x, p_{A_{ij}}^y, p_{A_{ij}}^z)$$

属性 A_{ij}^t 对应的弹性权重测度为：

$$\tilde{W}_{A_{ij}^t} = \sum_{t=1}^{k}\left(\frac{\lambda_t}{\sum_{t=1}^{k}\lambda_t}(\tilde{w}_{A_{ij}^t}^x, \tilde{w}_{A_{ij}^t}^y, \tilde{w}_{A_{ij}^t}^z)\right) = (w_{A_{ij}^t}^x, w_{A_{ij}^t}^y, w_{A_{ij}^t}^z)$$

属性 B_{ij}^t 亦然。

步骤五：进行供应链网络弹性测度。

根据上一步计算得到的各二级属性的弹性测度，可以得到一级属性的弹性测度，其中：

$$\tilde{R}_{A_j} = \left(\frac{\sum p_{A_{ij}}^x w_{A_{ij}}^x}{w_{A_{ij}}^x}, \frac{\sum p_{A_{ij}}^y w_{A_{ij}}^y}{w_{A_{ij}}^y}, \frac{\sum p_{A_{ij}}^z w_{A_{ij}}^z}{w_{A_{ij}}^z}\right) = (r_{A_j}^x, r_{A_j}^y, r_{A_j}^z)$$

进而得到供应链网络弱点维度的弹性测度为：

$$\tilde{R}_A = \left(\frac{\sum r_{A_r}^x w_{A_r}^x}{\sum w_{A_r}^x}, \frac{\sum r_{A_r}^y w_{A_r}^y}{\sum w_{A_r}^y}, \frac{\sum r_{A_r}^z w_{A_r}^z}{\sum w_{A_r}^z}\right) = (r_{A_r}^x, r_{A_r}^y, r_{A_r}^z)$$

同样的程序，可以得到供应链网络弹性管理能力维度及其一级属性的弹性测度 $\tilde{R}_B$，$\tilde{R}_{B_1}$。

这样，得到最终供应链网络弹性测度：

$$\tilde{R} = \frac{\tilde{R}_A(\cdot)\tilde{W}_A(+)\tilde{R}_B(\cdot)\tilde{W}_B}{\tilde{W}_A(+)\tilde{W}_B} = (r^x, r^y, r^z)$$

第五节　供应链网络弹性评价方法

供应链网络属于复杂网络，关于供应链网络弹性的评价方法有很多，常见的主要有社会网络分析方法、系统科学分析方法以及信息搜索分析方法，这三种方法主要是对供应链网络中的网络节点重要性进行评价,用来测度网络的整体稳定性,进而测度供应链网络弹性。

一、社会网络分析方法

关于社会网络分析方法的研究最早开始于20世纪40年代,大部分的研究方法都遵循同一种思想,即网络中各个节点的重要性程度主要体现在该节点与网络中其他节点的连接情况使其具有的显著性大小,对于节点重要性程度指标的研究不能够破坏网络的整体连通性,通常情况下不会考虑网络中节点集的重要程度。网络分析的方法大都是通过分析网络中不同结构的不同网络信息来得到不同网络节点的重要程度。例如,在社会网络分析方法中,通常会对网络节点的节点度、最短路径、节点和边的权值等指标进行分析处理,并对这些网络结构的基本属性进行科学的计算和分析,利用定量的方法有效反映出所测试节点在网络结构中的位置特性,通过对这些测试节点的显著性进行放大就可以有效地定量节点的重要性程度。

在社会网络分析方法中,目前被专家学者广泛使用的重要节点指标主要有核心性(Centrality)和声望(Prestige)两大类,度量的方法主要有节点的度(Degree)、接近度(Closeness)、介数(Betweenness)、信息(Information)、特征向量(Eigenvector)等,本节简单介绍其中几种常见的社会网络分析指标。

节点的度(Degree),是指网络拓扑中与此节点连接的边的数量,即:

$$d_v = \sum_{l \in E} \delta_l^v$$

当路径 l 包含节点时，δ_l^v 取值为 1，否则为 0。如果考虑有向图，则节点的度还可以根据边的方向分为入度（In-degree）和出度（Out-degree）。

一个网络中某节点度的值越高，表明这个节点在该网络中的重要性程度越高，所以通常用网络中节点度值大小排序的方式来比较不同节点之间的重要性程度。这种网络分析方法的原理类似于从众心理，而且这种分析方法具有较低的复杂度，即 $O(L)$，其中 L 为网络中边的数量。但是这种方法存在着一定的缺陷，即单纯从节点度值一个指标的大小来分析节点的重要程度，并不能总是达到理想效果。例如某网络中某个节点的度值很高，但是其相连接的其他节点度值都较低，重要性程度不高，那么表明这个节点在该网络中的重要程度也不会很高；相反，如果网络中有一个节点的度值并不是很高，但是与之相连的其他节点的度值都很高，且重要性程度很高，那么这个网络节点很可能是该网络中的一个非常重要的节点。关于这一点，在现实中可以找到实例验证，例如，有些名人写的微博内容并不是很好，但是他们的微博却经常收获大量的点赞评论，甚至居于排行榜的前几位，这与他们拥有大量的粉丝有很大关系。

接近度（Closeness）主要反映网络中节点居于中心位置的程度。如图 3-4 所示，P_2 分别与节点 P_1、P_3 和 P_4 直接相连，它到达 P_5 只需经过 P_4。而对于 P_1 来说，只有 P_2 与它直接相连，它要到达 P_3 和 P_4 必须经过 P_2，要到达 P_5 必须经过 P_2 和 P_4。为了到达图中的每个节点，P_1 必须经过 P_2 三次，P_4 一次。因此，P_2 比 P_4 更趋近于网络的中心。

位于网络中最中心位置上的节点所产生的信息，可以通过最短路径以最短的时间传播到整个网络的各个节点，这就意味着在网络中较

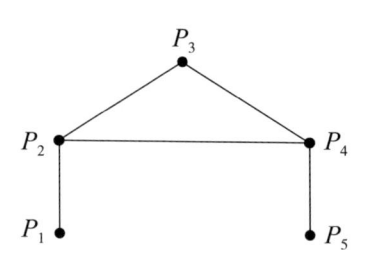

图 3-4 节点接近度示例

短的传播距离会消耗较少的信息传播时间和成本。

关于节点接近度（Closeness）最精简的定义是 Sabidussi 于 1966 年提出的，主要定义为，"假设 $d(P_i, P_k)$ 表示以 P_i 为起点以 P_k 为终点的路径所包含的边的数量，则节点 P_k 的接近度 $C(P_k)$ 可以表示为 $C(P_k)^{-1} = \sum_{i=1}^{n} d(P_i, P_k)$，即表示节点 P_k 到其他所有节点距离之和的倒数"。

网络中某个节点的接近度越大，则表明该节点越接近网络的中心位置，它在网络中的地位和作用就越高。但是接近度指标对于网络的拓扑结构要求较高，依赖性较大，对于集中式的星形网络可以十分准确地找到中心节点的位置，但是对于正则图、ER 随机图网络等则并不适合使用该方法。

介数（Betweenness）最早应用于衡量个体社会地位的参数问题，是 1977 年由 Freeman 在研究社会网络时提出的。节点 u 的介数含义为网络中所有的最短路径之中经过 u 的数量。记 (i,j) 之间的最短路径集合为 S_{ij}，则节点 u 归一化后的介数定义为：

$$B_u = \sum_{i,j} \frac{\sum_{l \in S_{ij}} \delta_l^u}{|S_{ij}|}$$

其中，$\sum_{l \in S_u} \delta_l^u$ 表示经过节点 u 的最短路径的数量之和。

网络中各个节点的介数指标在一定程度上能反映出不同节点的重要程度。具有高介数值的节点通常在网络中具有较高的影响力，能够发挥较大的作用。在社会网络的研究中，介数通常用来判断人际关系网络中某人的影响范围和重要程度，当某个被测试人在一个关系网络中出现的次数很多时，证明这个人的影响范围较大，在该网络中的作用较大。

通过计算节点的介数可以很容易找到网络中最短路径经过最多的节点，即流量较大的节点，但是通常介数的计算复杂度较高，为 $O(N^3)$，其中 N 为节点数目，即使使用网络的特征来简化介数计算，算法的复杂度也会非常高，在无权网络和有权网络的情况下分别为 $O(MN)$ 和 $O(MN + N^2 \times \log(N))$，其中 N 为网络的节点数，M 为网络中边的数目。

特征向量（Eigenvector），主要考虑网络中各节点的地位或者影响力，把单个节点的影响力看成是其他所有节点影响力的线性组合，得到的线性方程组的最大特征值所对应的特征向量即各个节点的重要性指标。

二、系统科学分析方法

系统科学分析方法的主要思想为"破坏性等于等价性"。该方法与社会网络分析方法不同，它主要是通过"破坏"原有网络的方法来测试节点的重要性程度，即主动删除所要测试的网络节点，然后分析节点删除前后网络连通程度的变化来确定该网络节点的重要性程度，节点越重要，则删除后网络破损率越高；节点越不重要，则删除后网络破损率越低。

系统科学分析方法主要依靠"核与核度"理论，系统的"核"是"那些对系统功能来讲具有重要的或支配性作用的且一旦遭到破坏就会使整个系统瘫痪或者造成重大损失的节点或者节点的集合"；系统的"核度"的计算方法主要通过点割集和连通分支数来定义。这种研究思路最早出现于图论点割集的概念，即要测试哪个节点，就主动删除哪个节点，然后通过分析节点删除前后网络连通度的变化来确定该节点在网络中的重要程度。

系统中某些节点被移除后，网络中的其他指标也会跟着发生变化，通过对这些指标的追踪分析，也可以定量得出节点的重要性程度。例如，Corley 曾经提出了一种与节点间最短路径相关的度量指标，他通过删除最短路径上源节点和目标节点之间的节点来观察两个节点之间的距离变化，如果节点删除后，源节点与目标节点之间的距离大幅度增加，则表明这个被删除的节点在网络中具有十分重要的作用。

三、信息搜索分析方法

供应链网络可以与信息网络类比分析，借鉴其网络测度算法。互联网是一个复杂的信息网络，可以被看作一个非常大的图，其中网页作为该网络的节点，网页之间存在的超链接作为网络中（有向）的边。互联网方面的专家学者为了提高搜索引擎的搜索效率，不断提出更新算法来判断网页节点之间的重要程度。其中比较经典的算法是 1996 年 Brin 提出的 PageRank 算法和 1998 年 Kleinberg 提出的 HITS 算法。随着 PageRank 算法在 Google 搜索引擎的成功应用，互联网搜索算法更新不断加快。Lempel 在 2000 年提出了 HITS 算法的一个变种——SALSA 算法，该算法主要考虑了用户在使用浏览器时，退出当前浏览页面而返回浏览其他网页的情况。这些算法都是通过不同的方式对网页节点的重要性程度进行计算、排序，从而提高检索结果的质量。PageRank 算法的基本公式如下：

$$PR(A) = (1-d) + d(PR(T1)/C(T1) + \cdots + PR(Tn)/C(Tn))$$

其中 $PR(A)$ 是网页 A 的 PageRank 值，即其重要性评分；d 为介于 (0, 1) 区间的衰减系数，一般取 0.85 左右；$T1$，$T2$，$\cdots$，Tn 为指向网页 A 的其他网页，$C(Tn)$ 是网页向外指出的链接增加数目。在供应链中，这个模型可以帮助企业识别关键的供应商或分销商，确保对这些关键节点的风险管理和优先级分配得当。这在设计弹性供应链策略时尤其重要，能够帮助企业在面对供应链中断时快速做出反应，保证供应链的稳定运行。

PageRank 算法可以根据网络中用户查询内容进行网站匹配，对每个相关网页的重要性程度进行打分，并将最终的网页排名呈现到用户眼前，这种算法的复杂度不高，为 $O(E \times I)$，其中 E 为网络中边的数目，I 为算法达到收敛所需的迭代次数。

计算机领域的大量专家学者在 PageRank 算法的基础上，针对其存在的不足提出了改进算法。华盛顿大学计算机科学与工程系的 Matthew Richardson 和 Pedro Domingos 将网络中网页之间的链接关系以及网页内容信息相结合，提出了 PageRank 算法的一个变体；斯坦福大学计算机科学系的 Taher Haveliwala 在 PageRank 算法的基础上研发出了主题敏感（Topic Sensitive）PageRank 算法。HITS 算法是 1998 年由美国康奈尔大学的 Jon Kleinberg 博士提出的，这种算法将网页分为表达某一特定内容的 authorities 网页（自身具有较高价值的网页）和把 authorities 网页串联起来的 hubs 网页（指向较多 authorities 的网页）两种形式。在该算法中，每一个网络节点都会被赋予 authority 和 hub 两个权重值。HITS 算法的核心就是通过迭代计算的方法筛选出围绕某一个检索提问的最具价值网站，也就是筛选网站中 authority 权值排名最高的网站，HITS 因为其精准且易计算的特性得到了广泛应用，其计算复杂度为 $O(V \times I)$，其中 V 为网络中节点的数目，I 为算法达到收敛所需的迭代次数。

第六节 本章小结

本章主要介绍了弹性供应链管理相关内容，分别从以下几个方面进行了介绍：弹性供应链基本概念和作用机理、供应链网络弹性演化过程、供应链网络弹性的测度分析、供应链网络弹性评价方法。

弹性供应链具有应对中断问题的能力，这种能力不仅针对自然灾害、恐怖袭击等小概率事件，而且是一种广义上的能力，供应链主要成员能够在供应链中断时应对任何突发事件。供应链网络弹性可以分为空间弹性和时间弹性。弹性的大小与供应链本身结构的脆弱性及供应链参与者的行为决策紧密相关，弹性供应链的作用过程即各弹性措施发挥效果的过程。

供应链网络弹性的测度是进行供应链管理的前提条件，也是衡量供应链管理绩效的有效方式，对供应链网络弹性进行测度可以有效提高网络弹性，提高供应链应对中断突发事件的能力，使供应链在突发事件发生之后能尽可能快地恢复到原来的状态或者演变成更加理想的状态。对于供应链网络弹性作用机理、演化、测度以及评价方法的研究有助于更好地进行弹性供应链的管理。

案例分析

案例一：大数据感知，敏捷化调控——ZARA 的需求预测

ZARA 建立了大数据分析团队，将零售店和网店的反馈转化为对未来产品设计的指导性建议；同时，通过收集和过滤各门店实时的销售信息，对客户的消费趋势进行感知，从而对短期的生产、库存和配送计划进行即时调整。

供应链是指生产及流通过程中，涉及将产品或服务提供给最终用户所形成的网链结构，供应链一般分为效率型供应链和响应型供应链。效率型供应链是指以较低的成本来满足客户功能需求的供应链；响应型供应链注重快速响应市场需求，不过于计较成本。ZARA 属于后者，以打造快速响应市场需求的供应链作为自身的核心优势。ZARA 之所以做出这样的选择，原因在于其独特的产品设计模式。不同于其他服装企业的传统设计模式，ZARA 采取买手与设计师相协调的新产品设计模式，由一大批受过专业培训的买手去往全球各地做信息收集工作，主要的工作内容是购买高端服装品牌的潮流产品和竞争对手的当季新品，并参加最新最火的时装秀，整合市面上的流行信息，汇集至总部设计师手中进行一定的加工修改，便作为 ZARA 的新产品投入生产。当已有的服装款式不能满足需求时，设计师们会将买手们收集来的新潮流特征进行组合创新，根据这些流行的特征推出新产品，这种设计模式有效地节省了设计费用和时间，同时也降低了误判市场需求的可能性。以这样的方式设计出的产品，虽然可以符合当下市场的需求，但时尚的风潮总是短暂的，一旦产品投向市场的周期过长，样式过时，则此种模式就失败了。因此，ZARA 在采购、生产、物流和销售环节都做了精心安排，以适应其快速响应市场需求的竞争战略。

（1）实行采购预测与分散采购。

服装厂的主要原料是各式布料，在采购环节，ZARA 利用买手们汇总到总部的信息，分析流行服饰材料需求的未来走向，提前安排下一阶段生产用材的采购，主动推进供应链流程。ZARA 实行分散采购，将采购订单分给多家供应商，避免单个供应商带来的供应链风险。

（2）确保分布式生产过程可控。

在生产环节，ZARA 将大部分需要快速投向市场的服装安排在总部所在地周围进行生产，建立了一个由中心基地向外辐射的生产系统，在这个很小的辐射范围内集成了设计、染色、剪裁、缝制等功能，实现无缝生产。ZARA 只将生产环节中一小部分工艺简单、标准化程度较高的生产任务交由海外生产商，其余的全部分配给在西班牙总部的外协制造商。这样做的目的就是使生产过程可控，保证产品迅速制成。

（3）实施总部统一配送物流。

在物流环节，ZARA 各个门店的服装皆由总部统一配送，保证产品第一时间在全球同步触达市场。

(4) 分析即时销售数据、精准感知需求。

在销售环节，ZARA 注重收集其所有连锁店的即时销售数据，以数据为基础分析市场偏好，决定下一步的投放策略，尽可能减少商品在门店的积压，保证产品在短期内售罄，同时也制造出产品供不应求的现象，以此激励消费者果断买单。ZARA 以其高效的供应链整合能力，有力支撑了其快速时装战略的成功实现。

大数据与认知运算等数字技术能帮助企业对产品和服务的未来需求有精准、深入的理解和感知，实现从"描述需求"到"预测需求"的转型，确保所有的合作伙伴都在一个共同的计划体系下运营。

案例二：精选供应链合作方——名创优品自产自销的支撑保障

名创优品作为一家专卖精品日用百货的品牌，它的产品都是自营。要创立一个自营品牌，必须全面控制从设计到产品研发、生产、物流、渠道、销售、管理等多个环节。这对品牌商的实力是有一定要求的。名创优品每周都会上 3~4 个新品。在注意力稀缺的现在，"每周上新"是为了最大限度吸引年轻消费者，让他们持续产生复购。但要达到这种要求，势必需要非常强大的产品研发和生产能力。

(1) "平台+个人设计团队"。名创优品所有的产品都是自产自销，还要符合高颜值、高性价比的需求，如果按照传统零售行业的做法，必须配备一支庞大的设计团队。但名创优品并没这么做，它采用的是"平台+个人"的模式，让全球闲置的设计师资源全部实现共享。比如，美国的一个设计师将自己的作品上传到名创优品的共享设计平台上，如果被印度的一个供应商看到了，就可以对其打版，然后送到名创优品的供应链中心。名创优品会将打版的产品投入部分门店进行试销。如果效果不错，这款产品就会铺开销售。而设计师通过系统可实时查看自己作品的销售情况，他的报酬就是由版权费和销量提成组成的。这种模式让企业摆脱了高昂的人力成本。

（2）筛选顶尖供应商。走进名创优品，你会发现9.9元、19.9元的商品占据了绝大多数。价格虽低，但产品的品质并不低。比如价格10元~30元不等的香水，其原料供应商就是专供香奈儿、迪奥这些大牌的奇华顿公司，这就是名创优品的"核心秘密"了。你花大几百上千元买一瓶迪奥，买的是个奢侈品。名创优品用一二十元钱的价格，把奢侈品变成了快消品。一上货就卖脱销，利润虽然微薄，但销量大。

对于一个企业而言，最重要的不是利润，而是现金流。没有利润，靠着现金流还能支撑下去，名创优品选定供应商后，其账期只有15天，这么短的账期，相当于现货现结。

（3）与第三方物流战略合作。名创优品现在已经遍布全球86个国家和地区，达到了3600多家连锁的规模。作为一家零售商，如果缺乏专业的物流和仓储作后备支持，很难供应得起如此大体量商品的流通周转。如果名创优品自建物流仓，可能就会像京东一样，费时、费钱，还费力。

名创优品的大部分物流业务都与普洛斯公司合作，与之共建物流仓。普洛斯公司是肯德基的物流仓储合作商，也是全球领先的现代物流设施和工业基础设施提供商。名创优品通过给物流商稳定的订单，让他们愿意在指定地段兴建物流仓，专门为其服务。另外，名创优品开发了自己的大数据系统，让物流公司、仓储公司都能看到工厂生产了多少订单，有多少产品在路上。

案例三：沃尔玛的弹性供应链分析

1950年，山姆·沃尔顿在美国阿肯色州的本顿维尔小镇开办了一个沃尔顿特价商店，这是当时当地最大的商店，叫作"沃尔顿5&10商店"；1962年，第一家真正意义的折扣商店在罗杰斯城开业，叫"沃尔玛廉价商场"，从此沃尔玛零售巨头的辉煌成就开始书写。截至1970年，沃尔玛已有38家分店，此时扩张速度已经超过了所能借到资金的增长速度，为此公司选择股票上市正式成为上市公司。经过接下来的十年发展，沃尔玛从名不见经传的小镇零售店一跃成为最年轻的全美年销售总额超越10亿美元门槛的零售公司。此后沃尔玛通过并购进军全国，采取"逐步填满"策略，在被主要零售商忽视的小镇开新店，以每三年销售额翻一番的速度增长，超越百年老店西尔斯，成为全美第一大零售公司。

沃尔玛的供应链管理是对供应链中的信息流、物流和资金流进行设计、规划和控制，从而增强竞争实力，提高供应链中各环节的效率和效益。沃尔玛的供应链体系属于顾客需求驱动的拉动式供应链，以最终顾客的需求为驱动力，整个供应链的集成度较高，数据交换迅速，反应敏捷。因此，沃尔玛的供应链管理现在已经从企业内部延伸到外部，不仅涵盖制造商及供应商，而且囊括了仓储、承运者、零售商和最终消费者。沃尔玛天天平价的背后是强大的供应链管控能力带来的成本降低和效率提高。

（1）与供应商结成战略联盟。

沃尔玛倡导与供应商建立战略合作伙伴关系。在沃尔玛的供应链形成过程中，供应商参与企业价值链的构成，从而对企业的经营效益产生举足轻重的影响。同供应链上下游合作方完美配合做到无缝连接是供应链管理的重点。为了达到这个目标就需要强大的信息技术做支撑。沃尔玛在1969年成为最早利用计算机技术跟踪库存的零售企业之一；1974年最早全面实现SKU单品级库存控制；1980年最先使用条形码技术；1983年史无前例地发射了自己专属的通信卫星；1985年最早利用EDI与供货商进行协调；1988年成为最早选择使用无线扫描枪的零售企业之一；1989年最先开始与宝洁公司等大供应商实现供应商管理库存。根据上面的分析总结，我们不难看出沃尔玛总是成为行业中的先行者，凭借先进的生产技术率先采取行动占领先机。正是因为这些领先行为，沃尔玛与其上下游的合作方实现了各项数据的信息互换，各方共同进行数据分析，至此形成双方满意的商品生产与销售决策，从而实现连续补货。正是以高效的信息系统、双方共同参与管理业务以及信息共享为支撑，沃尔玛才可以改善与合作方的伙伴关系，提升订单采购的可规划性、市场需求预测的准确性、供应链协同运作的效果和存货周转率，从而实现了其作为核心企业对供应链上下游各方的技术锁定。

（2）信息技术赋能高效配送。

在美国沃尔玛设立了70个采用高新技术支撑的物流配送中心，其平均面积在10万平方米，大约等于23个足球场，并能够完美供应700家商店。沃尔玛的配送中心每个星期作业量可以达到120万箱，每个月自行整理的商品货物金额达到5000万美元。沃尔玛的配送中心可以称为当今最先进的配送中心，其完美实现了高效率低成本的目标，并为天天平价提供了可靠的保障。

①用先进信息技术，降低配送成本。

为了完成高效的配送，沃尔玛采用的主要先进技术如下。20世纪 70 年代，沃尔玛针对自己公司的业务情况专门建立了专属的管理信息系统即零售链接系统，负责处理各业务的数据报表，一方面减少了人工劳动，提高了数据的准确度，另一方面也提高了各项业务的效率；到了 20 世纪 80 年代，沃尔玛同休斯公司合作，发射了自用的商业通信卫星，成为史上第一家拥有独立卫星的公司；1986 年建立了快速反应机制，成为历史上首家采用计算机技术对内部物流网络实现全天候监控的零售企业，实现了订货、采购、库存、配送、销售一体化；实施越库配送，即商品在到达配送中心后，并不进库而是在站台上直接向对应的客户配送，物流成本明显降低。

②规划专业化的配送中心。

一般情况下沃尔玛的配送中心设立在 100 多家零售店的中央位置，其商圈（或称为"运输半径"）为 320 公里。每个配送中心的商品有 4 万多个品种，主要是食品和日用品，畅销品占 60%。在配送中心的两边分别是进行装货和卸货的月台，装货月台能满足 30 台卡车同时装货的需求，卸货一端则配备了 135 个车位，数量非常庞大。配送中心每天 24 小时不间断作业，600 多名员工配合保证日常运作，每个工作日会有 150 辆左右的货车不断进进出出送货。可以看出沃尔玛配送中心具有极高的效率，任何商品在配送中心的滞留时间不超过两个工作日。这个效率还体现在极其低的订单失误率，值得注意的是配送中心每年需要处理数以亿计的商品，可见效率处于极高的水平。

③运用先进的信息系统。

沃尔玛基本全部的物流信息系统都是以 UNIX 系统为基础，采用长长的传送带、宽广的开放式平台、产品条码、自动补货系统和激光识别完成高效配送。在沃尔玛的配送中心，每一件货品都由人工或机器贴上条码，每一件商品无论是进库或是出库，计算机系统都会通过扫描条码信息进行全程追踪。总长约 13.7 公里的激光传送带在库房里进进出出，繁忙时期一天能够处理约 20 万件商品。

（3）建立快捷的运输系统。

与一般的连锁经营企业简单地把运输业务外包给专业的物流运输企业不一样，沃尔玛选择自主建立运输车队，专门进行本企业的货物配送。采取这样的做法使得本企业拥有自己的车队和司机，能够保持物流的灵活性，从而可以为一线门店提供更优质的配送服务，促进商品在全球范围内灵活销售，成为沃尔玛的核心竞争力来源。沃尔玛车队是从 1978 年开始组建的，最开始有 70 多个牵引车头，近 900 个拖车，1000 多位司机。自建车队在带来效率的同时也提高了成本，为此公司主要采取了以下四项措施：第一，构建运输系统网络，使一辆卡车可以到达各个配送中心；第二，使用集装箱进行运输，因为凡是低于集装箱容量的运输都是不经济不可取的；第三，全天运输，夜间运输时做到事先沟通运输计划以便及时入库；第四，为了准确运送货物，采用全球定位系统对车辆进行定位，无论何时何地都可以对车辆位置做到全方位掌握。

第四章 应急风险下的供应链影响分析

第一节　突发公共卫生事件影响分析

突发公共卫生事件的传播速度较快、传播范围较广，因此该类事件的应对是一项相对烦琐而又紧要的任务。其首要任务就是解决应急救援物资的供应和保障问题，这是一个重大的问题，其涉及维持社会安稳和关乎人民群众生命安全，由此要求应急供应链物流对突发的公共卫生事件提供强有力的供应支撑。新冠疫情是一场波及全球的重大突发公共卫生事件，2020年2月28日，新冠疫情全球风险级别被世界卫生组织调至"非常高"。截至2020年6月23日，我国新冠病毒感染确诊病例已达到8.5万，死亡病例0.46万；全球其他地区和国家确诊新冠感染病例累计达到378万，死亡病例46万。

在突发公共卫生事件中，需要的救援保障物资种类较多、数量较大。在医疗领域，医疗防护用具以及医药救助类物资是疫情总体防控的关键性物资；在民生领域，由于实施居民居家隔离等防疫措施，居民基本生活保障物资的供应不能脱离供应链物流服务；在废弃物资回收领域，要求完善逆向应急供应链物流来保证回收过程中的正常运作。而对于捐赠物资的接收、存入、分发和救援物资的运输、调拨、配送等工作，应急供应链物流起到的作用是至关重要的。在处理应对过多次突发公共卫生事件以后，我国对应急供应链物流体系的研究和建设取得了显著的成果，这些成果也在应对后来的突发事件中产生了重要的影响。然而，对于此次新冠疫情防控，应急供应链物流在运行过程中，其供需匹配、环节衔接、要素配置等结构被打乱，对于紧急的防疫物资需求，表现出了反应迟滞、供需失配错配、效率低下等严重问题。在防疫物资的大量需求情况下出现了供应中断，春节前的休假等原因致使生产中断，进而导致销售中断。本节对突发公共卫生事件的供应中断风险、生产中断风险以及销售中断风险作以下分析。

一、供应中断风险

突发公共卫生事件下，疫情防控、保障民生、稳定社会的首要任务就是及时供应疫情防控物资。在新冠疫情有快速传播的苗头后，我国政府第一时间制定了一系列紧急预案以及采取果断有力的防控措施。例如，武汉封城、居民居家隔离、各大小型企业停工停产等。2020年，全球已经有60多个国家采取了他国居民出入境管制措施。国际交互信息的流通由于多国采取的出入境管制措施而被迫阻断，这导致了国际商务谈判、国际贸易以及投资等国际性项目的订单大幅度下降，全球供应链协作的进程因此而受到影响；另外，烦琐的出入境管制措施导致贸易通关时间延长，阻碍了信息传递渠道，市场变化导致时间成本大幅度上升，全球供应链的运行步伐将会进一步迟滞。这致使许多行业出现了极大的供应链中断风险。

虽然企业通过实行零库存计划（Just In Time，JIT）等来使产品库存率下降，从而有效将产品管理成本和仓储成本最大限度地降低，但是拥有一定数量的安全库存以应对供应链中断风险是企业必须考虑的因素，如遇大量意外订单、临时消耗增加、生产突然中断、延迟交货等情况发生。企业建立合理的安全库存量将为供应链的连续性提供有力保障，降低供应链中断的风险。大多数企业不能准确地评估供应商供应的风险，将发生供应链中断风险判断为由外部因素造成，但真正的原因是企业缺乏供应商供应和质量风险的内部评价机制。经过对多家企业供应链中断原因的分析发现，供应链中断中最常见的原因是供应商的产品质量差和供应不足。因此，企业应当重点关注供应商是否拥有完善的物料管理体系、是否拥有安全高效的生产控制体系、是否拥有物料风险控制能力以及是否拥有良好的企业信誉。

在企业中，首要任务是必须建立从上到下的监督管理体系，这样才能将供应链风险管理计划制订得更加完善。在企业运作过程中，供应链中断风险是不可避免的，那么就需要一种可实施的方案来解决突发事件带来的问题，甚至避免供应链中断。供应链各环节的风险需要管理人员有效地识别和预测，将供应链中断频率高的内容和环节做好记录，将各类影响因素进行分级、分类和排序整理，评估可能影响供应链中断的各个潜在风险因素，并加以改进，最后将供应链的薄弱环节通过评估和监控手段找到，并且加以完善，从而降低供应链中断风险。

基于突发公共卫生事件建立供应链预警系统是保持供应链连续性的关键。它是指通过多种手段和举措，对重要事态发展进行早期发现和通报，并根据预警信息，在足够的时间内启动相应措施，将突发事件的影响降到最低。在预警分析过程中，应考虑这些行业和企业的情况，选择关键的指标和事件，为后续的措施打下坚实的基础。预警系统的建立需要有效的数据采集、传输手段。供应链风险指数上升的一个重要原因是数据反馈不及时，因此，构建一个零延迟的信息数据平台和系统显得尤为重要。建立信息数据平台和系统需要考虑具体的指标、趋势、模式和经验，这可以通过社会力量（如一些科技公司、大数据公司）和各管理部门的合作，建立企业和行业的实时信息和数据监控系统。

二、生产中断风险

生产中断风险是指技术装备人员、生产运作过程、原材料供应、设施设备等方面出现的意外障碍。一是原材料风险。企业要切实保证持续稳定的供应原材料，避免因原材料的价格变动导致生产成本增高，企业利益受损。二是企业是否及时更新生产设备并用于加工新产品。企业正常生产的关键因素之一在于是否拥有生产新产品的专用设备，这也直接影响着企业能否生产新产品。是否能正确选择生产设备会很大程度地影响产品的成本预算和生产效率。一方面，考虑经济效益指标的同时要根据产品的具体性能要求制定产品的生产工艺；另一方面，高科技产品的生产需要高科技人才，保证生产顺利进行的关键之一是技术人员能否满足企业生产的需求。企业将会由于生产中断而导致无法按计划成本完成生产。

由于新冠疫情暴发在春节放假期间，导致消毒和防护耗材等产品供不应求。春节期间，口罩等防疫物资生产企业很难迅速释放产能，致使全国各地防护物资严重短缺。春节过后，各地纷纷出台复工复产计划。新冠疫情的防控压力由于复工复产计划的实施变得越来越大，短期内对消耗品的需求只会增加或不会减少。此外，在全球防控形势趋紧的前提下，口罩等防护用品出口的需求量大幅度增加了，造成生产供应链再次中断。

根据各大媒体报道，印度本土汽车制造商有 10%~15% 的汽车零部件是由中国工厂供应的，中国工厂由于新冠疫情的传播采取了停工停产的措施，扰乱正常的汽车生产制造工序，导致印度汽车制造供应链形成严重的零部件短缺局面。结合国外媒体报道，武汉地区新冠疫情的暴发不只是影响了国内生产制造秩序的正常进行，也对海外多家工厂的运营生产产生了巨大的影响。韩国智能制造工厂表示，中国为其30%的智能机器提供相应的部件，新冠疫情的持续致使边境物流贸易受阻，其部分工厂的部件供应出现严重问题。雷诺在新闻媒体上表示，新冠疫情的暴发致使其中国零部件供应链中断，部分工厂也因此而关闭。在世界各地的其他汽车制造工厂，数百万辆汽车都应用中国制造的零部件进行组装，在湖北扎根着大量的工业产业链供应商，是汽车零部件生产和运输的核心区域，据统计，仅在武汉地区就聚集了近500家零部件企业，这也是国内新冠疫情波及最严重的地区。有行业内的专家预测说，如果这些零件供应工厂不能尽快恢复生产，库存将会耗尽。

由于突发公共卫生事件而导致的企业生产经营中断，从国家到企业都应迅速成立应急小组，分析现状，尽快建立各个组织的沟通联系制度，解决生产经营中断的问题。加强分析和监控突发公共卫生事件的发展，合理协调内部生产组织和相关产品供应商尽快安排应急物资的生产。在突发公共卫生事件下对于生产中断风险的基本控制策略如下。

（1）国家政府层面应出台相关政策，鼓励有能力的企业进行转型，保证应急物资的供应。企业依据相关政策的生产目标，明确具体的生产要求，以此制订出更加详细的生产计划。

（2）对于转型的企业需要快速有效地将生产过程中的生产要素结合起来，形成一个有效完整的生产供应链体系。

（3）企业应根据疫情发展现状和政府具体要求组织生产紧缺应急物资，并且制订生产管理计划书。

（4）企业应尽快建立信息管理系统指导生产。在突发公共卫生事件中，生产中断造成的供应链中断是国家以及企业等都担心的问题，但各级企业及部门组织都应建立合理有效的供应链管理方案，达到最大限度地减少甚至消除生产中断和供应链中断的风险。

三、销售中断风险

突发公共卫生事件导致企业销售中断，对国民经济发展和社会安全造成了不可忽视的影响。

突发公共卫生紧急情况导致贸易进出口份额急剧下降。我国通过提供低端要素产品而融入全球供应链体系，由中间厂家进口再加工组装后输出到终端市场，新冠疫情极大地影响了我国进出口贸易。根据海关总署的统计反馈，在2020年1月和2月，我国出口机电产品的总量同比下降了14.9%，其中自动数据处理设备及其部件、家用电器、灯具、照明设备及其部件以及音视频设备及其部件出口总量同比下降了15%；我国商品进出口贸易总值达到41237.6亿元，同比下降了9.6%，其中出口贸易总值同比下降15.9%，进口贸易总值同比下降2.4%。跨国公司在全世界范围内的生产销售布局将会受到影响，从而致使高度依赖中国中间品生产与加工的市场短期内失去供应来源，造成销售中断。

对于如何应对销售中断风险提出以下解决措施。

（1）明确销售中断的真正障碍，对症下药，尽快分析解决销售中断问题。

（2）由被动变为主动。对公司经营中可能出现的问题要有预见性，以此做好充足的准备和预测，制订应对措施的初步计划并加以完善，当灾害实际发生时，企业承担的费用将大大减少。

（3）企业变革管理文化要将业务连续性计划纳入其中。为了确保该计划可行，需要将其变成一份积极的文件。旧的计划需要及时更新，当内外部环境发生变化时，每个员工都应该及时重新归纳整理计划的各个部分。

（4）首要的目标任务是要以最快的速度进行灾难识别与应对。制订有效的业务连续性计划可以确保公司不会因灾难的打击而失去市场份额。

（5）定期测试实施计划以跟上公司业务发展的步伐。在关键时刻，平时的测试会对公司的生存起到决定性的影响。对于潜在的威胁，可以利用业务连续性进行边缘投资。

（6）有效应对业务中断的关键是确保计划的所有组成部分同步，以有效地应对业务中断。员工、数据网络、设施设备、网络系统以及企业所需的供应商是企业的业务连续性计划组成所需的组件。应急措施的制定对于企业是至关重要的，这样可以确保在灾难来临时企业的运转都以正确的方式进行，并且可以确保灾后快速恢复。

第二节　突发自然灾害事件影响分析

我国是自然灾害频发的国家，我国的自然灾害种类多、发生频率高、分布广，造成的损失重。自然灾害频发时刻提醒着我们做好应急管理的重要性、必要性和紧迫性。以下从三个方面阐述突发自然灾害对应急供应链管理的影响。

一、供应中断风险

严重的自然灾害会导致人员伤亡、经济停滞、城市建筑毁坏、道路桥梁断裂、社会秩序混乱等问题，为了应对严重自然灾害的发生，需要对当地物资、人员、资金的需求进行紧急保障。在2008年汶川地震发生后，灾区需要大量的医疗物资、生活必需品等，储备物资会出现种类单一或数量不足等问题。自然灾害导致的道路桥梁毁坏，使得公路运输不便，缺少第三方物流企业的参与，单靠政府会导致供应不及时或不充分。应急预案和平台不完善，组织机制不健全，使政府、各地区、企业之间无法很好地协调工作，组织效率不高，秩序混乱。此外由于当地工厂的毁坏，由该地区生产销往全国各地乃至国外的商品也无法正常供应。以上问题都会导致在重大自然灾害发生时供应链的中断。

要保证供应链的连续性，使其不会因自然灾害而导致中断，重要举措之一是要建立相关的隐形供应网络。隐形供应网络在遭遇突发事件如地震、洪水等时，可以快速开始组织工作，在保证遵守相关法律法规的前提下，为灾区提供应急物流，保证物流供应的连续性。所谓"隐形网络"是指在平时不工作，但在发生应急事件时无须临时组建即可投入工作的网络。该网络的建成需要政府及第三方企业或组织包括物流企业、物资供应企业、红十字会等联合起来，协同合作，将分散的物资储备集合起来，共同调配；也需要建立起完善的系统，包括实时信息系统、运输系统、组织系统等；更离不开社会力量的支持，例如募捐、个人运输等。隐形供应网络的建立可以有效减小供应中断的可能性，多方合作可为供应链保持连续性提供一定保障。在这个系统中，对于政府而言，需要出台相关的法律法规、规章制度，使整个系统合法合理，提出可行的组织方案，做好统筹工作；对于第三方企业而言，要遵守法律法规，使工作更加规范化，配合政府组织方案，调动员工积极性，保证物资的供应。

解决自然灾害发生时的供应中断有以下措施。①完善相关法律法规，出台相关政策，为自然灾害下的应急物流供应提供更加强有力的保障。②规范应急物流配送程序，一方面增加国家应急物资储备，提高库存计划，丰富物资种类和数量。另一方面可以在经常发生自然灾害的城市建立应急物流配送中心，并将各地区捐赠物资有秩序地规整起来。③与第三方物流企业合作，建立"绿色通道"机制，即开通一条地区与地区之间的应急物流专用通道，使应急物流以快捷的方式通过海关、边防、检查站等，保证应急物流及时、迅速到达灾区，保证供应链的连续性和安全性。④健全应急供应组织机制以及相关规章制度，形成政府与地方、第三方企业等协同作业的组织机制。彼此之间实现有效沟通、合作，提高组织效率，使应急物流供应链规范化、制度化。⑤对于该地区生产的商品，可以在其他地区选择代工厂进行生产加工。

二、生产中断风险

产品的生产需要在特定的工厂内，由特定的技术工作人员使用设备来生产加工。人员、原材料、生产设备、加工环境等都是产品生产过程中的要素，以上这些要素都会对产品的生产过程以及供应的稳定性产生影响。其中人员主要指的是员工数量、员工工作能力、员工积极性等；原材料包括原材料的来源、价格、品质等；生产设备包括设备的质量、价格、性能；加工环境主要分为自然环境和社会环境，社会环境包括该商品所在市场的销售环境、社会经济大环境，自然环境包括某些特殊产品生产时所需要的高低温、无菌、耐腐蚀环境等。

生产过程中所需的要素离不开企业的资金支持，要保证企业生产正常进行就要保证企业的资金链是连续、循环的，也就是要保证"现金—资产—现金"这个循环过程是不断良性运转的。生产工作是一个企业的基础，是确保销售链和供应链正常进行的前提，如果正常生产工作一旦被中断，则会导致一系列的连锁反应，例如导致原有订单无法按时交付货物或交付货物质量欠缺、损坏企业信誉形象、企业利润下降等。

当重大自然灾害发生时，比如地震、水灾等，其具有的强大破坏力和冲击力会对当地建筑、道路等造成严重毁坏。在2008年汶川大地震时，中央企业直接经济损失达414亿元（数据来源：新华社），其中国家电网和电信企业等企业损失最大，直接经济损失超过了200亿元。东方电气、中国化工、攀枝花钢铁公司的损失接近百亿元。水利水电、中国铁建这些施工企业的损失也超过了40亿元。此外灾害对企业直接生产交货和订单完成情况也造成影响。要恢复受损的基础设施，重建需要400多亿元的资金。地震造成中央企业伤亡3586人，尤其是东方电气、国家电网、中国水电集团、中国化工集团、中国铁建等，人员伤亡规模比较大。自然灾害一经发生，对于当地政府、企业的冲击是巨大的，大部分的企业都面临着一系列问题，如工厂被毁坏需要重修重建；人员的伤亡导致缺少高技术人才；原材料被损毁急需补充；严重的经济损失使得企业资金链断裂；等等。以上问题都将导致企业无法进行正常的生产工作，同时无法保证供应链的稳定性。生产中断将带来的风险不仅影响企业，还对当地政府有一定影响。对于企业而言，一方面对于大型企业来说，无法正常生产会对商品的正常销售产生影响，原有订单无法正常交付货物，企业利润下降，资金周转不开，以至于原材料的成本将被缩减，而原材料的质量决定了产品的生产质量，产品质量一旦下降将会导致公司信誉受损，未来订单量下降；另一方面对于小型企业来说，生产链一旦中断，将会导致销售链和供应链一同中断，从而导致企业资金链断裂，企业破产。对于政府而言，大型企业比如钢铁公司、化工公司等的生产中断，会导致当地经济下滑，资源储备不足等。

为了应对由于重大自然灾害导致的生产中断，中央政府、当地政府、当地企业等应在平时提前做好供应链相关应急预案以及相关政策准备，面对地震、洪水这样的突发自然灾害时尽量保证人员安全，使经济损失减到最小。在灾后应迅速反应，快速制定恢复正常生产生活的工作组织方案，保证当地居民的正常生活和工作。政府应在保证民生的情况下，为当地重要大型企业如钢铁、建材类企业提供政策和资金的支持，使其能够迅速地重修重建，鼓励企业重新投入正常生产工作中以维持该地区的经济活力；企业应积极重建，重新制订生产管理计划，建立完善生产管理系统，明确生产目标，快速恢复生产链。政府和企业应当协同工作，使自然灾害导致的生产中断所带来的风险降低到最小。

三、销售中断风险

销售主要分为两大类，对内销售和对外销售。对内销售主要指国内的商品销售，对外销售是指出口跨境商品。销售是企业与外界的连接口，是商品生产过程和供应过程的体现。重大自然灾害的发生会使社会变得混乱、无秩序，无法保障当地居民的正常生活，同时导致企业无法正常生产，以致生产链和销售链中断，销售链中断对于当地企业、政府、居民都有一定的影响。

销售中断带来的风险有如下几个方面。①企业资金链无法正常良性循环，企业在自然灾害发生时，面临着建筑倒塌，人员伤亡的问题，生产链的中断使产品供应量不足，原有货物订单无法按时交付，商品无法正常销售，无法为企业带来利润，企业资金周转不开；②当地居民基本生活无法保障，如食品类企业、医疗物资生产企业的销售中断，会使当地应急物资紧缺，居民无法正常生活；③当地社会生产生活无法正常进行，一些大型重工企业如钢铁企业、化工企业、建材企业等的销售中断，会使灾后重建缺少原材料，在无法利用本地资源的情况下，购买其他地区的原材料会使原材料的成本增加；④对外出口商品的跨境销售受到影响，灾区的跨国公司一旦出现销售中断的情况，该跨国公司在全世界范围内的生产销售布局将会受到至关重要的影响，从而致使高度依赖中国中间品生产与加工的市场短期内失去供应来源。

应对重大自然灾害导致的销售中断，有如下几点措施。①要对重大自然灾害如地震、洪水等有充分的了解和面对灾害的准备，在平时要提前制定好应急预案，应急预案的制定对于企业是至关重要的，这样可以确保在灾难来临时企业的整个供应系统运转都以正确的方式进行。②企业要对自然灾害会造成的影响做好充足的准备和预测，当灾害实际发生时，企业承担的费用将大大减少。③在灾后企业应当重新制订组织管理计划，建立完善销售系统，恢复销售链的正常运转，制订有效的计划可以确保公司不会因灾难的打击而失去市场份额。④企业要提高信息敏感度，快速适应新市场，生产销售前景良好的新产品。⑤确保销售业务所有组成要素的同步性，人员、设备、原材料等都是生产和销售的重要组成要素，要确保原材料和设备的先进性，人员的积极性以及高技术水平。

第三节　突发事故灾难事件影响分析

一、供应中断风险

突发事故灾难发生后，会对居民生活、社会活动、企业生产产生巨大影响。据调查可知：在2015年天津发生特大"8·12"爆炸事故中，瑞海公司综合楼和中联建通公司办公楼被炸毁，堆场内大量普通集装箱和罐式集装箱被解体，参与救援的消防车、警车和顺安仓储有限公司、安邦国际贸易有限公司储存的7641辆商品汽车全部损毁，邻近中心区的贵龙实业、新东物流、港湾物流等公司的4787辆汽车受损。截至2015年8月18日，共304幢建筑物（其中包括办公楼宇、厂房及仓库、居民住宅等）、12428辆商品汽车、7533个集装箱受损。天津港是全球最大港口之一，爆炸案后，随之而来的货运中断影响了制造、零售等更多层面。

在供应链全球化时代，天津港发生灾难性事故后，带来的影响不仅针对这一个地区，其影响到全国乃至全球。天津港是华北地区生产的商品运往世界各地的主要门户,且天津是全国的经济支柱城市之一,天津港内存放有数百家公司包括国内公司和跨国公司的货物,突发事故灾难发生后,港口秩序混乱,物流被暂停或处于堵塞状态,货物供应链被迫中断。天津港装运的主要产品有电子产品、化学品、元器件等,发生爆炸事故后,物流停滞导致多种工业材料价格上涨,建筑企业、电子产品企业等的原材料成本上涨,影响企业的正常生产工作。此外在天津港,主要的运输方式有轮船、铁路、航空,在事故灾难发生后,区域性的供水、供电、供气受到影响,使三种主要运输方式无法正常工作,道路、地面的毁坏使货物运输只能选择航空的运输方式,这样一来增加了企业的运输成本,降低了企业的库存流转和供应效率,对企业利润造成影响。在复工复产之后,由于货物堆积数量过多,货物订单暴增,又会造成物流堵塞,铁路、轮船、航空等运输方式工作量过于饱和,可能会存在订单交付不及时或质量不能保证等问题。

引起突发性的事故灾难的原因主要有人员操作不当、人员蓄意而为等。为了避免突发性的事故灾难,或降低事故灾难发生后的风险与损失,政府应当提前做好突发事故灾难应急预案,一方面要保证人民生命安全,保障人民基本生活;另一方面对于当地企业要做好监督管理工作,定期对企业生产工作过程的规范性进行检查。重工类企业以及危险化学品企业作为灾难事故易发的单位,应建立完善的监督管理体系,规范生产,实时监督员工工作过程,严格控制加工环境和原材料安全指数;建立实时高效的信息监测平台,实时观测各项数据,提前识别预测事故灾难发生的可能性。企业要保证供应链的连续性,还应选择拥有完善物流管理体系和风险控制能力的供应商,保证在突发事故灾难发生后，货物供应链也能够正常运转，以保证企业的正常生产和销售工作。

建立事故灾难应急系统是保持供应链连续性的关键，事故灾难应急系统应当采用先进的互联网技术，其功能包括实时监控功能，即实时反馈企业人员、设备、原材料的各项数据是否符合安全标准；预警功能，即对重要事态发展进行早期发现和通报，对员工进行提醒，并根据预警信息，在足够的时间内启动相应措施，将突发事件的影响降到最低。在预警分析过程中，应考虑这些行业和企业的情况，选择关键的指标和事件获取数据和信息，尤其针对事故频发的环节或重点企业类型要着重监督和监测。其中应急系统可以通过政府与社会力量如大数据公司、重工类企业等合作，共同建立一套完善的突发事故灾难应急系统。

二、生产中断风险

突发事故灾难的特点是突发性强、关联性高、危害性大。突发事故灾难一经发生，会严重影响人类正常生活、社会活动、经济水平、企业运营等。突发事故灾难（如爆炸）主要发生在重工类企业中，比如煤矿企业、化工企业等，突发事故灾难会导致建筑物崩塌、环境污染、道路堵塞、货物损毁等，这种事故的影响范围广，周边的企业、单位都会遭到不同程度的破坏。对于轻工类企业，如食品类企业、生活用品类企业、小零件类企业等，突发事故灾难导致的生产中断会使生活基本物资供应不足，使当地物资紧缺，影响当地居民正常生活；对于重工类企业，比如煤炭企业、化工企业等，生产一旦中断会导致钢铁、煤炭等原材料供应不足，原有的运往全国各地以及国外的订单无法按时交付货物，进而影响多种工业材料价格上涨，相关下游行业企业无法正常生产；中外合资类企业的生产中断会使得出口商品数量大大下降，影响跨国公司在全世界范围内的生产销售布局。

由突发事故灾难造成的生产中断带来的风险影响如下。生产一经中断，许多由中国工厂代加工或者中外合资企业工厂生产的货物无法正常生产，原有货物订单无法按时交付，"中国制造"相关企业将受到信誉以及形象上的冲击，后续货物订单数量将减少，商品销售链将因生产链和供应链的停滞而受到影响；许多大型企业如钢铁、煤炭、化工企业要切实保证持续稳定地向各大市场供应原材料，原材料生产中断后，因原材料的价格变动，生产成本增高，企业利益将受损；企业将会由于生产中断而导致无法按预期成本完成生产计划，在事故灾难发生后，企业想要重新恢复生产链需要重新制订生产管理计划，重新完善监督管理系统。

各大型企业为了预防突发事故的发生或降低发生事故后的风险，在平时必须建立从上到下的监督管理体系和风险评估体系。在事故发生之后，各大型企业要进行紧急风险评估，将各类影响因素进行分级、分类和排序整理，并对于事故频发的环节着重分析，查明事故发生原因，提高生产技术水平和员工工作水平，使生产流程更加安全化、规范化、科学化，使整个生产过程真正达到高水平、高质量。

三、销售中断风险

突发事故灾难发生后，当地许多企业、工厂等都被毁坏，原材料供应不足，港口物流停滞，导致生产链、供应链中断，进而导致销售中断。比如对于主营电子商务的企业来说，像服装企业、食品企业、小零件企业等，事故灾难一经发生，在当地的商品加工厂生产链发生中断，仓库储备货物被损毁，港口秩序混乱，这将会引起一系列的连锁反应，影响企业销售链的连续性。另外，在事故灾难发生后，区域性的供水供电供气受到影响，使得轮船、铁路这三种主要运输方式无法正常工作，物流无法流通，原有订单货物无法按时交付，因此影响后续订单，企业销售水平下降，存在销售链中断的风险。道路、地面的毁坏使货物运输只能选择航空的运输方式，这样一来增加了企业的运输成本，对企业利润造成影响，也增加了物流企业的工作难度。很多货运企业已经改为经其他港口发运货物，但这样做一方面将增加运输成本，另一方面将会给这些港口的海运费率带来上行压力，如果情况持续混乱，在迫不得已的情况下，只能选择价格高昂的航空货运。

应对突发事故灾难造成的销售中断，应该做到以下几点。企业对于各种突发事故灾难造成的销售中断要做好充足的准备和预测，制订应对计划，这样一来，当事故灾难实际发生时，可以有效减少企业承担的风险和经济费用；明确导致销售中断的主要环节，采取有效的措施，尽快分析解决销售中断问题，制订企业工作的整体计划，包括生产计划、员工操作规范守则、销售计划、应急管理计划等；突发事故灾难发生后，企业的首要目标任务是要以最快的速度进行灾难识别、分类，制订有效的恢复生产计划，确保公司不会因灾难的打击而失去市场份额，重新在市场上占据自己的位置；加强运营人员培训，使有关运营人员真正了解和掌握系统的基本功能及操作方法，这样才能保证系统的高效持续运行；定期测试生产工作计划与公司外部社会大环境的同步性，确保计划可行性的同时，也要符合公司的发展水平和步伐，符合市场现状。

第四节　弹性供应链管理在应对突发事件中的作用

近十年来，弹性供应链管理的思想得到广泛关注，由供应企业、制造企业、分销企业、零售企业以及第三方物流服务企业组成的供应链在发挥核心优势、提高企业竞争力、降低企业成本等方面取得了巨大的成就，为企业创造了巨额财富。相关实践不断推动供应链相关理论和技术的发展。与此同时，社会经济市场环境不断复杂化，突发事件发生的高频率、多样化等特性，使供应链的快速发展遇到了重大挑战，也给企业带来巨大的损失。

弹性供应链能够及时、准确地获取市场信息，并将这些信息有效地传递到各节点企业。同时，弹性供应链能够灵活应对顾客需求变化和突发事件。在实现供应链整体利益最优的同时，通过相关机制均衡各节点企业的利益分配。以下内容详细探讨了弹性供应链在应对突发事件中的具体作用。

一、弹性供应链管理在市场营销方面的作用

弹性供应链应急管理就是寻找一定的方法，能够提前识别突发事件的发生风险，当突发事件发生时，能够衡量发生的突发事件或称扰动使供应链偏离预定目标的程度。同时，根据突发事件的种类，采取相应的合适的策略，达到使供应链运作能力快速恢复、企业的损失降

到最低的目的。在突发事件背景下，如自然灾害、疫情或市场需求骤变等，传统市场营销策略往往难以快速调整，导致企业面临较大挑战，弹性供应链管理在市场营销中起到了关键作用。

（1）价格策略调整：突发事件可能导致原材料短缺、物流中断等问题，影响企业成本。弹性供应链可以通过快速响应供应链节点的变化，优化资源配置，帮助企业制定更灵活的定价策略，维持市场竞争力。

（2）需求创造与满足：在突发事件期间，消费者需求可能发生剧烈变化。弹性供应链管理能够通过提升服务质量、优化物流流程，降低商品价格，从而满足消费者的紧急需求，提升企业市场份额。

（3）市场份额争夺：企业可以利用弹性供应链协调供应商、经销商和零售商关系，降低成本、调整产品价格，迅速占领市场。在突发事件中，这种快速反应能力尤为重要，有助于企业在混乱的市场环境中脱颖而出。

二、弹性供应链管理在信息化建设方面的作用

突发事件往往打破了企业原有的业务流程和信息流通模式，迫使企业重新审视和调整信息化建设的重点。弹性供应链管理在信息化建设中发挥了重要作用。

（1）信息整合与共享：突发事件使得各部门之间的信息孤岛问题变得更加突出。弹性供应链要求各部门之间形成紧密的信息连接，利用先进的软硬件技术实现信息供应链的集成，确保在突发情况下，企业各部门能快速协调和响应。

（2）动态调整与优化：在突发事件背景下，企业需要迅速调整生

产计划、库存管理和物流安排。弹性供应链的信息化系统能够提供实时的数据分析和预测,帮助企业制定应急预案和动态调整策略,提高应对能力。

(3)提高决策效率:通过信息化建设,企业可以对市场行情、计划制订、安全库存、采购周期和生产进行有效分析和定位,提升决策效率。在突发事件中,这种能力显得尤为重要,有助于企业快速恢复运营和稳定市场供应。

三、弹性供应链管理在市场竞争方面的作用

突发事件往往打乱了市场的正常竞争格局,企业需要迅速调整策略,以应对新的市场环境。弹性供应链管理在市场竞争中起到了关键作用。

(1)系统化应对策略:突发事件要求企业采用系统化的供应链管理方法,不再孤立地解决问题,而是将供应商、制造商和销售商有机地联合起来,作为一个整体进行协调。这种系统化管理提高了供应链的整体效率和应对能力。

(2)长期合作伙伴关系:突发事件下,供应链的稳定性变得尤为重要。企业应与供应商建立长期、稳定的合作伙伴关系,通过弹性供应链管理,减少不确定性的供求变化,确保供应链的连续性和稳定性。

(3)资源优化配置:弹性供应链管理能够在突发事件中优化资源配置,减少库存积压和浪费,实现供应链内资源的最优利用。同时,通过优化供应链内各环节的协同,企业能够更有效地应对市场竞争,最大化整体利润,并在供应链内部实现合理的利润分配。

通过这些方式,弹性供应链管理在突发事件中的作用得以充分体现,帮助企业在复杂多变的市场环境中保持竞争力和稳定性。实际工

作中，供应链突发事件的识别和损失评价，对有效应对突发事件，做出正确的应急管理决策具有重要的指导意义。对管理者而言，构建切实可行的供应链应急机制，对于提高供应链成员应对突发事件的能力，提高整个供应链的核心竞争力都具有重大意义。

第五节　突发事件下供应链风险度量

一、风险度量因素

本次新冠疫情风险度量主要通过发病周期、发病聚集性情况、患者人员数量三个方面来进行统计、度量。结合供应链风险研究方式，通过对供应链内外部风险以及新冠疫情风险度量方式整合实现风险度量研究。

1. 供应链内生风险

主要包括：道德风险；信息传递风险；生产组织与采购风险；分销商的选择产生的风险；物流运作风险；企业文化差异产生的风险。

2. 供应链外来风险

主要包括：市场需求不确定性风险；经济周期风险；政策风险；法律风险；意外灾害风险。

二、突发事件应对中的主要问题

以公共卫生事件为例对突发事件应对中的主要问题分析如下。

1. 风险意识不足

习近平总书记提出"不忘初心、牢记使命"，始终把人民利益放在首位。但是，一些地方政府和官员尚未对这一问题形成严格的态度和科学的了解。他们对危险中的风险意识不足，对风险的认识不明确，对预防的认识不足，应对危机的能力也很弱，给国家和人民造成不必要的损失。

首先，一些政府部门对危机的意识薄弱。由于公共卫生事件发生的不确定性，管理人员很容易放松警惕，忽略触发公共安全紧急情况的隐患和特征，并为以后的风险应对埋下隐患。其次，缺乏教育和培训。目前，无论是政府部门还是企业，有关风险和预警机制的培训仍然存在形式主义，培训内容大多以响应为导向，预防内容相对较少。最后，公众的危机意识普遍较弱。由于缺乏必要的预警知识和技能培训，对威胁公共安全的风险因素不够敏感，难以自己做出防控反应。

2. 风险评估机制不健全

新冠疫情期间，习近平总书记指出，要严格执行疫情防控和应急处置的法律法规，加强风险评估，依法审慎决策，严格依法实施防控措施，坚决防止疫情蔓延。其中，风险监测与评估是预防管理的基础工作，科学管理公共安全的重要前提是在有效的风险监测与评估的基础上有针对性地采取预防措施。但是，在社会生活的各个方面，突发公共卫生事件的风险普遍存在。缺乏技术手段和相应的资金投入使风险监测与评估的成本非常高，总体风险监测与评估的结果也不尽如人意。

3. 信息交流不畅导致紧急决策滞后

预警信息可以帮助相关政府部门发现影响公共安全的潜在风险，并为决策提供重要参考。同时，预警信息的水平也直接影响到有关政府部门决策的准确性和实际反应效果。一些地方政府在突发公共卫生事件中常常掩盖事实而未能在第一时间向公众发布真实信息。这种行为不仅造成事件的盲目处理，而且也引发谣言在社会上散布，引起恐慌。与西方发达国家相比，我国的信息机制还不够完善。西方国家已经建立了预警系统的管理模式，这是一个值得我国学习和借鉴的地方。

导致预警的系统性失效的原因，一方面是在公共卫生应急管理过程中，由于上下级政府之间的沟通不畅，政策目标的偏差和执行不力导致纵向政府公共危机的分散化，体现在政策制定与实施上。另一方面，由于某个地区每个政府部门的独立性，因此缺乏及时有效的部门联系和协调管理，最终导致决策和执行不力，不仅不能及时妥善处理紧急情况，还消耗了大量的人力、物力和财力，给人民财产造成巨大损失，浪费大量财政资金。

4. 预警和应急响应协调不足

在流行病的管理中，尽管中央政府试图从整体角度实现整体优化，但地方政府倾向于将重点放在应急而不是预防上，工作的重点通常是在公共危机后的应急响应和适当安置。对危机预警系统和预防系统的建设投资不足，缺乏专业的信息分析能力，无法立即整理和分析信息的内在价值，也无法有效地将收集到的信息用于总体判断。

实施《国家突发公共事件总体应急预案》后，各地还结合当地实际，建立了应急预案体系，使各级政府部门能够有序地应对突发公共事件。但是，预警和响应计划并未根据周围环境的变化而及时修订和完善，因此，当这些风险因素引发公共卫生事件时，相关政府部门将非常被动地做出响应，在严重的情况下可能导致风险覆盖范围的不断扩大，甚至引起连锁反应并造成更严重的损失。

5. 监督评估机制不完善

在应对新冠疫情的过程中,不够完善的地方是地方政府官员的应对能力和管理统筹能力。我们应注意在具体实施过程中政府官员严重缺乏方法论的问题。从政府对这一流行病的反应速度来看,安全应急系统效率有待提高,也正因为本次疫情,各级政府开始高度重视突发公共卫生事件应急管理体系的构建。

三、风险度量标准

具体的风险划定标准为:以县市区为单位,无确诊病例或连续14天无新增确诊病例为低风险地区;14天内有新增确诊病例,累计确诊病例不超过50例,14天内未发生聚集性疫情为中风险地区;累计确诊病例超过50例,14天内有聚集性疫情发生为高风险地区。具体如表4-1所示。

表4-1　　　　　　　　　风险等级评级标准

风险等级	评价标准	患病人数(人)
低风险	无确诊病例或连续14天无新增确诊病例	0
中风险	14天内有新增确诊病例,未发生聚集性疫情	周期内累计确诊病例≤50
高风险	14天内有聚集性疫情发生	周期内累计确诊病例>50

根据不同地区的风险程度,采取不同的响应策略。

1. 低风险地区"外防输入"

实施外防输入的策略,全面恢复生产生活秩序,取消道路通行限制,帮助企业解决用工、原材料、资金设备等方面的困扰和问题,不得对企业复工复产设置条件，不得以审批、备案等形式为借口，拖延企业复工复产的时间。

加强疫情严重地区以及高风险地区流入人员的跟踪管理，做好健康监测和服务。医疗机构加强发热门诊病例监测、发现和报告工作，疾控机构及时开展流行病学调查和密切接触者追踪管理。督促指导城乡社区、机关、企事业单位等严格落实社区防控措施，做好环境卫生整治，公众防病知识和防护技能普及等工作。

2. 中风险地区"外防输入、内防扩散"

实施外防输入、内防扩散的策略，尽快有序恢复正常的生产生活秩序，组织人员有序返岗，指导用工企业严格执行消毒、通风、测温等要求，降低人员密度、减少人员聚集、加强人员防护、消除风险隐患，做到疫情防控与企业复工复产同步推进。

在采取低风险地区各项防控措施的基础上，做好医疗救治、疾病防控、物资、场所等方面的准备，对病例密切接触者进行隔离医学观察和管理。以学校班级、楼房单元、工厂工作间、工作场所办公室等为最小单位，以病例发现、流行病学调查和疫情分析为线索，合理确定防控管理的场所和人员，实施针对性防控措施。无确诊病例的乡镇、街道、城乡社区可参照低风险地区采取防控措施。

3. 高风险地区"外防输入、内防扩散、严格管控"

实行外防输入、内防扩散、严格管控策略，要继续集中精力做好疫情防控工作。在疫情得到有效控制后，再有序扩大复工复产的范围。当然这里有一个前提，高风险地区也要保障疫情防控、公共事业运行、群众生活必需及其他涉及重要国计民生企业的正常运转。

在采取中风险地区各项防控措施基础上，停止聚集性活动，依法按程序审批后可实行区域交通管控。以县域为单位，全面排查发热患者，及时收治和管理疑似病例、确诊病例和无症状感染者，对密切接触者实行隔离医学观察。对发生社区传播或聚集性疫情的城市居民小区（农村自然村）的相关场所进行消毒，采取限制人员聚集、进出等管控措施。

四、应急事件风险评价

（一）风险分析方法

风险评价包括风险识别、风险分析和风险评估。其中风险分析作为风险评价的关键环节和核心内容，主要任务是在风险识别的基础上，对损失概率和损失程度进行量化分析的过程。选用合适的风险分析理论、方法与技术有助于在风险识别的基础上对事件的危害与不良效应进行更加科学、合理、有效的分析，为风险评价提供参考依据。

为了对分析技术有更系统的认识，本节基于各技术的基本原理和优缺点等，进一步分析其在突发事件风险分析方面的适用性和可行性。主要根据各技术在分析突发事件发生概率、后果严重性及风险等级方面的适用性，来判断其在风险分析领域的适用程度高低；根据各技术实施所需资源的多少、分析结果的不确定性程度以及操作的复杂性大小，来判断其实施的可行性高低，整理的结果如表4-2所示。

表 4-2　　　　　不同分析方法的适用性及可行性

分析类型	分析方法	适用性 发生可能性	适用性 后果严重性	适用性 风险等级	可行性 资源需求	可行性 结果的不确定性	可行性 复杂性
定性分析	头脑风暴法	A	A	A	L	H	L
定性分析	德尔菲法	A	A	A	M	M	M
定性分析	情景分析	A	SA	A	M	M	M
定性分析	检查表法	NA	NA	NA	L	H	L
半定量分析	风险矩阵	SA	SA	SA	M	M	M
半定量分析	层次分析法	SA	SA	SA	M	M	M
半定量分析	事故树分析	SA	SA	A	M	M	M
半定量分析	人因可靠性分析	SA	SA	SA	M	M	M
半定量分析	投影寻踪	SA	SA	SA	M	M	M
定量分析	BP 神经网络	SA	SA	SA	H	L	H
定量分析	多米诺效应	SA	SA	SA	H	L	H
定量分析	突发事件链	SA	SA	SA	H	L	H
定量分析	蒙特卡罗模拟法	SA	SA	SA	H	L	H
定量分析	贝叶斯网络	SA	SA	SA	H	L	H

注：SA 表示非常适用，A 表示适用，NA 表示不适用，L 表示可行性低，M 表示可行性中等，H 表示可行性高。

（二）风险分析流程

①定义整体供应链的流程：需要明确供应链的各个环节和流程，包括采购、生产、运输、仓储和销售等。

②将整体流程细化为一系列彼此独立又相关的运作活动：将供应链的各个环节进一步细化，明确每个环节的具体任务和责任。

③系统地审视每一项运作活动的细节：对每个运作活动进行详细

的分析，识别可能存在的风险点和潜在问题。

④识别存在于每一项运作活动中的风险及其特点：通过问卷调查、数据分析等方法，识别每个环节的具体风险类型和特点。

⑤描述出最具影响的风险：根据风险的影响程度和发生概率，确定对供应链影响最大的风险因素。

⑥调查表格设计与调查：设计调查表格，确定供应链的内外部指标，包括系统风险、管理风险、信息风险、合作风险等，并通过问卷调查收集数据。

⑦企业供应链风险识别指标体系的构建：对收集到的数据进行预处理，进行主成分分析和因子分析，构建风险识别指标体系。

⑧企业供应链风险评价模型的构建：根据统计分析结果，确定评价模型的结构和各个要素在模型中的地位与相互关系，利用多元统计分析方法构建评价模型。

通过以上步骤，可以系统地识别和分析供应链中的各种风险，为后续的风险管理和控制提供依据。

（三）风险应对

①选择风险应对措施。组织多部门合作实施的综合应对措施和卫计系统各部门实施的专项应对措施。

②制订风险应对计划。根据风险应对措施，从多个层面明确风险应对计划：提交风险评价报告，提出多部门合作防控措施建议；制定疾病预防控制工作方案；各相关单位制定本单位专项预案。风险应对计划明确了风险控制准则和目标、责任人、具体措施及其执行时间表、计划执行的监督、检查和报告的要求等。

③监督和检查。采取动态抽查与集中检查相结合、自查与督查相结合的形式，对风险管理的全过程进行监督检查和整改，并针对排序较高的风险组织应急处置演练。

（四）模糊综合评价法应用举例

本节通过使用模糊综合评价方法对新冠疫情造成的影响进行了一次风险评价，构建6个一级指标以及20个二级指标，并对整个评价过程进行了简述，指标及权重如表4-3所示。

表4-3　　　　模糊综合评价法——供应链风险评价

一级风险指标（权重）	二级风险指标（权重）
采购风险（0.16）	交货的准时性（0.28）
	材料质量（0.22）
	采购价格（0.15）
	信息对称性（0.35）
运输风险（0.24）	运输路线变更（0.24）
	运输人员（0.24）
	运输系统的可靠性（0.20）
	封城因素（0.32）
供应链管理风险（0.11）	供应链信度（0.39）
	供应链应急措施（0.31）
	供应链中断（0.30）
人员风险（0.19）	人员防疫措施（0.35）
	人员密集度（0.29）
	人员复工体系健全性（0.36）
生产运作风险（0.16）	产线安全体系（0.32）
	新产品制造流程变更（0.36）
	员工熟练度（0.32）

续表

一级风险指标（权重）	二级风险指标（权重）
外部风险（0.14）	政策变更（0.46）
	自然环境因素（0.31）
	业主需求波动（0.23）

针对上述供应链风险指标体系建立风险评价等级并给出隶属度，如表4-4所示，进而使供应链风险评价有较为完善的评价方式。

表4-4 风险评价等级隶属度

风险评价等级	风险可能引发后果	隶属度
高风险	如果风险发生可能导致项目失败	(0.8, 1.0)
较高风险	如果风险发生可能使成本大幅度增加	(0.6, 0.8)
中等风险	如果风险发生会使成本升高	(0.4, 0.6)
低风险	如果风险发生可能使成本略微增加	(0.2, 0.4)
较低风险	如果风险发生对供应链影响较小	(0, 0.2)

首先对于任意指标计算熵权 A_i，其计算方法如下所示：

$$A_i = \frac{1 - H_i}{\sum_{i=1}^{6}(1 - H_i)}$$

其中，$H_i = \frac{1}{\ln m}\sum_{k=1}^{m}f_{ik} \cdot \ln f_{ik} = \frac{X_{ik}}{\sum_{k=1}^{m}X_{ik}}$，$X_{ik}$ 是专家 k 对指标 i 的打分，m 为专家总数。

其次计算指标重要性权重：

$$\alpha_i = \frac{X_{ik}}{\sum_{k=1}^{m}X_{ik}}$$

最后计算综合权重：

$$W_i = \frac{\alpha_i A_i}{\sum_{i=1}^{6} \alpha_i A_i}$$

指标运算的原始数据来源于供应链管理相关文章，综合风险发生的后果及风险发生的概率，对二级指标的各个风险影响因素进行打分，得到目前供应链第二级风险因素的模糊评价矩阵。

以 A 公司采购风险为例，各风险因素发生概率的模糊矩阵为：

$$\boldsymbol{R}_1 = \begin{bmatrix} 0.3 & 0.4 & 0.1 & 0.2 & 0 \\ 0.1 & 0.3 & 0.4 & 0.2 & 0 \\ 0 & 0.2 & 0.5 & 0.3 & 0 \\ 0.5 & 0.1 & 0.2 & 0.2 & 0 \end{bmatrix}$$

则采购风险的模糊度计算如下：

$$B_1 = W_1 \boldsymbol{R}_1 = (0.28 \quad 0.22 \quad 0.15 \quad 0.3) \times \begin{bmatrix} 0.3 & 0.4 & 0.1 & 0.2 & 0 \\ 0.1 & 0.3 & 0.4 & 0.2 & 0 \\ 0 & 0.2 & 0.5 & 0.3 & 0 \\ 0.5 & 0.1 & 0.2 & 0.2 & 0 \end{bmatrix}$$

$$= (0.281 \quad 0.523 \quad 0.261 \quad 0.215 \quad 0)$$

同理可得其他一级影响因素的模糊度如下：

$$B_2 = (0.096 \quad 0.404 \quad 0.392 \quad 0.108 \quad 0)$$

$$B_3 = (0.140 \quad 0.148 \quad 0.323 \quad 0.329 \quad 0.06)$$

$$B_4 = (0.071 \quad 0.458 \quad 0.371 \quad 0.10 \quad 0)$$

$$B_5 = (0.072 \quad 0.428 \quad 0.436 \quad 0.064 \quad 0)$$

$$B_6 = (0.138 \quad 0.214 \quad 0.246 \quad 0.316 \quad 0.077)$$

一级风险因素模糊度综合评价如下：

$$B = \boldsymbol{WR} = (0.16 \quad 0.24 \quad 0.11 \quad 0.19 \quad 0.16 \quad 0.14) \times$$

$$\begin{bmatrix} 0.281 & 0.523 & 0.261 & 0.215 & 0 \\ 0.096 & 0.404 & 0.392 & 0.108 & 0 \\ 0.140 & 0.148 & 0.323 & 0.329 & 0.06 \\ 0.071 & 0.458 & 0.371 & 0.100 & 0 \\ 0.072 & 0.428 & 0.436 & 0.064 & 0 \\ 0.138 & 0.214 & 0.246 & 0.316 & 0.077 \end{bmatrix}$$

$$= (0.128 \quad 0.382 \quad 0.346 \quad 0.170 \quad 0.017)$$

归一化处理后整体风险值为0.680,因此本次新冠疫情对供应链有较高的风险影响,面对新冠疫情必须完善弹性供应链管理与供应链应急体系才能合理规避风险,保证供应链的正常运营。

具体来说,为实施弹性供应链产业协调的理念,有关部门主要从以下几个方面入手。第一,主要支持供应链的核心企业,并通过资金、税收等方面的专项扶持来协助缓解信贷、社会保障等方面的经营压力。充分发挥行业中龙头企业的带动作用,在一定程度上促进上下游企业生产的有效恢复。第二,注重信息技术的综合应用,通过更多地支持各种信息的流通、分析和共享,充分发挥信息流的作用,使企业准确掌握市场动态,及时开展供应链风险预警,以信息化手段提高供应链的安全性。第三,着眼于国内物流体系的开放,多部门在物流运输、专项贷款、税收优惠等各个领域采取多种措施,有效缓解了物流企业的经营压力,解决了影响国内物流体系的主要问题,重新实现了国内物流的正常运行。第四,着力解决产业链上下游企业的资金问题,引导核心企业与上下游供应链金融业务合作,如增加预付款比例,共同开展仓单质押等,旨在提高资金的分配和利用效率,同时促进金融机构引入大数据和区块链等金融技术,以减少融资困难,提高资金安全性。第五，着力提高产业链生产协调恢复的动能，包括采取各种措施引导公共消费，拉动内需。投资重点建设项目，培育新业态和进行模式创新。

诸如"黑天鹅""灰犀牛"事件将极大地破坏企业的正常运营，而传统的供应链风险管理方法取决于对这些事件影响的了解。这种方法结合历史数据来量化风险水平，可以很好地解决一些常见的供应链问题，例如供应商绩效不佳，预测错误和运输失败。但当遇到低概率、高影响力的灾难性事件（例如2003年的卡特里娜飓风、SARS、工厂大火、政治动荡等）时，此方法不再起作用。与这些罕见事件有关的历史数据非常有限或根本不存在。传统方法难以量化风险，许多企业缺乏相应的应变能力。这样的事件将给企业造成严重损失，即使那些管理成熟的企业也不可避免。2011年日本福岛地震和海啸对丰田造成的灾难性影响就是一个例子。

为了应对供应链风险，我们可以使用计算机建模对供应链加以模拟与仿真分析。供应链风险分析模型关注的是可能导致供应链中断的各种因素的影响（例如供应工厂的关闭），而不是造成损坏的原因。该分析模型不需要企业找出发生特定风险的可能性，因为无论导致供应链中断的原因如何，减轻损害影响的对策都是有效的。风险因素之间的关联性非常强，并且在供应链中交错影响。风险因素间的因果关系图可以清晰表示风险因素间的关系，如图4-1所示

例如，一旦供应商出现供应问题，如果由于某种原因无法正常供应两周，则企业可以使用此模型来量化由此产生的财务和运营影响。计算机建模的优点是可以轻松、快速地对其进行升级。这对于不断变化的供应链至关重要。

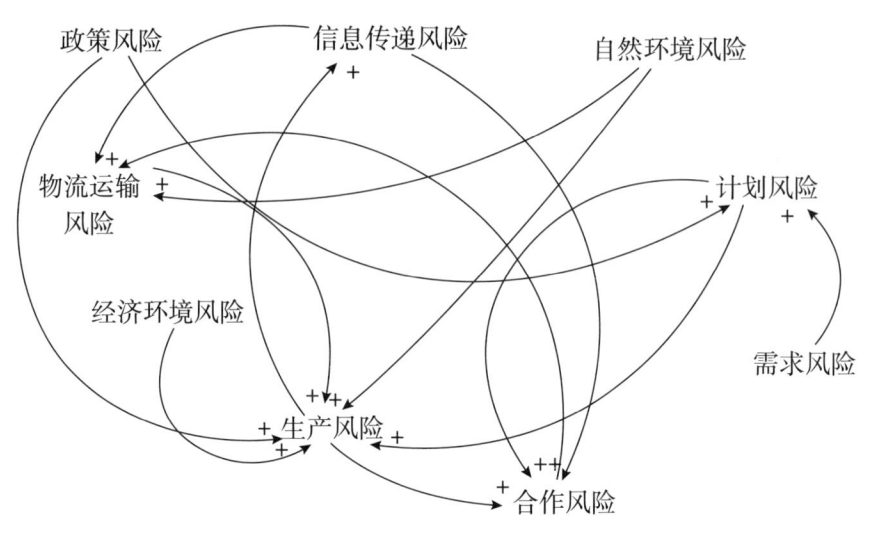

图 4-1 风险因素间的因果关系

第六节 突发事件下供应链风险预警

一、供应链应急风险预警流程研究

供应链突发事件应急管理并不是以风险结束为目标，而是利用现有人力、物力等资源对突发事件进行预警，使损失降到最低。为了实现这个目标，对供应链突发事件风险预警流程分析至关重要。

在突发事件风险发生之前，很少有企业会关注一些信息，即需要企业付出一定成本才能获得的信息，企业为了降低成本，获得最大利润，可能会刻意回避。但是，这些信息极有可能就是预防风险发生的关键。如果企业能够认识到潜在风险，从而预防风险，将会降低损失，这些企业就会认为构建预警系统、分析预警流程是十分合理且必要的。

突发事件发生原因是多方面的,无论是由自然因素还是人为因素引起的,任何事情发生、变化都遵循量变与质变转化规律。风险产生总是有一个变化过程:萌芽期—成长期—暴发期。任何风险发生之前都有一定预兆,如果企业能够对平时积累的各种信息进行分析整理,及时发现问题、及时预警,从而采取措施,防止危机发生,就可能最大限度降低和减少风险带来的影响和损失。

基于案例推理方法,构建供应链突发事件风险预警流程,如图4-2所示。

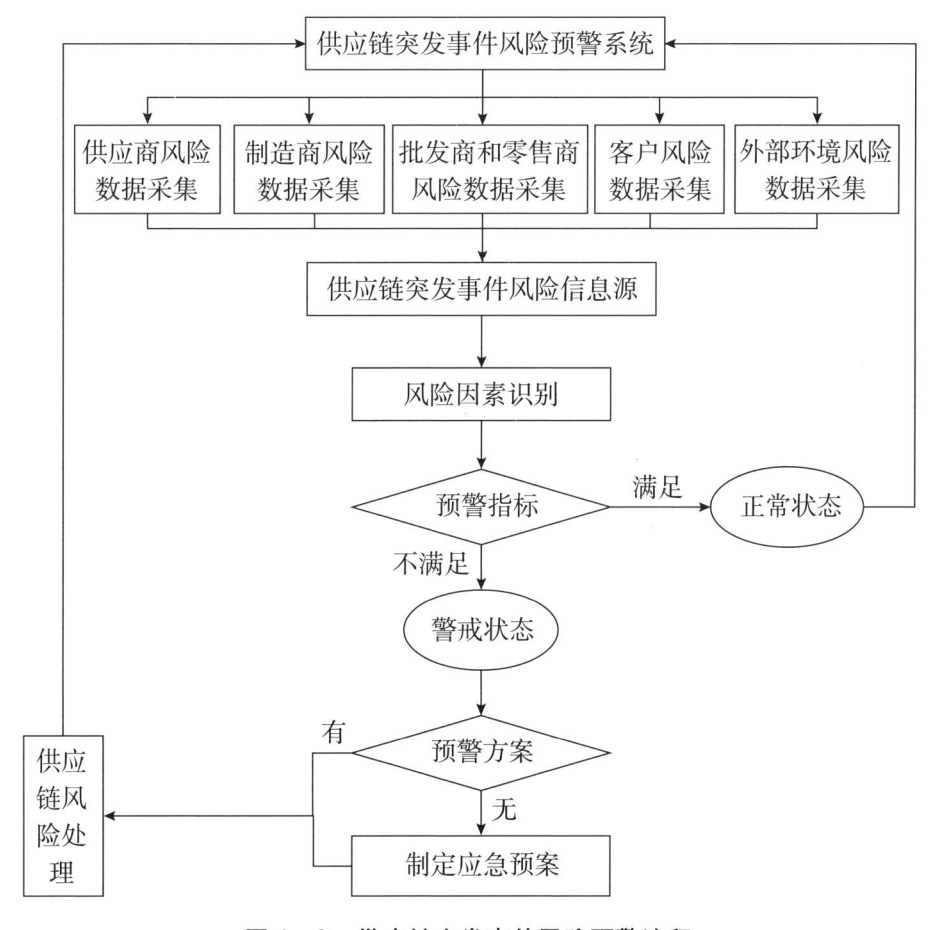

图4-2 供应链突发事件风险预警流程

(1) 供应链突发事件风险预警系统是从供应链上各个节点企业和外部环境收集风险数据。具体包括供应商风险数据采集、制造商风险数据采集、批发商和零售商风险数据采集、客户风险数据采集和外部环境风险数据采集等。

(2) 将收集到的风险数据输入风险预警系统中的风险识别和风险评估模块进行分析。系统通过与模型库中的模型进行比对，判断收集风险数据是否满足其预警指标全状态特征，如果完全满足其条件，该风险属于正常状态，不用对其采取任何行动和方案，系统转入下一次预警分析，继续采集风险数据。

(3) 对收集到的风险指标与预警指标进行对比分析。如果发现收集的风险指标不满足其安全设置情况，系统发出预警报告，进入警戒状态。判定系统中是否有相关风险预警方案，如果系统中没有预警方案，就请相关专家和管理者制定相应预警方案。同时，将新制定的预警方案存入数据库，以备预警系统使用。系统采取协调和控制方法后，风险降低，系统重新回到初始状态，继续下一次风险预警判断。

二、供应链突发危机预警模型构建流程

供应链突发危机预警是针对可能发生但还未发生的危机进行提前预警，帮助企业提前预测可能发生的重大突发性危机，从而规避危机，降低供应链成本，提高效率，并提高供应链稳定性与安全性。

关于供应链突发危机预警模型构建方法，是从最初的纯定性研究方法到纯定量研究方法，再到现在定量与定性相结合的研究方法。突发危机大多数是外部环境变化导致的。因此，基于指标体系建立预警系统是一种很适用的方法。

1. 建立指标体系

建立初始指标体系最常用的几种方法如下。

（1）理论分析法。从突发性危机预警概念、影响因素及外部环境角度出发，在理论分析基础上，初步确定危机预警指标体系。

（2）频度统计法。从最初研究供应链危机预警，到目前有关预警研究报告、论文、会议文章等文献资料，对其进行频度统计，选择那些使用频率较高的指标。

（3）问卷调查法。采用书面形式，设计出包含危机预警指标的调查问卷，并选择合适的调查对象进行问卷调查，然后进行分类统计，确定初始指标体系。

（4）数据统计法。运用数理统计方法（SPSS）对相关数据进行分析，初步选定指标，分析各变量之间的相对变化和相关程度，建立指标体系。

2. 指标筛选

通过以上方法建立了较粗糙的指标体系，接下来要对初步确定的指标进行筛选。对各指标筛选主要有两种形式：一种是信息压缩型，可以采用主成分分析法、因子分析法等；另一种是去除冗余型，可以采用有监督属性的筛选方法，这类方法需要评估机制加搜索方法等。

（1）主成分分析法：把多个指标转化为几个相互没有关系的综合指标。但是这几个指标要能够尽可能多地反映出原有指标的主要特征。

（2）因子分析法：根据相关性大小，把原始变量进行分组，使同一组内变量之间相关性较高，而不同组间变量则相关性较低。每组变量代表一个基本结构，并且用一个不可观测的综合变量表示，这个基本结构就是公共因子。

3. 各指标权重确定

在指标体系中，各指标对目标的重要度是不同的，应根据各指标重要程度分别赋予不同权重。在供应链突发危机预警过程中，预警指标权重确定十分关键，只有当各指标权重分配合理时，才能正确地进行危机预警。常用方法主要有以下几种。

（1）层次分析法（AHP）是一种结合主观性与客观性的方法，但是偏重于主观性。该方法核心是将决策者经验判断进行量化，应用AHP方法来计算指标权重的基础是建立在一个有序的阶梯层次结构模型上的。通过指标之间两两比较，综合计算各指标权重系数。

（2）优序图法（PROMETHEE）是一种多准则决策分析方法，用于确定不同决策方案的优先次序。PROMETHEE方法基于一组预定义的评估指标，通过对这些指标进行两两比较和排序，计算出每个决策方案的优劣程度，从而确定最佳方案或优先次序。PROMETHEE方法的基本思想是将决策问题转化为对不同方案之间的偏好比较。以下是使用PROMETHEE方法的基本步骤。

①确定评估指标：确定用于评估决策方案的指标集合。这些指标应该能够反映决策问题的各个方面和关键要素。

②定义偏好函数：对于每个评估指标，定义一个偏好函数，用于比较方案之间的差异。常见的偏好函数包括常态指标、准指标、线性偏好指标、水平指标等。

③两两比较和排序：对于每对决策方案，应用偏好函数进行两两比较，并根据比较结果为每个指标计算出偏好度值。通过对所有指标的偏好度值进行加权求和，得到方案之间的总偏好度值。

④计算流入流出流量：根据偏好度值，计算每个方案的流入和流出流量。流入流量表示其他方案相较某个方案的优势，而流出流量表示某个方案相较其他方案的优势。

⑤计算净流量和排序：计算每个方案的净流量，即流入流量减去流出流量。根据净流量值对方案进行排序，从而确定优先次序。

⑥敏感性分析和决策制定：进行敏感性分析，评估指标权重的变化对结果的影响。根据 PROMETHEE 方法的结果，做出最终的决策或制定相应的策略。

PROMETHEE 方法能够处理多准则决策问题，并提供了一种相对简单而直观的方法来确定方案的优先次序。然而，PROMETHEE 方法也有一些限制，包括对指标权重的敏感性和对偏好函数的选择依赖性。因此，在应用 PROMETHEE 方法时，需要谨慎选择评估指标和偏好函数，并结合实际情况进行合理的解释和分析。

（3）熵值法（Entropy Weight Method）是一种常用的多准则决策分析方法，用于确定不同指标的权重。它基于信息熵的概念，通过计算指标的熵值来衡量其多样性和冗余性，从而确定权重，以下是熵值法的基本步骤。

①确定评估指标：确定用于评估决策方案的指标集合。这些指标应该能够反映决策问题的各个方面和关键要素。

②归一化指标数据：对每个指标进行归一化处理，将其转化为可比较的形式。这可以通过线性归一化、标准化或范围缩放等方法来实现，确保不同指标具有相同的量纲和可比性。

③计算指标的权重：计算每个指标的熵值。熵值是衡量指标多样性和冗余性的指标，数值越大表示指标的多样性越高，权重越小。熵

值是基于指标值在归一化范围内的分布情况来计算的。

④计算权重系数：根据熵值计算每个指标的权重系数。权重系数是指标的权重相对于总权重的比例，可以通过对熵值进行归一化处理得到。

⑤权重归一化：对权重系数进行归一化处理，确保所有权重的和等于1。这可以通过对权重系数进行比例缩放来实现。

⑥决策分析：将计算得到的指标权重应用于决策分析，进行方案评估和排序。根据各个方案在不同指标上的得分以及权重，计算综合得分并进行排序，确定最佳方案或优先次序。

熵值法的优点是能够根据指标的分布情况自动确定权重，减少了主观判断的影响。它适用于多指标决策问题，并且对指标的敏感性较低。然而，熵值法也有一些限制，例如对指标值分布的敏感性和对归一化方法的选择依赖性。在应用熵值法时，需要根据具体问题和数据特点进行适当的调整和解释。

（4）CRITIC 是一种用于确定指标权重的方法，它基于指标之间的相互关联性。CRITIC 权重的计算通过分析指标之间的相关性来确定它们在决策中的相对重要性。以下是 CRITIC 权重的基本步骤。

①确定评估指标：确定用于评估决策方案的指标集合。这些指标应该能够反映决策问题的各个方面和关键要素。

②构建相关性矩阵：对于给定的指标集合，计算它们之间的相关系数或相关性矩阵。相关性矩阵反映了指标之间的线性关联程度，可以使用相关系数方法如皮尔逊相关系数或斯皮尔曼等级相关系数进行计算。

③计算 CRITIC 权重：根据相关性矩阵，计算每个指标的 CRITIC 权重。CRITIC 权重的计算基于指标之间的相互关联程度，权重值越高表示指标对决策的重要性越大。

④权重归一化：对CRITIC权重进行归一化处理，确保所有权重的和等于1。这可以通过对权重进行比例缩放来实现。

⑤决策分析：将计算得到的指标权重应用于决策分析，进行方案评估和排序。根据各个方案在不同指标上的得分以及权重，计算综合得分并进行排序，确定最佳方案或优先次序。

CRITIC权重的优点是考虑了指标之间的关联性，能够更准确地反映指标的重要性。它适用于多指标决策问题，并且可以在缺乏主观判断或专家知识的情况下进行权重确定。然而，CRITIC权重的计算需要基于可靠的相关性矩阵，对数据质量和相关性分析的准确性要求较高。在应用CRITIC权重时，需要进行合理的数据处理和分析，确保相关性矩阵能够准确反映指标之间的关联程度。

（5）独立性权重（Independence Weights）是一种用于确定指标权重的方法，它基于指标之间的独立性假设。独立性权重的计算假设每个指标对决策问题的贡献是相互独立的，即指标之间没有相关性或相互影响。以下是独立性权重的基本步骤。

①确定评估指标：确定用于评估决策方案的指标集合。这些指标应该能够反映决策问题的各个方面和关键要素。

②评估指标的重要性：使用专家判断、调查问卷、专家打分等方法，对每个指标进行独立性评估，即确定每个指标对决策问题的相对重要性。这些评估可以基于专家主观判断或经验。

③权重归一化：对评估得到的指标重要性进行归一化处理，确保所有权重的和等于1。这可以通过对权重进行比例缩放或归一化处理来实现。

④决策分析：将计算得到的指标权重应用于决策分析，进行方案

评估和排序。根据各个方案在不同指标上的得分以及权重，计算综合得分并进行排序，确定最佳方案或优先次序。

独立性权重的优点是简单直观，不需要进行指标之间的相关性分析，依赖于专家判断和经验。它适用于较小规模的决策问题，或者在数据不完备或相关性难以确定的情况下进行权重确定。然而，独立性权重的计算依赖于专家主观判断，结果可能受到主观偏见的影响。在应用独立性权重时，需要慎重选择专家并进行合理的讨论和解释。

（6）信息量权重（Information Value Weights）是一种用于确定指标权重的方法，它基于信息论的概念和原理。信息量权重的计算通过量化指标的信息量来确定它们在决策中的相对重要性。以下是信息量权重的基本步骤。

①确定评估指标：确定用于评估决策方案的指标集合。这些指标应该能够反映决策问题的各个方面和关键要素。

②计算指标的信息量：对于每个指标计算其信息量。信息量的计算基于指标值的分布情况，以及指标对决策问题的贡献程度。常用的信息量的度量方法包括香农熵、基尼指数等。

③信息量归一化：对计算得到的指标信息量进行归一化处理，确保所有权重的和等于1。这可以通过对信息量进行比例缩放或归一化处理来实现。

④决策分析：将计算得到的指标权重应用于决策分析，进行方案评估和排序。根据各个方案在不同指标上的得分以及权重，计算综合得分并进行排序，确定最佳方案或优先次序。

信息量权重的优点是基于信息论的原理，能够量化指标的重要性和贡献程度。它适用于多指标决策问题，并且可以减少主观偏见的影响。然而，信息量权重的计算需要基于可靠的数据和合适的信息量度量方法，对数据质量和信息量分析的准确性要求较高。在应用信息量权重时，需要进行合理的数据处理和分析，确保信息量能够准确反映指标的重要性和贡献程度。

（7）主成分分析（Principal Component Analysis，PCA）是一种常用的多变量数据分析方法，用于探索和降低数据的维度。其目标是通过线性变换将原始数据映射到新的坐标系，使数据在新坐标系下的方差最大化。以下是主成分分析法的基本步骤。

①数据标准化：对原始数据进行标准化处理，以确保各个变量具有相同的尺度。这可以通过减去均值并除以标准差来实现，使每个变量具有零均值和单位权方差。

②构建协方差矩阵或相关矩阵：根据标准化后的数据，计算变量之间的协方差矩阵（如果数据是连续变量）或相关矩阵（如果数据是离散变量或者需要考虑变量之间的相关性）。协方差矩阵或相关矩阵描述了变量之间的线性关系。

③计算特征值和特征向量：对协方差矩阵或相关矩阵进行特征值分解，得到特征值和对应的特征向量。特征值表示新坐标系下的方差，特征向量表示新坐标系的方向。

④选择主成分：根据特征值的大小，选择最大的 k 个特征值和对应的特征向量作为主成分，其中 k 是希望保留的维度。通常选择特征值较大的主成分，因为它们解释了更多的数据方差。

⑤数据转换：将原始数据投影到选定的主成分上，得到降维后的数据。这可以通过将数据与选定的特征向量相乘来实现。

主成分分析可以用于降维和数据可视化。降维通过选择较少的主成分来减少数据维度，同时保留了原始数据中的大部分变异信息。数据可视化可以通过在较低维度空间中绘制主成分来帮助我们理解数据结构和模式。

主成分分析方法的优点包括简单易懂、计算高效，并且提供了对数据的重要结构和模式的洞察。然而，主成分分析也有一些限制，例如它是基于线性变换的，可能无法很好地处理非线性关系和复杂数据结构。在应用主成分分析时，需要根据具体问题和数据特点进行适当的调整和解释。

（8）因子分析法（Factor Analysis）是一种统计方法，用于揭示多个观测变量之间的潜在结构和关系。它通过将多个变量解释为潜在因子的线性组合，来减少变量的数量并捕捉数据中的共性。以下是因子分析法的基本步骤。

①设定因子数：需要确定要提取的因子数量。这可以基于理论知识、经验或统计指标进行选择。通常通过观察特征值–特征向量对角线图、解释方差贡献率等来确定因子数量。

②构建模型：根据选择的因子数量，构建因子分析模型。该模型假设观测变量由潜在因子和误差项组成。潜在因子是无法直接观测到的，而误差项捕捉了模型无法解释的变异性。

③估计因子载荷：利用最大似然估计或其他估计方法，计算每个观测变量与每个潜在因子之间的因子载荷。因子载荷表示了观测变量与潜在因子之间的关系强度和方向。

④解释因子：解释因子载荷矩阵，确定每个因子的含义和解释能力。因子载荷较大的变量对应的因子具有较高的重要性，可以被解释为该因子的特征。

⑤因子旋转：因子旋转是一种调整因子分析结果的方法，旨在使因子载荷矩阵更加简单和解释性强。常用的旋转方法包括正交旋转（例如方差最大化旋转）和斜交旋转（例如极大似然估计旋转）。

⑥解释结果：根据因子载荷和旋转后的结果，解释因子的含义和解释方差。

因子分析可以帮助我们理解观测变量之间的潜在结构和共性，并提供关于变量的简化表示。

因子分析法的应用包括心理学、社会科学、市场调研等领域，用于揭示隐藏的因素或维度，并简化复杂的数据结构。然而，因子分析法也有一些限制，例如对因子数的选择有一定的主观性，结果的解释需要基于领域知识和理论背景。因此，在使用因子分析时，需要谨慎选择因子数、合理解释结果，并将其与其他分析方法结合使用。

4. 供应链突发危机等级层次划分

供应链突发危机等级层次划分可以帮助组织对供应链风险进行分类和优先级排序，以便有效地管理和应对不同级别的危机。以下是供应链危机等级层次划分的一般方法。

（1）确定评估指标：确定用于评估供应链危机的指标。这些指标包括供应商可靠性、交付时间、库存水平、质量问题等。

（2）确定等级划分标准：根据组织的需求和情境，制定供应链危机等级划分标准。这些标准应该明确指定不同级别的危机所具备的特征和影响程度。例如，可以根据供应中断的严重性、持续时间、影响范围等因素划分不同的危机等级。

（3）评估危机等级：基于划分标准，对供应链危机进行评估并确定其等级。可以通过收集和分析相关数据、进行风险评估和影响分析等方法来完成。

（4）制定优先级和响应策略：根据危机的等级，确定相应的优先级和响应策略。高等级的危机应该获得更高的优先级，并采取更紧急和有力的措施来应对。例如，对于高等级的危机，可能需要制订备份计划、寻找备用供应商、调整生产计划等。

（5）持续监测和调整：供应链危机等级层次划分应该是一个持续的过程。随着供应链环境的变化和新的风险出现，需要不断监测和评估危机等级，并根据情况进行调整和优化。

值得注意的是，供应链危机等级层次划分是根据组织的需求和具体情况而定的。不同行业和组织可能有不同的评估指标和等级划分标准。因此，在进行供应链危机等级层次划分时，需要结合实际情况进行灵活调整和定制化设计。

5. 供应链突发危机等级计算与判断

对供应链危机等级进行计算和判断需要考虑多个因素，并根据具体情况选择合适的方法。以下是一些常用的方法和步骤。

（1）确定评估指标：根据供应链的特点和关注的风险，选择适当的评估指标。常见的指标包括供应商可靠性、交货准时率、库存周转时间、供应链透明度等。

（2）数据收集和准备：收集与评估指标相关的数据。这可以包括供应链绩效报告、供应商评估数据、市场情报、客户反馈等。确保数据的准确性和完整性，以便后续的计算和分析。

（3）数据标准化：对收集到的数据进行标准化处理，以消除不同指标之间的量纲差异。常见的标准化方法包括均值－标准差标准化、最大－最小值标准化等。

（4）确定权重：对于每个评估指标，确定其相对重要性或权重。这可以通过专家判断、主观评估、层次分析法等方法来确定。权重的确定应该基于组织的需求和风险优先级。

（5）计算危机等级：根据收集到的数据和确定的权重，计算每个评估指标的加权得分。可以使用加权求和法，将每个指标的标准化得分乘以对应的权重，并求和得到综合得分。

（6）判断危机等级：根据计算得到的综合得分，判断供应链的危机等级。可以设置阈值或划分标准，将综合得分映射到不同的等级。例如，可以将得分范围分为高、中、低三个等级。

（7）优先级排序：根据危机等级的判断结果，对供应链危机进行优先级排序。将高等级的危机视为紧急情况，需要立即采取行动，而低等级的危机可以在后续阶段处理。

（8）监测和调整：定期监测供应链风险和变化，根据实际情况对危机等级的计算和判断进行调整。随着供应链环境的变化，可能需要更新指标权重或重新评估危机等级的划分标准。

以上步骤提供了一个一般性的供应链突发危机等级计算和判断的流程。然而，具体的方法和步骤可能会因组织的需求、行业特点和风险背景而有所不同。因此，在进行评估和判断时，建议结合多个参与者的意见和专家知识，并根据具体情况进行适当的调整和修正。

第七节　本章小结

本章是对于应急风险下的供应链影响的相关分析，对于几种主要突发事件，如突发公共卫生事件、突发自然灾害事件、突发事故灾难事件发生时，供应链受到的影响进行了分析，同时对于弹性供应链在应对突发事件时的作用以及突发事件下供应链风险度量分别进行了分析与概述。

突发事件中，生产中断风险对原材料有严重的的影响，自然灾害和突发事故灾难同样会造成生产中断、供应中断、销售中断等情况。弹性供应链能够及时、准确地获取市场信息并将这些信息有效地传递到各节点企业，同时能够灵活对顾客的需求变化和突发事件作出反应。对突发事件下供应链风险的度量可以很好地解决一些常见的供应链问题，例如供应商绩效不佳，预测错误和运输失败，同时建立供应链应急风险预警系统能够提早发现供应链风险，以便更好地进行应对。

案例分析

案例一：主动规避供应风险——通用汽车的供应链管理

上海通用汽车有限公司（SGM）是由美国通用汽车公司和上海汽车工业总公司联合投资建立，是迄今为止最大的中美合资企业。作为世界上最大的汽车制造商，美国通用汽车公司拥有世界上最先进的弹性生产线，能够在一条流水线上同时生产不同型号、不同颜色的车辆，每小时可生产27辆汽车。在如此强大的生产力支持下，SGM在国内首创订单生产模式，紧密根据市场需求控制产量。同时，SGM的生产用料供应采用标准的JIT（Just In Time）运作模式，由国际著名的RYDER物流咨询公司为其设计并实行零库存管理，即所有汽车零配件（CKD）的库存均在运输途中，不占用大型仓库，而仅在生产线旁设立 RDC（再配送中心），维持 288 台套的最低安全库存。这就要求采购、包装、海运、进口报关、检疫、陆路运输、拉动计划等一系列操作之间的衔接必须十分紧密。中国远洋运输（集团）公司（COSCO）承担了该公司全部进口 CKD 的运输任务，负责从加拿大的起运地到上海交货地的全程门到门运输，以及进口 CKD 的一关三检、码头提箱和内陆运输。

1. 缩短备货周期，降低库存

SGM 物流供应链安全运作的前提建立在市场计划周期大于运输周期的基础上，只有这样，CKD 运输量才能根据实际生产需要确定。目前 CKD 的运输周期是 3 个月，而市场计划周期为 1 周，所以只能通过扩大 CKD 的储备量来保证生产的连续性周期，造成库存费用很高。COSCO 的木箱配送服务虽然为其缓解了很大的仓储压力，但并非长久之计，还要通过各种办法改进订货方式、改进包装等缩短备货周期，真正实现零库存。

2. 改进信息服务

改进信息服务即提供和协助 SGM 收集、整理、分析有关的运作信息，以改善其供应链的表现。因为 SGM 的整车配送、进口 CKD 和其他零配件的供应，分别由 ACS、上海中货、大通及其他供应商自行组织有关的运输，各服务提供商之间的信息无法有效地沟通。如通过整车配送以协助 SGM 的销售部门改善营销预测的准确性和提前量，根据改善的预测信息来确定随后的生产和原料采购（进口）计划，可使每批进口 CKD 的品种构成更为合理化，从而可相应减少在途和上海 RDC 中不必要的库存积压。

思考问题：上海通用汽车公司是通过什么方式来规避供应链风险的？

案例二：蒙牛集团的智慧供应链应急管理机制

蒙牛集团作为中国知名的乳制品企业，在供应链应急管理方面有着丰富的经验和成熟的机制。

1. **奶源管理**

蒙牛非常重视奶源管理，视其为供应链管理的根本。通过多年的发展，蒙牛已经建立了可持续发展的奶源管理策略，并积极布局上游优质奶源资源，创新奶源管理模式。蒙牛通过整合国内外产业链资源，打造高品质奶源，确保奶源的质量和安全。

2. **智慧供应链**

蒙牛建立了智慧化供应链管理系统，实现了奶源、仓储、配送等环节的数字化管理。通过ERP系统、CRM系统以及BI平台基础和商业智能分析体系，蒙牛提升了供应链管理效率，实现了产供销一体化、财务业务一体化以及产品质量信息化。

（1）数字化转型：蒙牛通过实施SAP的ERP系统和CRM系统，实现了产供销一体化、财务业务一体化以及产品质量信息化。这有助于提高运营效率，确保数据的准确性和作业效率。

（2）智慧牧场管理：蒙牛利用物联网设备，如智能脖环，收集奶牛的步数、健康情况等数据，进而预测奶牛的生理周期和产奶量，实现精准饲养和产量预测。

（3）供应链协同：蒙牛的智慧供应链平台通过云计算、大数据等技术，打通了供应链上下游的商流、信息流、资金流、物流端对端协同，形成了完整的产业链条信息平台。

（4）精准排产和智能订单：蒙牛运用大数据制订科学合理的库存与销售计划，提高经营效率。通过智能排产解决方案，实现从"草原牛"到"数字牛"的转变，优化生产效能。

3. 供应链应急管理研究

有专家专门针对蒙牛集团的供应链应急管理机制进行了建模与应用研究。该研究指出，供应链突发事件具有不可避免性，建立以核心企业为核心的供应链应急管理体系，可以增强供应链的弹性和鲁棒性。研究还提出了基于资源贡献率的供应链风险利益分配模型，以及基于熵理论的供应链应急方案选择决策模型，为蒙牛集团等企业提供了应急管理的理论支持和实践指导。

通过这些措施，蒙牛集团能够在面对突发事件时，快速响应并恢复正常运营，保障供应链的稳定性和产品的持续供应。

思考问题：蒙牛集团的供应链应急管理有什么创新点？

案例三：提高供应链的效率和韧性——大众汽车的供应链管理

大众汽车公司在应急风险下的供应链影响分析方面，采取了一系列措施来应对和缓解潜在的供应链中断问题。

1. 供应链的韧性管理

在新冠疫情等突发事件的影响下，大众汽车公司采取了应急管理措施，通过危机管理中心进行应急管理，减轻短期冲击对业务可持续性的影响，并开展业务连续性规划，形成供应链新常态。

2. 供应链的多元化和库存管理

大众汽车公司意识到提升供应链韧性的重要性，通过提升关键物料库存水平、多来源采购等方式应对潜在的供应链风险。

3. 供应商的协同和支持

大众汽车公司积极介入上游核心零部件产业，与供应商建立紧密的合作关系，共同应对供应链中的挑战，如疫情防控期间保障生产供应的连续性。

4. 绿色供应链的构建

大众汽车集团（中国）在供应链管理中也注重可持续发展，推动供应商采用可再生电力减少碳排放，并加强供应链的可持续管理。

5. 数智化供应链网络

一汽大众在供应链管理上，通过数智化渠道与供应商伙伴建立更紧密的生产信息互联，实现供货风险管控、订单管控和物流管控。

通过这些措施，大众汽车公司不仅提升了供应链的韧性和响应能力，还促进了供应链的可持续发展，确保了业务的连续性和稳定性。

思考问题：从大众汽车对供应链的管理上可以得到什么结论？

第五章 应急风险下的弹性供应链网络设计

第一节 应急风险下的弹性供应链需求分析

一、应急风险下供应链管理的现状

应急风险下供应链管理主要包括四大环节：风险识别、风险测评、应急处理、信息反馈。涉及四大领域：供应、需求、生产、物流。其中主要的策略有：供应管理、需求管理、产品管理、信息管理、鲁棒策略、柔性策略、弹性策略等，如表5-1所示。

表5-1 应急风险下供应链管理策略

策略名称	内容
供应管理	主要的内容有供应链网络设计、供应商关系管理、供应商选择流程（评选标准和供应商认定）、订单分配、供应合同
需求管理	主要内容有时间上转移需求、市场上转移需求、产品上转移需求（产品替代和捆绑销售）
产品管理	主要内容有延迟生产策略（订单生产和库存生产）和流程排序
信息管理	主要内容有信息共享、供应商管理库存、联合预测等
鲁棒策略	主要内容有鲁棒供应管理、鲁棒需求管理、鲁棒产品管理、鲁棒信息管理
柔性策略	主要内容有柔性供应管理、柔性需求管理、柔性产品管理、柔性信息管理
弹性策略	主要内容有弹性供应管理、弹性需求管理、弹性产品管理、弹性信息管理

突发公共卫生事件的发生会引起供应链一系列的连锁反应，会产生诸如供应中断、销售中断、生产中断等风险，针对以上风险进行的供应链管理的研究已经有很长的一段历史，突发风险对于供应链有着不可忽视的破坏性，这引起了供应链各节点企业以及政府决策者的足够重视，并采取了切实有效的管理措施来应对突发风险，最大限度地减少不良因素的影响，维持供应链稳定。从纵向的角度分析，供应链管理对于突发公共卫生事件的作用主要体现在突发事件前的供应链管理、事件中的供应链管理、事件后的供应链管理，以下就从这三个方面介绍应急风险下供应链管理的现状。

1. 突发事件前的供应链管理

突发事件发生往往是不可预估的，又因为供应链网络的复杂性导致难以准确地判断不同应急风险对供应链的影响。企业的目标是追求利润的最大化，较高强度的供应链管理需要较大的资源投入，而这部分的资源投入在正常条件下无法获得收益，加之供应链中大部分企业缺乏危机意识，所以造成在突发事件前进行供应链管理的难度急剧增加，最后的结果是当发生应急风险时，没有进行突发事件前供应链管理的企业将付出了更加惨痛的代价。

但供应链中有少数企业具有较强的危机意识，能够采取相应的预防措施，比如在恰当的节点企业设置合适的产品冗余和风险基金等应急资源，当发生突发事件时，有前瞻性的这些管理措施会收获巨大的成效，帮助企业应对风险，减少风险的不利影响。

2. 突发事件中的供应链管理

突发事件引起应急风险的产生，风险的产生会引起一系列不良的后果，如何应对风险，降低不良后果的影响是应急风险下供应链管理的终极目标。但现实是，当应急风险发生时，供应链各节点企业不能及时有效地采取管理措施，并随着时间的流逝，丧失了处理风险最佳时间的机会，但部分企业的确能做到快速反应，采取高效的管理措施进行应急风险的应对。

信息的有效传递是供应链管理的前提保证，信息的传递分为企业内部的通信以及企业外部的通信。对于企业内部，一般的企业会建立应急联系系统，当事件发生时，快速把信息传达给公司的相关责任人进行处理；对于企业外部，快速建立与供应链上下游企业以及政府相关部门的联系，其中常用的联系方式有邮箱、电话、微信等。

充足的应急资源供给是供应链生存的关键，其表现如下：充足的物资保障，即能通过应急物流快速运输到急需物资的节点企业；高素质的人员保障，即防止因人力不足导致企业停止生产；流通的资金保障，即设置专门的应急资金，专项专用；高水平的技术保障，即企业自身的技术储备，避免应急风险下技术受制于人的局面发生。

企业一般会进行分权管理，分权管理快速决策是应急风险下供应链快速恢复的重要方法，企业各部门、供应链中各节点企业各司其事，积极配合，快速决策，极大地提高了风险处理的机动性。

3. 突发事件后的供应链管理

应急风险解决完毕，相关数据以及处理方式的有效汇总是避免下一次应急风险发生时不能有效应对的关键。个别企业不重视，无法在教训中总结经验，甚至有些企业在风险发生以后采取更加不合理的管理措施来应对应急风险。

二、应急风险下供应链模式集成的现状与趋势

了解应急风险下供应链模式集成就要先了解集成、供应链集成、供应链模式集成之间的关系,三者既有联系也有区别。首先,Webster大辞典对"集成"这样解释:集成就是把部分组合成一个整体。其次,从供应链管理的角度来看,供应链的集成就是供应链上游企业与下游企业达成合作伙伴关系,通过资源的整合、信息的有效共享和建立灵活高效的物流体系,提高供应链各节点企业的市场竞争力。最后,供应链模式集成兼顾供应链集成管理的概念,指对多种供应链模式进行整合优化,根据不同状况采取最优的方式对供应链进行集成化管理,是单个企业独立运作转化为供应链一体化的过程。

在当前的市场环境下,应急风险下的供应链管理集成化程度较低,单一模式的应用较广,比如弹性供应链的应用、柔性供应链的应用等,很难做到多个模式配合,并且高效地作用在供应链网络中,但往往多个供应链模式的使用可以有效地提高供应链各节点企业在应急风险下的生存和恢复能力,因此,如何在应急风险下提高供应链模式集成化程度成为当前研究的热点话题。

虽然目前应急风险下的供应链模式集成化程度较低,但模式集成是大趋势,是供应链管理的研究前端。以下从多个角度介绍应急风险下供应链模式集成的趋势。

1. 供应链管理体系更加系统规范

供应链网络是一个复杂的系统,涉及不同的企业、不同的部门、不同的个人,并且应急风险也具有很强的复杂性,这就导致供应链管理过程的复杂性,因此要想维持供应链的稳定性应站在全局的角度综

合考虑问题，确保供应链管理体系的科学、系统、规范。系统规范的供应链管理体系的构建可以使复杂的系统简单化，可以保证供应链各节点企业各司其职、协同合作、共同发展。

2. 成本最小化、服务水平最大化

保证在应急风险下供应链稳定的基础上，成本最小化，服务水平最大化。追求成本最低是企业生产的目标，产品服务水平是企业竞争力的关键，所以如何保证应急风险下供应链各节点企业产品成本最小化、服务水平最大化是供应链模式集成的趋势。

3. 财务风险最小化、利润最大化

当面对应急风险时，财务方面最容易出现问题，所以提高企业金融风险意识，设置风险管理基金，从而确保财务风险的最小化；利益是企业永恒的追求，所以建立供应链管理模式要在风险应对和利益之间找到一个平衡点。

4. 高精专技术的应用

随着科技的发展和高精专技术的广泛应用，掌握核心科技的企业占据了主导地位。例如，供应链中信息化技术的应用可以解决企业内部和企业外部信息传递不通畅的弊端，自动化流水线可以有效地减少人力成本提高生产效率，智能决策系统的应用可以等同于专家管理甚至超越专家水平。

5. 核心企业主导，增强协作水平

以核心企业为主导，充分发挥供应链各节点企业的优势，形成互助性合作，达成战略合作关系，成为一个利益整体，还要考虑合作成本与合作效率，实现"1+1＞2"的理想目标。

6. 统一的价值观

企业价值观是企业成功的关键，也是供应链稳定的关键。积极向上的供应链文化可以使各节点企业形成统一的价值观，进而增加供应链网络内部的凝聚力，营造出相互信任、相互学习、相互发展的良好氛围，从而增强供应链整体的竞争力。

7. 政府监管、政府扶持

应急风险下供应链的稳定需要政府发挥其作用，具体而言就是要健全法律制度、完善市场规范、建设物流基础设施等，根据风险状况有重点地扶持相关企业，帮助企业渡过难关。

三、应急风险下供应链模式存在的问题

供应链网络是一个极其复杂的系统，应急风险又有其不可预测性以及不同风险的独特性等特点，尽管现如今有较多的供应链管理方法，但在现实状况下，应急风险下供应链存在的问题依然很多，下面就从多个方面列举应急风险下供应链模式依然存在的问题。

第一，突发事件和应急风险定义与分类不清晰。要想解决突发事件下的应急风险，需要我们认清突发事件和应急风险的相关理论知识，尤其是供应链中突发事件与应急风险两者之间的关系，但现实是很多供应链节点企业没有对此有清晰的认识，因此在应急风险应对方面，无法做到管理措施实施的切实有效。

第二，不同风险下的应急管理预案的不足。建立快速响应的预案管理库，对不同的应急风险企业进行相关的培训与演习，可以在风险来临时做出快速有效的应对，在最佳时间段内采取最佳措施，尽可能地减少风险对供应链带来的影响。但现实是大部分的中小企

业及部分的大型企业在风险应对上明显缺乏管理经验，导致整个供应链脆弱易中断，应急管理预案不够清晰明确，或者企业应急管理库名存实亡。

第三，应急资源库存量定义不明确。应急资源库的建立是确保供应链在突发事件下能正常地运作，保证供应链各节点企业在应急风险下能够生存而建立的一个生产缓冲区，但是如何确定应急资源库中资源的存量是关键，如果应急资源库存较多就会引起货物积压、资源浪费、资金运转不通等问题，如果库存较少就会导致无法有效应对风险。现实是企业由利益引导其前进方向，在无风险情况下大部分企业无法明确应急资源库存量的多少，如何找到一个平衡点是供应链模式创新发展的一个方向。

第四，供应链应急策略的应用无法做到"1+1>2"的效果。两种或者多种解决方法的有效配合能收到意想不到的效果，此效果不是单个效益的叠加，而是超越此结果的存在，因此被称为"1+1>2"。供应链在应对突发事件时也同样如此，有些企业不能很好地理解供应链管理策略有效配合的含义，不能分清不同策略之间的关系，反而产生负面效果，甚至出现"1+1<2"的情况，应急风险下不同模式、不同策略是否存在对立或促进关系是未来研究的重点。

第五，突发事件后应急管理的匮乏。事后应急管理是供应链模式中极其重要的组成部分，经验的总结和应急方案的调整是确保下一次应对风险时能够以最快速度、最少资源解决的关键。大部分企业都能做到风险应对经验的总结，但很少企业能够根据经验进行应急预案的制定与调整。

四、供应链弹性对供应链竞争力的作用

市场竞争日益激烈、突发事件频发，并且供应链网络越加复杂，在如此复杂的环境下，企业间的竞争已经逐渐转化为供应链间的竞争，仅考虑成本及服务水平已经无法取得竞争优势，供应链的综合管理才是制胜之道，尤其是在突发事件频发的今天，一条富有竞争力的供应链能够有效地减少突发事件对供应链的负面影响，甚至能够转败为胜。提高供应链的弹性有助于提高供应链竞争力，所以弹性供应链的研究不仅有较强的理论价值，而且对于提高供应链竞争力具有很强的实践指导意义。

要想理解供应链弹性对供应链竞争力的作用，首先需要对供应链弹性和供应链竞争力的概念有所了解，上文已经对供应链弹性的概念有所界定，此处不再赘述，而对于供应链竞争力的概念国内外学者已经有所界定，但未形成统一的结论。Pero（2011）的研究表明供应链竞争力是指以核心企业为基础，增强供应链各节点企业之间的协作能力，共同合作并优化改进供应链网络的组织结构，加快供应链节点企业对市场需求的反应速度，从而增强供应链网络的竞争力优势。付秋芳等（2004）研究认为供应链竞争力是供应链综合能力的体现，在进行市场竞争时，供应链的节点企业之间通过加强资源整合、深化协作，达到竞争目的，其竞争过程就是供应链网络综合能力体现的过程。段伟常（2007）从服务水平和产品性价比等角度对供应链竞争力进行分析，认为供应链竞争力应该从服务水平和产品竞争力等方面取得优势，进而获得利润并取得市场主导权。综上所述，供应链竞争力是指有效地利用供应链内部与外部资源，以在激烈的市场竞争中获得

较高的市场占有率和利润率为目的，进而促进供应链良性发展的综合能力。

在面对突发情况时供应链弹性能够积极应对外界环境的变化，其体现的是一种综合能力，这个能力不仅强调适应能力，更强调应急风险下恢复正常的能力。外界社会、经济、文化以及自然环境反复无常，只有在当前市场中保持供应链的弹性，面对各种各样的突发状况，积极地采取有效的措施，供应链各节点企业才能生存和发展，供应链才能具备竞争力。在当前市场环境下，公司如果没有特色，很难在市场上生存，例如面对高德地图和百度地图的推广与营销，其他地图产品很难在中国市场上超越，只能望其项背。市场发展的今天，供应链模式增多，带来的竞争压力巨大，如果供应链失去了竞争力，各节点企业很难在市场上立足。相同的道理，在应对小概率、大危害的突发事件时，如果不能采取积极有效的措施，供应链将面临中断风险，企业的损失将非常严重，甚至退出市场面临破产。

拥有较高弹性的供应链，各节点企业在应对突发事件或者应急风险时，企业能采取积极有效的措施。如使用库存冗余，保证供应链中断时企业能够正常生产，进而提高供应链整体的竞争力；动态物流能力，在应急风险下能够保证物流的基本畅通，使货物满足消费者需求，在风险下提升供应链竞争力；另外，高弹性的供应链拥有极高的风险预警能力，各节点企业密切合作，进行信息共享、资源互换。总而言之，供应链弹性越高，供应链竞争力越大，但如何在成本和弹性之间做到平衡，也是供应链竞争力的重要体现。

供应链竞争力与经营业绩、客户导向、供应链密切度、供应链可靠性四个方面息息相关，下面就从这四个角度具体说明供应链弹性与供应链竞争力之间的关系。

第一，在经营业绩方面，弹性供应链在面对突发事件导致的应急风险时，能够有效避免供应链中断，保证供应链网络各节点企业之间的产品流通，和那些缺乏弹性的供应链比较，就产生了整体优势，能够在风险中快速占有市场，增加供应链整体的收益。

第二，在客户导向方面，突发事件的发生会改变外界对于产品的需求，需求的变化可以利用弹性供应链找其变化的根源，根据原因进行个性化的生产，提高供应链各节点企业的服务水平，从而提高供应链的竞争力。

第三，在供应链密切度方面，弹性供应链可以有效地提高企业间的沟通协作能力，在面对应急风险时能够进行信息的共享、物资的交换，保证信息的通畅和产品的流通，减少了供应链中断的风险，进而提高了供应链的竞争力。

第四，在供应链可靠性方面，弹性供应链的风险预测能力、企业协调能力、风险分散能力、风险吸收能力、风险恢复能力等可以使企业在面对各种应急风险时顺利地渡过，并且能够弯道超车，在风险中建立起自身的优势，这也是供应链竞争力提升的关键。总结来讲，供应链弹性对供应链竞争力有正向促进作用。

第二节　弹性供应链设计

一、弹性供应链设计原则

供应链的弹性是指受到突发事件的影响，原供应链系统恢复到正常生产力水平的速度。通常状况下，很多供应链在应对突发的公共卫生事件时都存在着不足和缺陷，供应链在设计和搭建时往往只想到了控制成本和服务水平等有关条件，大都忽略了供应链的弹性，供应链的弹性问题是供应链是否完善至关重要的因素。在应对突发公共卫生事件的过程中，供应链的弹性越小，供应链失控的风险就越大。且大多数的突发公共卫生事件是很难预料到的，无论采用的是什么预测方法，都难以避免地会发生问题，所以我们在设计供应链时就要充分考虑到它的弹性。弹性供应链已经得到了运用，特别是在想要创造竞争优势的许多行业之中。

要想使弹性供应链正常运作，就要保证在整个物流网络中实现信息共享，各个环节紧密联系，在供应链的各个节点都满足信息的及时、准确到达。在一个具有弹性的供应链中，面对突发的公共卫生事件时就要求各个供应链节点具有动态性，可以完成在任何时候与不同供应链节点的业务流程和组织工作的联系。图 5-1 为弹性供应链的原则，图 5-2 为供应链的知识层次。

在应对突发的公共卫生事件时，弹性供应链应遵循以下设计原则。

1. 实用性的原则

实用性原则是指，在从愿景转向协作实施之前，使弹性供应链管理先在组织内得到适当的建立和运作。这一步骤中要确保高层承诺他们已经给出既定的总体风险政策，并委任了一个风险管理团队，已经建立并测试了供应链中必要的系统，在测试中有流畅的信息流，设计了内部风险登记簿，同时还要完成测试程序等一系列相关活动。只有当所有事情都在内部开始运行时，管理者们才会真正考虑到供应链中的其他成员活动。还有相反的角度认为，管理者可以通过与他人合作

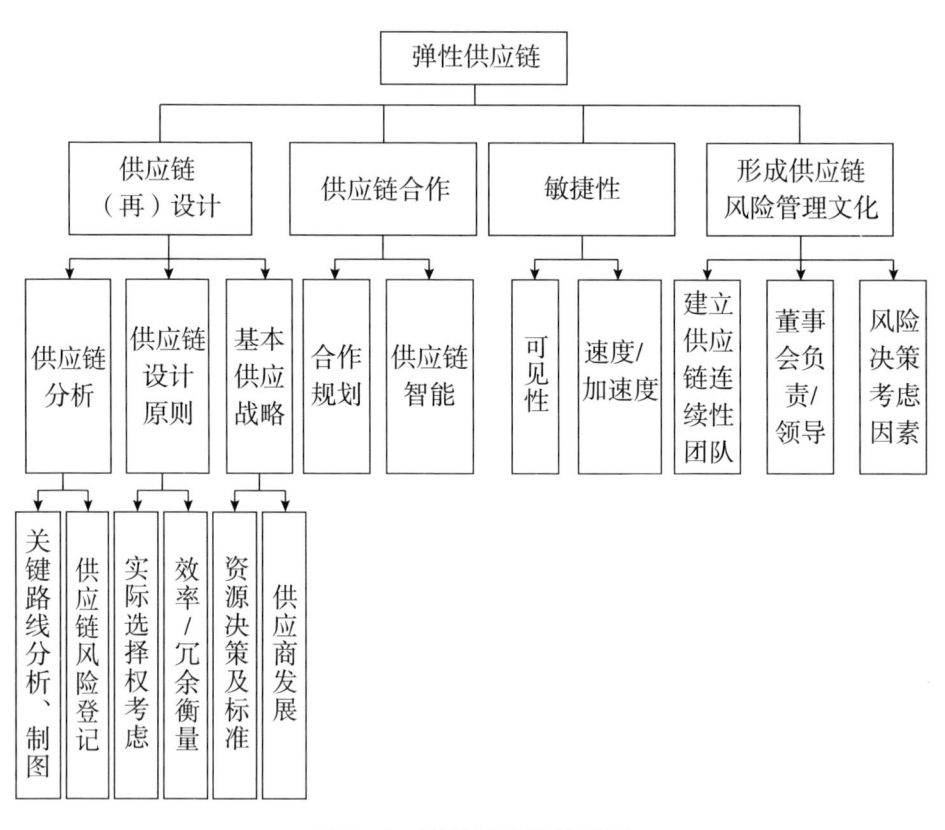

图 5-1 弹性供应链的原则

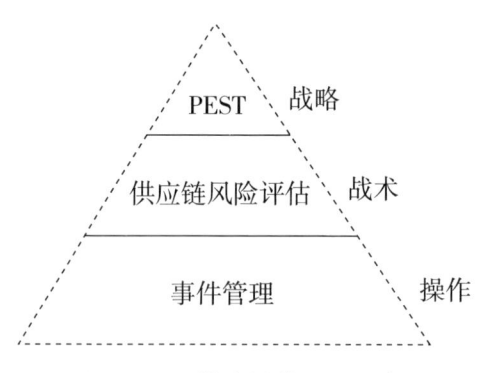

图 5-2 供应链的知识层次

来学习一些有价值的东西，因此他们不能很好地给自己的合作伙伴一个明确的定义，但他们也同样具备开拓创新的意识和精神。较好的创意很多来自合作的概念、联合的想法和经验，这样他们就可以学习新的想法和方法，以便在他们的组织中应用。也许最好的答案介于两者之中。管理者通过自己的风险管理取得进展，然后通过组织实践寻求改进和巩固自己的实践。

2. 完整性的原则

弹性供应链的完整性原则包括功能的完整性和发展过程的完整性这两个方面。弹性供应链的功能完整性是指在面对突发公共卫生事件时，管理者应根据物流过程中的实际需求，整理开发出一套能够适合物流管理和供应链信息流畅要求的管理系统。这样可以满足供应链的信息化，保证供应链的各个过程是完整的。弹性供应链发展过程的完整性是指在紧急情况或突发状况下，相关部门可以及时制定相应的管理规范和解决方案，以确保系统开发和运行的完整性和可持续性，使供应链有足够的弹性来处理应对突发性公共卫生事件。

3. 安全性的原则

一直以来我们强调弹性供应链的安全性原则，供应链部门在做决策时应明确考虑突发事件中相应风险的影响，并考虑这些风险对供应链各个单位所带来的影响。有时候这些部门忽视了这些风险，他们仅关注效率、效益服务水平或其他目标。而供应链设计应该在适合需求的弹性和最优效率的正常测量之间取得平衡。避免这种风险的方法是设计一个并行路径链，以便流程可以绕过断开的路径并通过工作路径。例如，通过供应链任何一点的单一路径都会造成漏洞，而在该点发生的任何事情都会使整个供应链处于风险之中。在弹性供应链管理系统的设计和应用中，需要制定统一的安全策略，以应对突发事件，抵抗相关风险。特别是在突发公共卫生事件的情况下，要学会运用可靠的安全机制、安全技术和管理手段。随着供应链信息技术的发展和供应链信息化进程的发展，许多物流服务都需要通过互联网和物联网来实现其过程，风险越来越多，同样也表明了在物流信息系统的发展中并行路径的比重也不断增加，这也使其重要性越来越大。

4. 物流信息化标准化的原则

想要做到供应链中各个环节的信息共享，应该在突发公共卫生事件情况下，做到物流信息及时准确统一。如果没有统一的信息标准规定，就可能无法做到确保供应链上传递的相关信息是正确的，也可能导致各个环节无法及时收集、递送、归整和应用相关信息。同时无法实现现代物流，现代物流是以现代通信手段为支撑的，没有现代通信手段的支撑难以实现现实意义上的现代物流。在数据爆炸的时代，在数字信息和通信技术的支持下，各部门通过各种现代信息技术将供应链上的通信渠道、网络技术以及制造商、供应商、代理商和客户有机联系起来，实时跟踪货物的供应和销售情况，掌握有效的物流信息，然后动态管理和有效控制，可以最大限度地优化各个作业环节，使其有更高的效率。

二、弹性供应链设计过程

市面上不同行业、不同产品的供应链网络具有各自特征，但设计步骤大致都可以归纳如下（见图 5-3）。

第一步是分析市场竞争环境。分析市场环境就要做到分析竞争对手、竞争产品，做到"知彼"，其目的就在于发现从哪些市场、产品开发供应链能够最有效，同时在此过程中能够充分了解市场需求以及对应的产品类型和特征。

第二步是从自身出发分析企业现状，即要做到"知己"。主要从分析企业供需方面入手，分析公司供应链管理手段、管理方法及其现

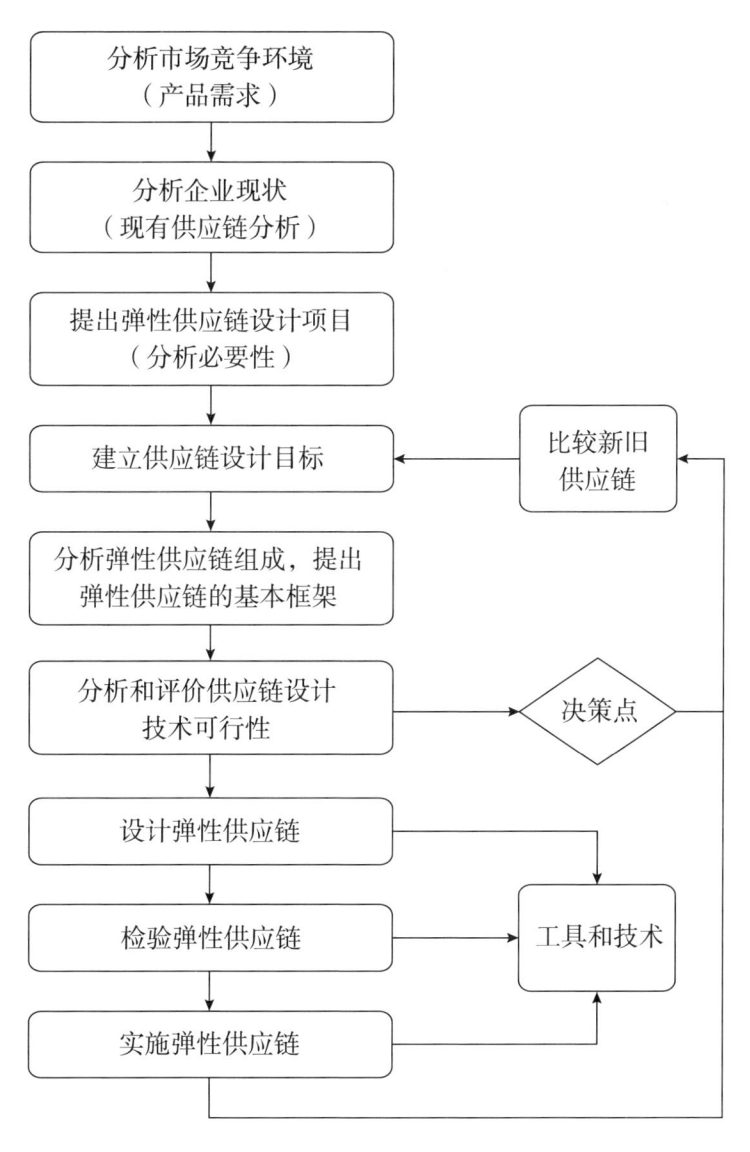

图 5-3 弹性供应链设计步骤

状，这一过程的目的是着重研究供应链开发的方向，分析、找到、总结企业中存在的问题及影响供应链设计的阻力等因素。

第三步是通过必要性分析，针对目前存在的痛点提出供应链的设计项目。要根据企业实际情况，了解企业、了解产品，以供应链的经济、可靠为标准，提出供应链设计目标，从而进一步设计供应链。

第四步是基于产品的供应链设计策略提出相应的供应链设计目标。主要目标在于获得较高的客户服务水平和低库存投资、低单位成本两个目标之间的平衡。

第五步是分析供应链的组成，提出弹性供应链的基本框架。供应链网络中的成员组成分析主要包括制造工厂、工艺、设备和供应商、制造商、分销商、零售商及客户的选择及其定位，以及确定选择和评价的标准。

第六步是分析与评价供应链设计的技术可行性。这不仅是某种策略或改善技术的推荐清单，而且也是开发与实现供应链管理的第一步，它在可行性分析的基础上，结合本企业的实际情况为开发供应链提供技术选择建议和支持。

第七步是设计供应链，主要解决以下几个问题：供应链网络的成员组成；原材料的来源问题；生产设计；分销任务与能力设计；信息管理系统设计；物流管理系统设计等。

第八步是检验供应链。供应链设计完成以后，应通过一定的技术、方法进行测试检验或试运行。

第九步是实施供应链。供应链实施过程中需要核心企业的协调、控制和信息系统的支持，使整个供应链系统成为一个整体，此外还负责从工业设计至批量生产、物流等全方位的供应链控制、协调。

三、常见的供应链结构模型

1. 链状模型

链状结构清楚地表明产品的最初来源是自然界，如矿山、油田、橡胶园等，最终去向是用户。产品因用户需求而生产，最终被用户所消费。产品从自然界到用户经历了供应商、制造商和分销商三级传递，并在传递过程中完成产品加工、产品装配形成等转换过程。被用户消费掉的最终产品仍回到自然界，完成物质循环。很显然，链状只是一个简单的静态模型（见图5-4），表明供应链的基本组成和轮廓概貌。

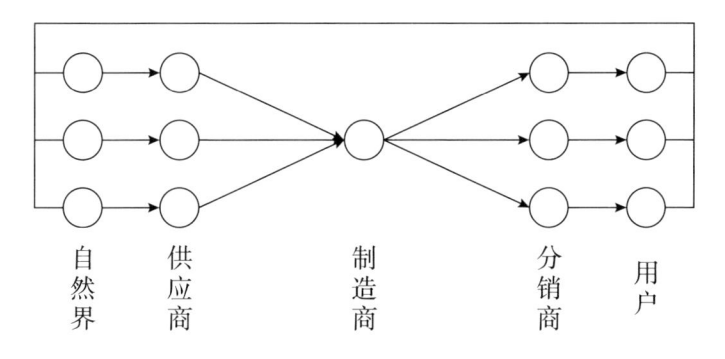

图5-4 静态链状模型

动态链状模型是对静态链状模型的进一步抽象，它把企业都抽象成一个个的点，称为节点，并用字母或数字表示（见图5-5）。节点以一定的方式和顺序联接成一串，构成一条图学上的供应链。在动态链状模型中，若假定C为制造商，则B为供应商，D为分销商；同样地，若假定B为制造商，则A为供应商，C为分销商。在动态链状模型中，产品的最初来源（自然界）、最终去向（用户）以及产品的物质循环过程都被隐含抽象掉了。从供应链研究便利的角度来讲，把自然界和用户放在模型中没有太大的作用，动态链状模型侧重于供应链中间过程的研究。

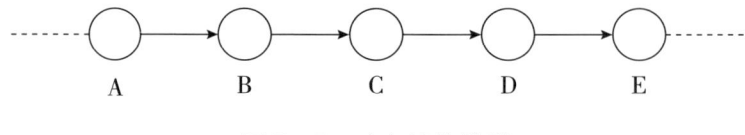

图 5-5 动态链状模型

2. 网状模型

事实上，在动态链状模型中，C 的供应商可能不止一家，而是有 B1、B2 等 n 家，分销商也可能有 D1、D2 等 m 家。动态地考虑，C 也可能有 C1、C2 等 k 家，这样动态链状模型就转变为一个网状模型（见图 5-6）。网状模型更能说明现实世界中产品的复杂供应关系。理论上网状模型可以涵盖世界上所有厂家，把所有厂家都看作其中的一个节点，并认为这些节点存在着联系。当然，这些联系有强有弱，而且在不断地变化着。通常，一个厂家仅与有限个厂家相联系，但这不影响我们对供应链模型的理论设定。网状模型对供应关系的描述性很强，适合于对供应关系的宏观把握。

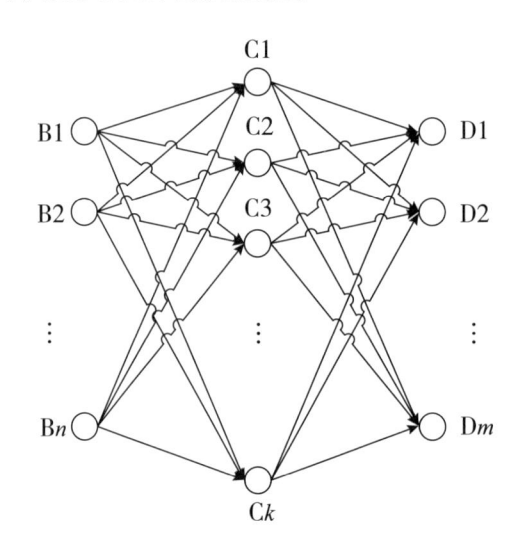

图 5-6 网状模型

3. 石墨模型

石墨模型是结合实际情况将供应链拆分为信息流层、物流层、资金流层，每层中均存在网状结构，三层之间相互联系就形成了石墨结构。石墨模型能够完整地显示供应链各个细节节点，对供应关系的细节把握很强，如图5-7所示。

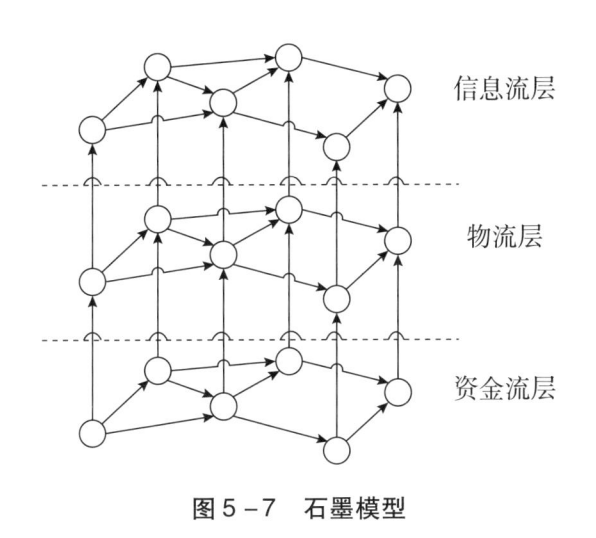

图5-7 石墨模型

第三节 应急风险下弹性供应链策略研究

一、应急风险下的供应链脆弱性作用机理

以汽车零部件行业为例，通过对供应链脆弱性的研究，提出了利用系统动力学方法对供应链脆弱性进行识别的方法。本书基于孙涛等人建立的供应链脆弱性演变模型，建立了考虑疫情（注：本节中疫情指"新冠疫情"）冲击的汽车供应链脆弱性演变机制模型。

1. 目标模型

（1）提出了一个包括供应商、制造商、经销商三个层次的汽车供应链运作体系，提出了汽车供应链脆弱性产生的机制模型。

（2）通过对汽车行业专家的咨询，建立了基于因果关系图的 SD 流程图，并建立了系统动态方程。在此基础上，提出应对突发事件的对策。

2. 系统边界

本节描述了突发事件对汽车供应链韧性的不利影响。针对该系统，本节确定了边界，并选择了运输、人员、市场和合作四个关键影响因素。通过建立因果关系图，分析了汽车供应链系统的脆弱性。研究仅涉及零部件供应商、整车制造商和经销商，不包括最终客户和物流服务提供商。本节重点研究了疫情下汽车供应链运作模式的变化，以及产业链上下游企业面临的反应时间压力。

3. 模型假设

建模采用以下假设，旨在简化汽车供应链系统但仍准确反映其内部结构。

假设 1：汽车供应链分为供应商、制造商、经销商 3 个子系统。3 个子系统中各企业联系复杂，受多种因素影响。

假设 2：构建三级网络，忽略上下游对供应链脆弱性的影响。本节把子系统当作企业，采用可检索数据的平均值。制造商也负责物流服务。

假设 3：只探究疫情和 8 种脆弱因子对汽车供应链的影响，其他因素没有深入研究。

假设 4：将考虑物流延误对供应链收益的影响，剔除了零部件、车辆运行等因素的影响。

假设5：利用系统动力学的方法，对疫情在汽车供应链中的作用机制进行了分析，但没有做详细的计算。选择方向盘厂商为参照厂商，以保证各分类的量纲一致。

4. 汽车供应链脆弱性的因果关系图

本节绘制出突发事件下汽车供应链的因果关系图，分析了8种脆弱因子对供应商、制造商、经销商3个子系统的影响机理。

（1）供应商子系统。

供应商子系统因果关系如图5-8所示，关键因素为供应商员工在岗率等脆弱因子。

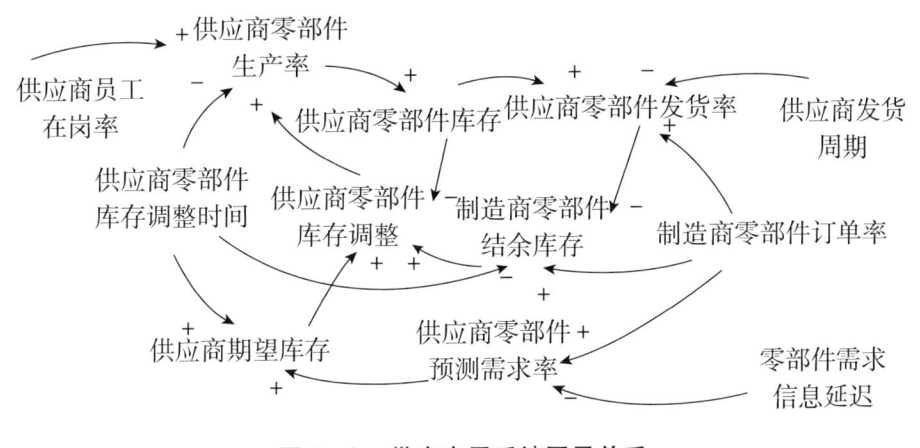

图5-8 供应商子系统因果关系

在供应商子系统中，为降低脆弱因子的影响，可以利用影响"供应商零部件生产率"的指标，如供应商员工在岗率等，进一步采取反馈环或树等分析方法，以优化供应商子系统，如图5-9所示。

供应商子系统内，有两个反馈环用于衡量供应商零部件的生产率。

反馈环1：负反馈，长度为2。首先，"供应商零部件生产率"发生变化，再对"供应商零部件库存调整时间"进行调整，进而对供应

```
                    ┌──────────────────────┐
                    │  供应商零部件生产率    │
                    └──────────────────────┘
          ┌───────────────┼────────────────────┐
┌─────────────┐  ┌──────────────────┐  ┌──────────────────┐
│供应商员工在岗率│  │供应商零部件库存调整│  │供应商零部件库存   │
│             │  │                  │  │调整时间          │
└─────────────┘  └──────────────────┘  └──────────────────┘
                  ┌──────┼──────┐         ┌──────┼──────┐
              ┌──┐  ┌──┐  ┌──┐       ┌──┐      ┌──┐
              │供│  │供│  │制│       │供│      │供│
              │应│  │应│  │造│       │应│      │应│
              │商│  │商│  │商│       │商│      │商│
              │期│  │零│  │零│       │员│      │零│
              │望│  │部│  │部│       │工│      │部│
              │库│  │件│  │件│       │在│      │件│
              │存│  │库│  │结│       │岗│      │生│
              │  │  │存│  │余│       │率│      │产│
              │  │  │  │  │库│       │  │      │率│
              │  │  │  │  │存│       │  │      │  │
              └──┘  └──┘  └──┘       └──┘      └──┘
```

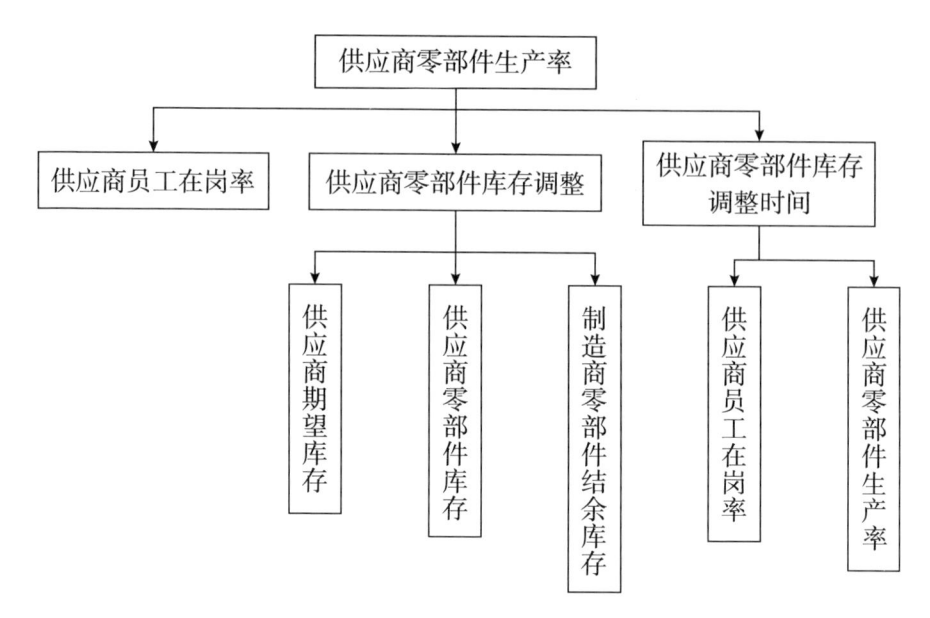

图 5-9 供应商零部件生产率分析

商子系统产生影响。

反馈环 2：负反馈，长度为 4。首先，"供应商零部件生产率"变化，进而影响"供应商零部件库存"，并同步影响"制造商零部件结余库存"，进而通过"供应商零部件库存调整"变化，对供应商子系统产生影响。

据以往经验观察，可发现从"供应商零部件生产率"的反馈环来看，一些脆弱因子如供应商员工在岗率等，主要是通过反馈环 1 和反馈环 2 对节点企业的供应链系统和供应商子系统产生影响。

（2）制造商子系统。

根据图 5-10，制造商子系统与"制造商零部件出库率"存在直接关系。而"制造商员工在岗率"作为主要脆弱因子，会对"制造商零部件出库率"产生影响，进而影响制造商子系统。因此，需要分析"制造商零部件出库率"的反馈环或树，以调整制造商子系统，如

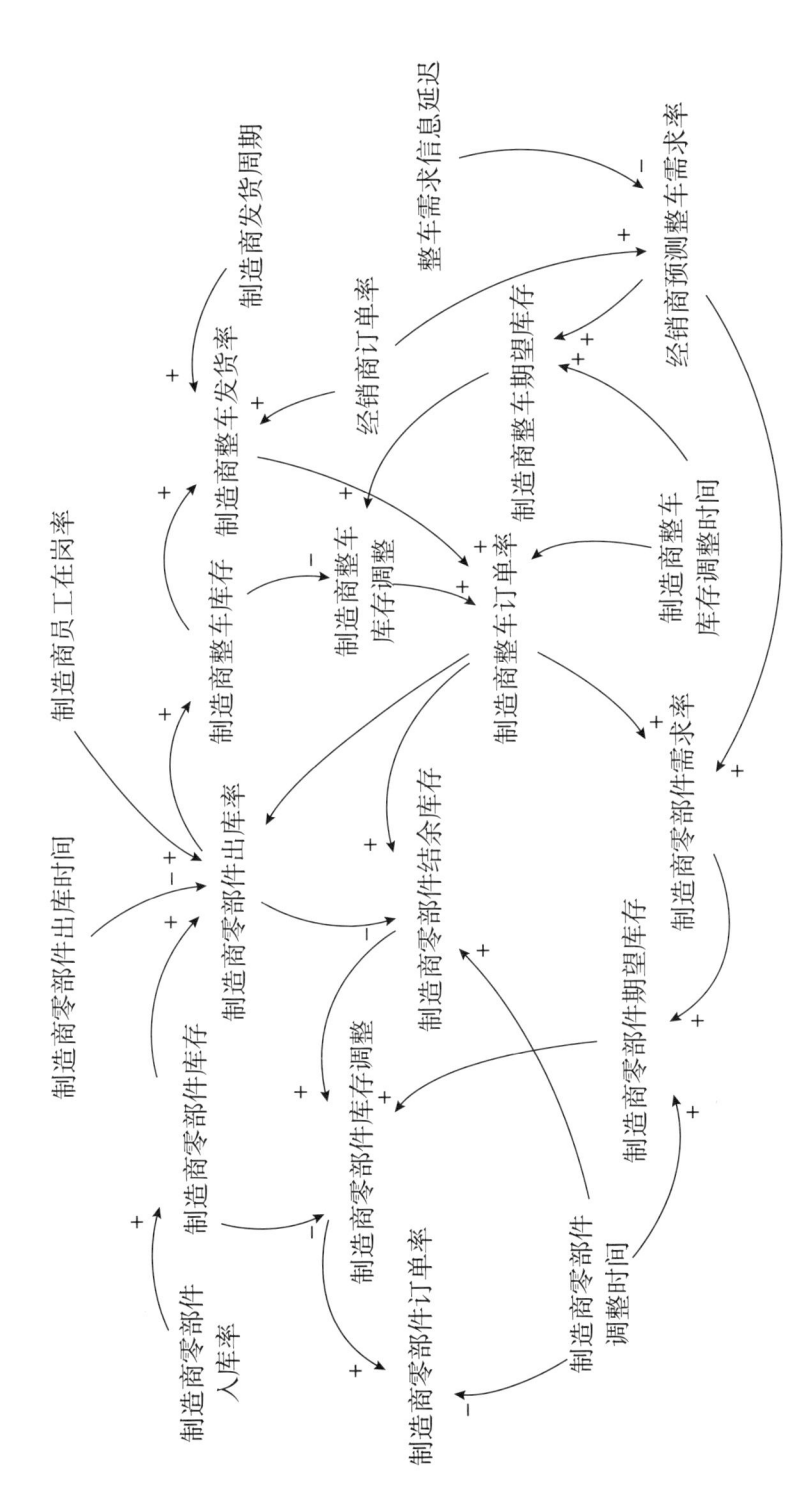

第五章 应急风险下的弹性供应链网络设计

图 5-10 制造商子系统因果关系

图5-11所示。

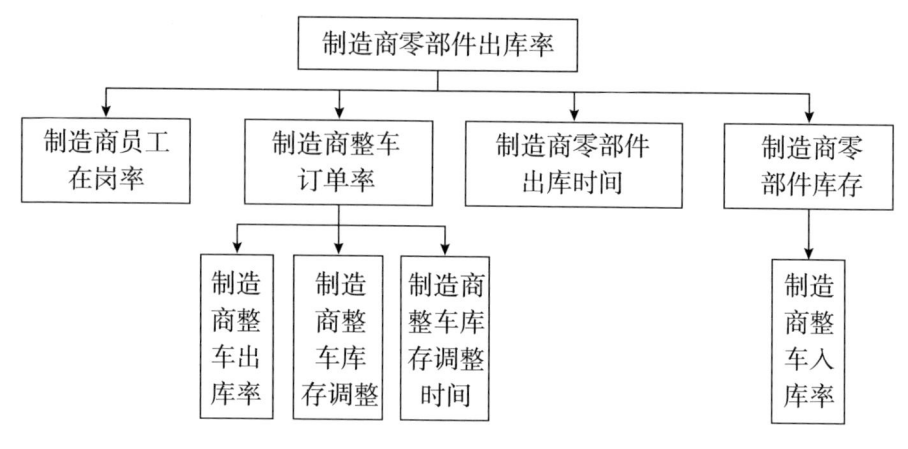

```
                  制造商零部件出库率
        ┌──────────┬──────────┬──────────┐
    制造商员工   制造商整车   制造商零部件  制造商零
    在岗率      订单率      出库时间    部件库存
              ┌────┼────┐
            制造商  制造商  制造商     制造
            整车   整车   整车库     商整
            出库   库存   存调整     车入
            率    调整    时间       库率
```

图5-11 制造商零部件出库率分析

根据反馈环路，制造商员工在岗率主要受到反馈环1和反馈环2的影响，进而影响到节点企业的供应链系统和制造商子系统。

（3）经销商子系统。

经销商子系统中，只有一个长度为4的负反馈项，即"经销商整车出库率"。图5-12展示了经销商子系统的因果关系。

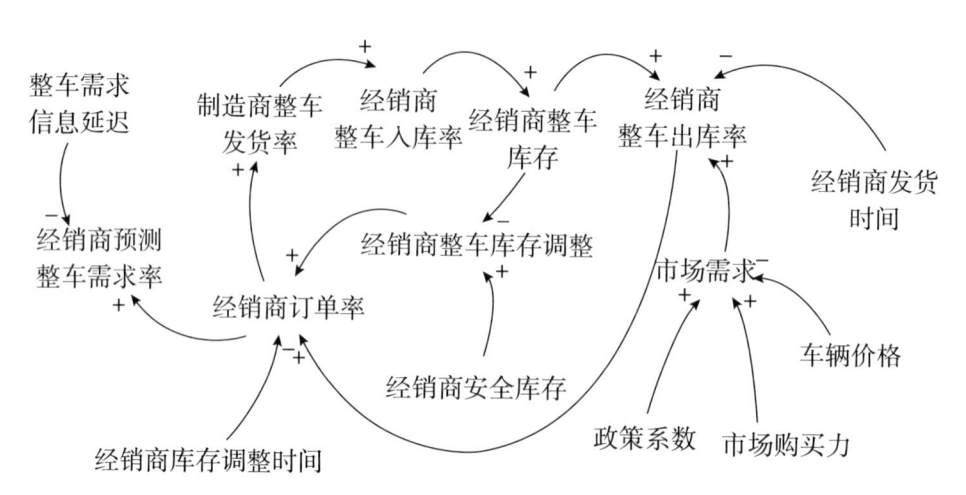

图5-12 经销商子系统因果关系

在对经销商子系统进行分析时，必须将"经销商整车出库率"作为一种新的方法来考虑。相应地，可以在这种分析中使用树结构（见图 5-13）。

调整汽车市场需求，从而改变经销商订单率，同时调整制造商整车发货率、经销商整车入库率和经销商整车库存等指标，对经销商子系统进行优化，并将此优化扩展至其他节点企业。

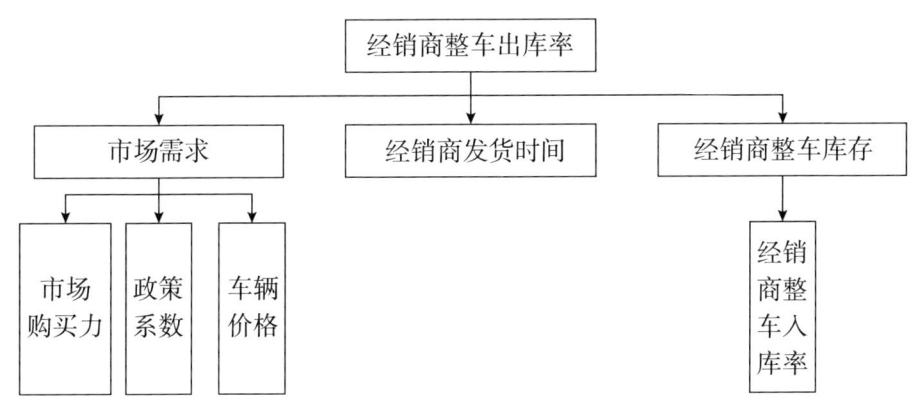

图 5-13　经销商整车出库率分析

（4）疫情影响下的汽车供应链脆弱性系统。

疫情防控期间汽车供应链脆弱性系统包含 3 个子系统，分别为供应商、制造商和经销商。系统中总共存在 8 个脆弱因子，其中 4 个已涉及。现重点分析剩下的 4 个因子，即供应商-制造商物流运输状态、供应商-制造商合作状态、制造商-经销商物流运输状态以及制造商-经销商合作状态的作用机理。汽车供应链脆弱性系统如图 5-14 所示。

①供应商-制造商物流运输状态。

在疫情时期，物流延误是造成汽车供应链脆弱性的重要原因之一。如图 5-15 所示，"供应商运输延迟系数"影响"供应商运输延

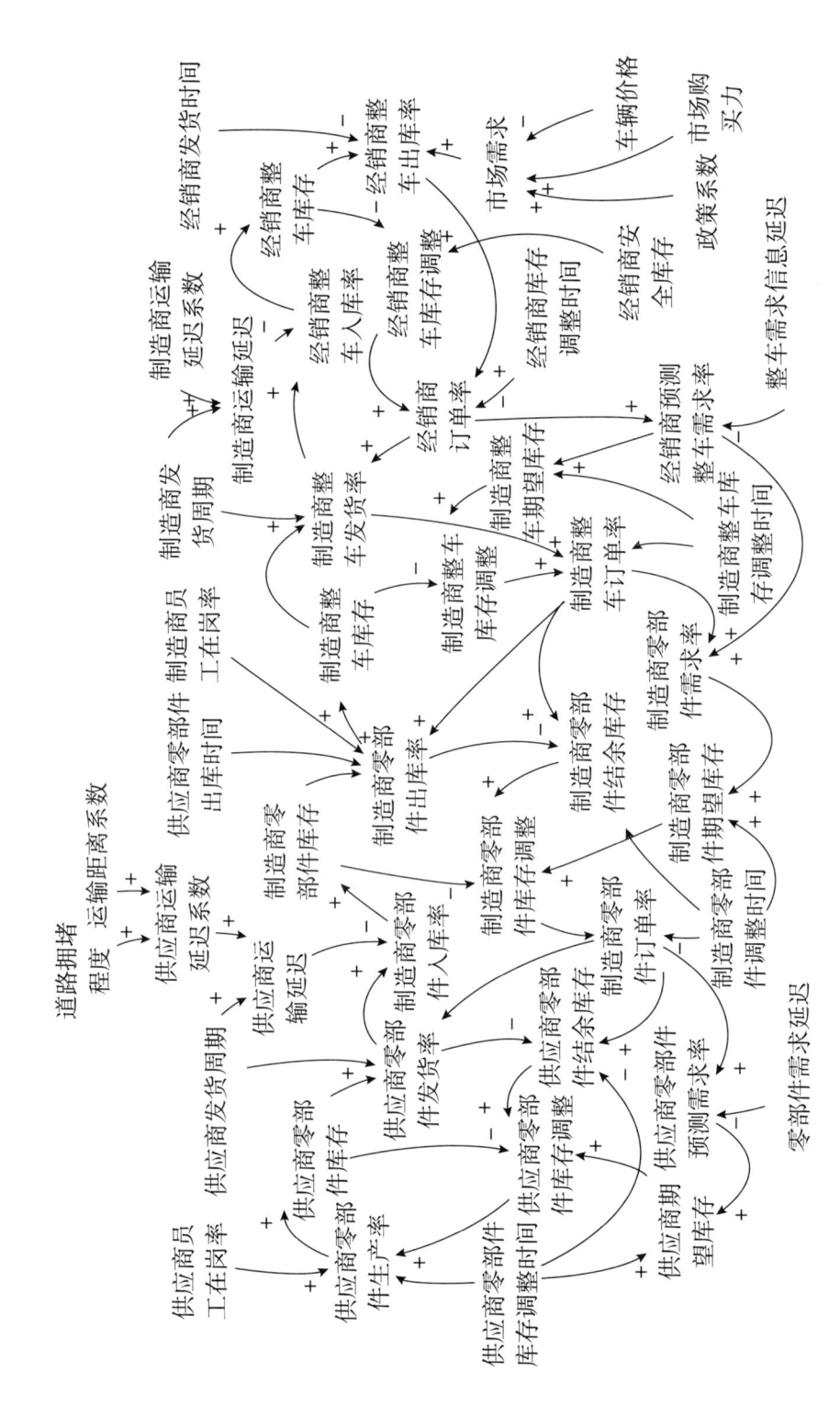

图 5-14 汽车供应链脆弱性系统

迟"进而影响"制造商零部件入库率"。

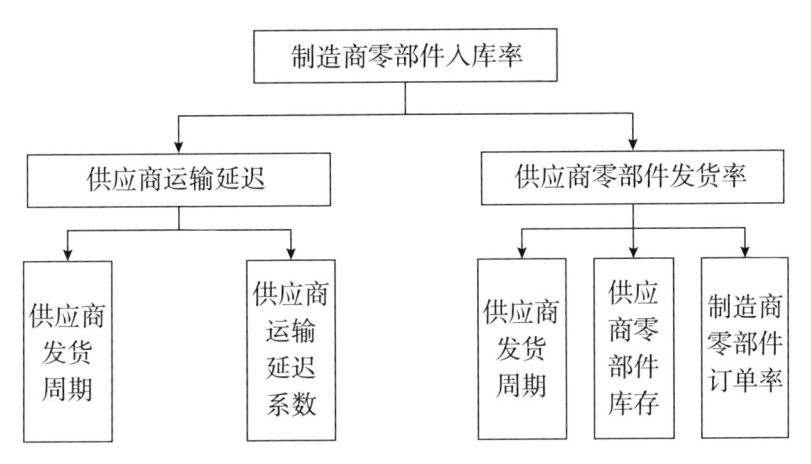

图 5-15 "供-制"物流运输状态作用机理

②供应商-制造商合作状态。

供-制合作状态同样是汽车供应链脆弱系统下的一个因素,与"零部件需求延迟""供应商零部件预测需求率"等相关指标相关。"零部件需求延迟"改变会影响"供应商零部件预测需求率",从而对整个供应链系统产生影响,特别是对脆弱环节的影响更加显著,如图 5-16 所示。

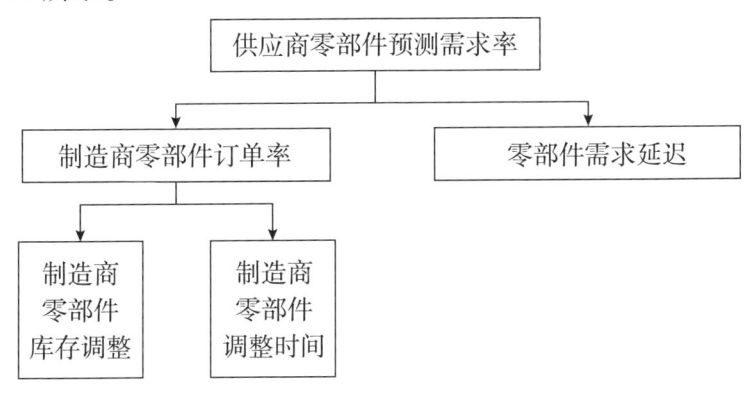

图 5-16 "供-制"合作状态作用机理

③制造商-经销商物流运输状态。

作为汽车供应链脆弱系统的一个要素,该要素主要与制造商的"制造商运输延迟系数"相关。"制造商运输延迟系数"变化会影响到"制造商运输延迟"进而影响到"经销商整车入库率",如图 5-17 所示。

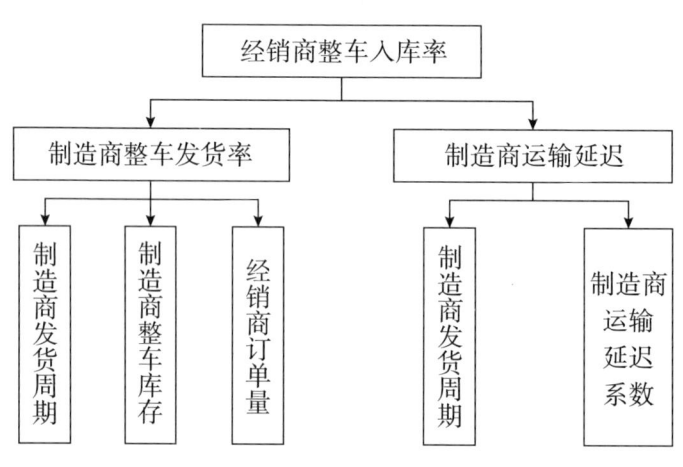

图 5-17 "制-销"物流运输状态作用机理

④制造商-经销商合作状态。

它也与疫情下汽车供应链系统脆弱的其他因素密切相关。"整车需求信息延迟"影响了"经销商预测整车需求率",并影响了"制造商零部件需求率",从而对整个供应链系统产生重大影响,尤其是在脆弱环节上。

二、考虑期望成本最小化的弹性供应链网络设计

期望成本包括固定成本、沉没成本和销售成本,供应链网络设计需要综合考虑各种成本。当突发公共卫生事件发生时,弹性供应链要远远优于传统的供应链。弹性供应链不只是在企业生产活动中的一个连续的过程,而且它还能应对突发公共卫生事件。当突发公共卫生事

件发生时，弹性供应链可以高效完成各个作业环节之间的信息共享，以及整个供应链网络中物流的运输，这就保障了弹性供应链的生产连续性。弹性供应链还可以保证企业之间运行同步，使企业关系更加密切。假如供应链不会发生中断，企业都会选择距离本身较近的上游供应商和尽可能靠近客户来减少成本，以达到成本最低的要求。如果供应链上的供应商和经销商不能满足距离最近，这些供应商和经销商可能会被供应链所抛弃。

如果供应链存在着发生中断的风险，这就意味着很有可能会给企业带来损害，供应链要采取一定的措施和方法来及时止损，那么在供应链网络设计的时候就应该考虑那些安全性较高的企业，这些安全性较高的企业可以很大程度上预防供应链的断裂。

第一，企业应当在运输、生产成本合理的前提下，尽可能保持与多家供应商、分销商合作，企业还应选择一些备用的供应商，来应对突发事件。当供应链供应阶段或分销阶段某处因突发事件瘫痪时，多家供应商、分销商的存在能够使供应链总体保持弹性，由突发事件造成的波动能够有效恢复。在供应链网络设计时各个设施选址发生中断是独立的，而非牵一发而动全身。这样可以在某环节发生中断时只需启用后备供应商或经销商即可。在供应链的设计时想要保证期望成本最小，就要保证应急后备的设施与企业的运输距离尽量相同。

第二，供应链是连接生产和消费的重要桥梁，它要拥有完善的物流渠道，以保证客户的满意度，弹性供应链的核心理念是客户的服务水平，所以想要期望成本最小，供应链设计要以客户的经济效益为前提。

第三，企业的库存空间不能只可应对日常风险，还要加强应对突发事件的风险。合理的库存是期望成本最小化的重要影响因素，但库存的代价也是比较高的，库存的成本是持续的，而多出来的库存很难在一次中断中发挥很大的作用，采用数据驱动模型给出保有库存量是在供应链弹性设计中的一个有效方法。

第四，在设计供应链网络时还应避免当设备失效时，下游客户和经销商完全失效的风险。即使失效也要避免影响上游企业的正常运行。

三、权衡效率与弹性的应急风险下供应链网络优化

本节以公共卫生事件为例，当此类突发公共卫生事件发生时我们要充分考虑效率问题。供应链的设计和优化本身就是一个追求平衡的过程。供应链在面对应急风险时的网络优化就是指遇到突发事件干扰时，供应链已经部分失去了原来的生产运作能力，企业的决策者通过一定的方法和手段使其恢复到原有的功能和生产水平，尽量减少损失的方法。然而在应急风险下有效的应急策略首先尽量保证供应链仍然具有稳定性，使供应链可以照常运行，唯有如此才能保证供应链是连续的，只有连续的供应链才能保证不会因供应链中断而产生巨大的危害。许多国内外的研究人员用了不同的方式定义了弹性：一种定义是变化后的供应链再次达到原来稳定连续生产力的能力；另一种定义是供应链系统平衡变化和防止干扰的能力。事实上，应急风险发生是一个小概率事件，很多企业都低估了应急风险带来的损害，因此忽视了此类事件。它们在这方面的意识和投入的不足，往往很难来应对此类事件的发生。我们可以对应急风险下的供应链网络进行一些优化，使

其具有弹性和鲁棒性，以应对突发公共卫生事件。此外，如果没有突发公共卫生事件发生，也可以高效处理其他风险，这就提高了供应链企业的工作效率，最终还能提高供应链的生产能力，保证企业的最终盈利，这一点是非常吸引企业对供应链进行弹性优化的。下面我们将从均衡效率和弹性两方面来对供应链网络进行优化，从而制定供应链应急策略来应对突发公共卫生事件。根据供应链的设计原则结合现状进行优化，首先要厘清供应链上的各种关系，特别是供应链中的核心企业和上下游的关键路径，这样我们就可以清楚地知道供应链可能发生中断的环节和可能面临的风险，进而针对这些风险制定相应的策略来应对突发事件。其次，各个供应链节点的能力是有限的，节点的能力制约着整个供应链系统的能力。

1. 提高供应链的敏感度

供应链敏感度指的是在所有物流活动和生产加工交易时会出现不可知的变化，供应链在应对这些变化时，依据链上企业的长期战略目标和自身发展目标，快速做出反应的功能。它能使供应链在遇到突发事件时快速恢复生产水平和生产能力，它还可以变换相应的活动方案和行动方向。在面临突发公共卫生事件时，大部分供应链处于应急风险之下是因为它们在遇到突发事件时调整行动策略的反应时间过长。所以企业迫切需要提升供应链的反应速度，缩短供应链面对突发事件的反应时间即提高供应链的敏感度。想要提高供应链的敏感度，供应链的可视性是至关重要的因素。供应链的可视性是指贯通供应链整个过程，由企业一端向另一端的视觉贯穿能力。如供应链上的信息流从前端到后端的共享，以及能够准确实时检测企业的供求关系、产品的运动状态和生产流程，如从产品的采购、生产、加工、库存直至成品销售的过程。只有企业增强供应链全过程的可视性才能及时充分掌握信息，实现信息的共享，才能提高供应链的敏感度，更加迅速地对突发公共卫生事件作出响应。许多供应链上存在着"盲区"，这是因为供应链企业未能与客户或者产品的制造商和供应商实现信息的互通，它们在供应链上未能实现同步化，因此不能准确地掌握实时的供求关系和动态的变化。举个例子来说，如果一个企业清楚地知道自己的物流运输能力和仓储能力，或者了解合作伙伴企业的相关信息，一旦出现突发事件，他就可以及时准确制定出相应的决策来应对。供应链全过程的可视化有助于在供应链发生问题时找到问题所在位置，然后根据相应的策略对供应链中断的区间依次采取行动。

2. 增强供应链的柔性

供应链在具有弹性的同时还具有柔性，增加供应链的柔性也是一种优化供应链网络的有效方法。供应链的柔性是指供应链的一种反应能力，即每当供应链内部或者外部发生突变时它可以对此做出反应的能力，这本质上是一种对意外情况的重新分配资源和配置人员的能力。它不需要在供应链上进行资源和人员的配置，它是从日常的生产活动中对资源进行配置。这种能力可以降低成本，提高供应链的效率，所采取的方法与工业工程上的精益生产类似，在日后应对突发公共卫生事件时，企业可以从自身的供应链上找出不足，然后进行重新部署从而进一步提高效率。供应链上的企业都可以对其自身的供应链柔性方面做出一些改进，进一步提高企业的核心竞争力。

当面对突发公共卫生事件时，核心企业可以从一个供货商转至多个供货商，以此来满足供应链上企业之间或者企业内部的生产需求，保证了供应链的持续完整运行。此外在设计供应链时签订柔性合同也可以很好地应对风险的突发。柔性合同和传统意义上的合同是不同的，主要在于柔性合同可以根据市场的变化和自身物流情况对供应链上的需求进行调整，同时在市场变化时合同是灵活多变的，面对不同的突发事件可以较为灵活地修改合同条款。在供应链运行过程中，前一个阶段如果运行不是很理想可以灵活执行下一阶段的工作。想要提高供应链的柔性还需要供应链上的相关企业是并行的关系而非顺序的关系。所谓并行是指供应链上的产品和加工工序是同时进行的，而非先后顺序进行的，这样可以保证供应链效率，还可以同时对变化的市场做出有效的决策。

3. 建立多层次全方位的供应链体系

全方位的供应链体系包括链上的核心企业和上游的供应商、下游的客户，以及实现信息共享的实时交易平台。建立这样一个供应链体系就是为核心企业和供应链上下游提供一个信息平台，这个平台可以使核心企业上游的供应商和下游的客户加入供应链，使供应链上的相关企业和客户更好地协同，使供应链效率更高，生产流程更加便利。同时核心企业还可以通过制订和策划一系列政策和活动，以此来拉动供应链上相关企业的利益，从而提高供应链的整体服务水平，也大大提高了客户满意度。建立供应链体系还可以加强企业对整个供应链的管理，同时能促进供应链上的相关企业跨地域和国家合作。通过供应链体系还可以主动管理企业的库存、订单等相关问题，整体分析实时数据，并根据数据做出风险的预估。

四、应急风险下供应链脆弱节点识别

供应链上的脆弱节点是影响供应链弹性的关键节点，脆弱节点失效可能会引发一系列供应链级联失效。供应链是由若干个企业组成的复杂网络，主要存在两种节点失效形式，即节点内失效和节点间失效。

节点内失效主要是由于企业脆弱度导致，这种情况会导致失效部分传递给相邻节点。在汽车供应链中，除了少量零部件只有一个厂商的情况，大部分零部件都有两个以上的厂商，所以上游节点对下游节点影响一般不是100%。节点之间的失效与其脆弱性有关，表现为脆弱度升高会引发线路失效，其原因主要是运输风险、信息风险，详见图5-18。

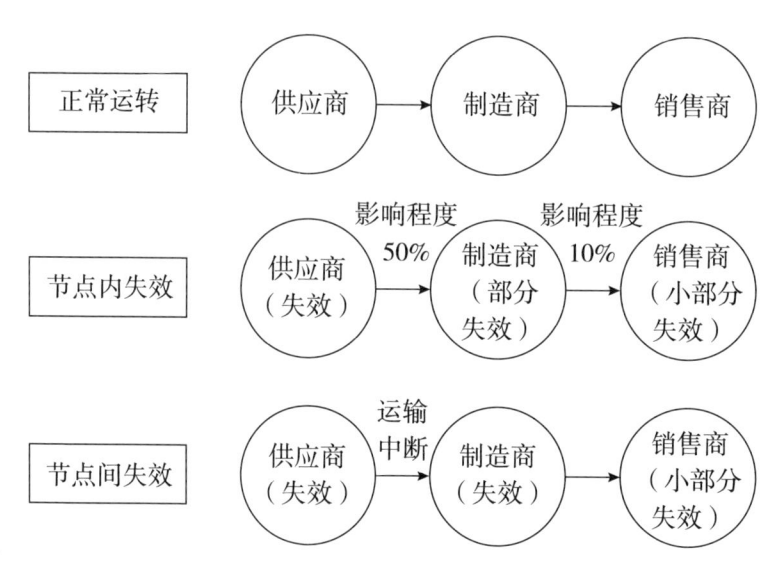

图 5-18 失效传递

汽车供应链管理非常重要的步骤就是识别脆弱节点。如果节点有风险，就会传给供应链上下游的企业，甚至影响整个供应链。

但是，找出脆弱节点很难，学术界常用复杂网络或经济学理论和模型来找。本节用复杂网络寻找脆弱节点。

（1）复杂网络应用的可行性。

供应链是一个比较复杂的网络结构，由于链上企业的关系密切，非常符合复杂网络模型的特点。可以利用这种方式来找出汽车供应链上的两个弱点，并利用 MATLAB 对数据库数据进行处理，得出在新冠疫情下汽车供应链环节的各个节点的脆弱性大小，并依次选取最容易受到攻击的节点进行安全风险评估。

（2）脆弱节点的识别思路。

使用 Ducros M 总结的节点失效传导模型，寻找汽车供应链中的脆弱节点，具体识别思路如下。

①确认 P_{ij} 影响程度。

节点之间的影响程度指的是上下游企业之间的影响。在"有向"模型中，上游节点 P_i 的失效仅影响下游节点 P_j，而不会影响上游节点的脆弱性。用三角模糊数来量化影响程度。

②确定 T_{ij} 的边传递重要性。

节点之间的边传递重要性指上下游产品对供应链的重要程度。例如，在整车制造业中，发动机比螺母螺钉等零部件更为重要。传递重要性难以量化，因此类似于 P_{ij}，使用三角模糊数作为量化手段。

③节点的脆弱性 F_{ij}。

节点之间的脆弱性则是"线路"在外部载荷下的不适应性。如果"线路"不能很好地适应环境，那么在某种程度上会增加风险，在这种情况下，节点之间是非常脆弱的，节点之间脆弱度越低，则越有可能降低这种风险。

$$F_{ij} = N_{ij} \times T_{ij} \times e_{ij}(i 与 j 之间有边)$$

$$F_{ij} = 0 (i 与 j 之间没有边) \tag{5.1}$$

④确定节点企业风险承受率 B_{ij}。

节点企业风险承受率指其可承受上游风险失效的比率,若超过该比率则将面临各种风险。假设 B_{ij} 和 N_{ij} 影响相同。

⑤确定节点脆弱度 D_j。

上游的某些风险会传递到边和下游。本节内容假设最下游脆弱度为 0,而上游脆弱度为 D_i,计算公式:

$$D_i = \sum_{j=1}^{n} [F_{ij} + D_j/(n \times N_{ij})], \forall i \in N \tag{5.2}$$

式中:

n——连接点的上游总数;

D_i——表示第 i 个节点的脆弱度;

D_j——表示第 j 个节点的脆弱度。

第四节 供应链网络的关键要素与应急弹性策略

一、供应链网络中关键节点的判断方法

从整个供应链网络看来,少数关键企业才是整个供应链的关键节点,关键节点运行状态时刻影响着整个供应链网络的运行。想要提高供应链管理系统的弹性就要清楚地知道供应链关键节点所在,所以如

何判断识别出供应链中的关键节点是提高供应链弹性的重要策略,以下是供应链关键节点判断方法。

1. 是否具有影响供应链上其他节点的能力

一个企业就是一个节点,在整个供应链过程中核心企业(关键节点)是一个供应链运行的生命源泉,关键节点也很大程度上决定了供应链管理的成败。关键节点必须具有影响其他节点的能力。所谓关键节点即在供应链中发挥主导功能的企业。在整个供应链上各个企业是独立的,它们分别由不同的人掌握和运行,它们之间没有依附和从属关系。因而供应链上企业的管理不是所谓的上下级之间的管理方式,它们追求的是经济效益。这样我们不难看出共同的经济效益才是凝聚它们的关键,关键节点对其他节点的影响主要表现在核心企业在行业中的影响力。供应链是一个动态的产业链,它是动态联盟,而核心企业则处于联盟的主导地位,核心企业应具备吸引其他企业加入供应链,使它们获得更高经济效益的能力。只有这样这个供应链才会日益完善,才能不断发展。核心企业要具备产品创新能力,在竞争日益严峻的当下,产品寿命缩短,昨天还风靡市场的产品今天就有可能被市场淘汰,所以核心企业的产品创新能力影响着整个供应链上企业的走向和命运。核心企业的产品在市场上的占比可以直接地反映出供应链关键节点对其他企业的影响程度。如果核心企业的产品市场占比较大,证明核心企业具有较大的市场竞争力,占据着主要的市场,对于整个供应链的生产运行都具有较高的稳定性。与此同时核心企业也会给其他企业带来较高的市场占比,进而提高其他企业的竞争力和经济效益。核心企业的产品结构也会影响供应链上的其他节点。目前,大部分供应链还是以制造企业为中心形成的,当然核心企业也可以是供应商或者销售商。

2. 是否掌控供应链上的约束资源

供应链的资源包括内部资源和外部资源。内部资源包括：物流资源、人力资源、财务资源、市场资源和组织资源。外部资源包括：供应商资源、客户资源、第三方物流企业、第三方服务企业等。供应链上的核心企业拥有约束资源，这些资源都对供应链有着重要影响。根据约束理论的观点可知，供应链系统中各个节点企业的效率对整个供应链都有影响，效率最低的企业制约着供应链运行，核心企业的自身生产瓶颈决定供应链的运行。一个企业所获得的市场优势毕竟还是有限的，如果供应链的核心企业无法掌控这些瓶颈资源，那么它还不能算是一个高素质的核心企业。如果核心企业缺乏资源整合的能力，那么供应链的市场竞争力也会不足。供应链的领导企业如果不能在信息、技术、市场、资源等方面起主导作用，那么相关节点上的企业甚至是整个供应链都会受到影响。想要充分发挥整个供应链的优势就必须要求核心企业能够掌控瓶颈资源。

3. 是否具备提高供应链竞争优势和为其他节点创造更高经济效益的能力

经济全球化的趋势下，各个行业之间的供应链已经开始形成并逐渐完善，企业之间的竞争逐步演变为各个供应链之间的竞争，只有提高供应链的竞争优势才能在竞争激烈的市场中获得较高的经济效益。供应链管理的目的在于满足客户需求。要满足不同的客户对产品提出的要求就要在服务和价格上都优于其他供应链，以扩大市场占比，提高供应链的竞争力，为供应链相关企业提高经济效益。这无疑对供应链的核心企业提出了更高的要求：核心企业须提高产品创新力和管控能力。

4. 能否协调各个节点之间的关系实现信息的流通

主要表现在两个方面。一方面，供应链网络中关键节点是信息的交换中心。在实现信息共享的过程中核心企业发挥着枢纽的作用。信息的互通必须经过核心企业。信息流通的效率决定着供应链运行效果，直接或间接地影响着其他企业。另一方面，制造企业是供应链的调度中心，制造企业对各个环节的资金、物流和原材料的调度都要精确无误。只有保证了制造企业可以协调各个环节的时间，空间等条件，才可以保证供应链的顺畅，同时还可以节约成本提高经济效益。供应链上生产的产品能否增值很大程度上与关键节点的协调调度能力有关。

二、供应链网络中关键路径的判断方法

在供应链网络中路径指的是产品运输的路线，供应链网络是产品运输的地点和路径的总和。在整个供应链网络中存在着某些路径，它们与关键节点类似，在某一时刻，这些路径发生故障，那么就有可能造成供应链无法正常运行。所以如何判断供应链的关键路径是极其重要的。供应链网络中，路径表示的是各个企业之间的关系。关键路径则是指供应链网络中必不可少不可替代的合作关系。现如今，互联网迅速发展，市场竞争残酷，在某条供应链中，除了核心企业不会被取代，其他相关企业都存在被代替的风险。一般情况下，关键路径只存在于关键节点附近，与关键节点有着密切的关系。判断关键路径需要考虑以下两个方面。

1. 考虑路径对供应链的影响大小

供应链中路径的重要程度是判断路径对供应链影响的一个指标。重要程度与供应链各个节点的最短路径长度、时间成本、沉没成本、生产成本等有关,同时他还与各个节点的交易数量有关。如某条路径中断,随后供应链网络的各个节点的最短路径、时间成本、沉没成本、生产成本等发生相应的变化。我们可以从这些变化中得出相应的结论:某一路径中断后,供应链最短路径变长、生产成本变大、沉没成本变大、生产成本变大,则这条路径越重要;反之亦然。这对于整个供应链来说,各个环节之间的时间成本、沉没成本、生产成本变大,则代表它们的效益就会有所减少,进而影响整个供应链的完善和发展。在对实际的供应链路径的判断中,我们往往是先对供应链网络中的关键节点作出识别,然后再根据核心企业对供应链网络中的路径进行判断。首先根据供应链网络结构的层次性进行判断分析,供应链的层次性主要是判断供应商、制造商、经销商和客户之间的关系,确定核心企业是谁,其次以核心企业为中心向临近企业扩散,分析企业的重要度。要注意的是,对供应链上各个节点之间的路径进行比较时,应将其与同一节点相连的路径进行比较,否则将毫无意义。举例来说,把制造商和供应商之间的路径与制造商和经销商的路径作对比几乎没有意义,只有将制造商和供应商之间不同的路径进行比较才有意义。在实际求解供应链各个节点最短路径长度时一般用的是 Dijkstra 算法。大部分供应链上,核心企业占据着供应链的核心技术和资源,在考虑路径对供应链影响大小时,要优先考虑核心企业并给予充分的重视。核心企业是供应链的主体,它的吸引力的大小很大程度上决定了供应链未来的走向,其他企业加入供应链中就意味着它们利益共享、风险共担，所以吸引其他企业的核心企业对整个供应链都有举足轻重的影响。

2. 考虑供应链上路径的负荷程度

供应链网络的构成是由供应链上的节点和流动路径所构成的，在供应链中节点是产生价值的场所，而路径则是搬运这些价值的通道。供应链的路径是代表着产品在节点之间的搬运，而这个搬运的能力是有限的，也就是说路径的负荷能力是有限的。在完成供应链路径对供应链影响的分析后，我们还需要清楚地知道供应链各个路径之间的负荷程度。在供应链上路径之间的负荷包括物流负荷、资金流负荷和信息流负荷。供应链本身就是物流、信息流、资金流的统一，所以供应链网络路径上的负荷就是它们所产生的。在供应链中，各个节点企业都对本企业做了需求预测，并了解自己的库存状态，还制订了相应的加工计划，以上这些都是供应链各个节点需要沟通的内容，而关键路径则是代表了这些重要信息、资源、资金的顺畅流通。那么负载着信息流、物流、资金流越多的路径也就越重要。核心企业是供应链的主导，一般情况下，上游企业的资金、设备、原材料等会流向核心企业，核心企业的产品会流向下游企业。而整个供应链过程中的信息共享也需要在核心企业实现信息的集散，因而核心企业到附近企业的路径通常情况下负荷较大，同样也代表了此路径重要程度较高。如果负荷较高的供应链路径中断，那么整个供应链想要恢复到原来的运行情况将是很难的。供应链路径上的负荷程度也是有限的，并不是越大越好，当某个路径上的负荷远远超出了这个路径最大负载能力，就会引发级联效应。级联效应会进而引发供应链的中断甚至是崩溃。供应链的建立是以顾客为中心，需求为导向的，供应链想要高效运作，各个节点之间就必须遵循供应链建立的原则，各个供应链节点都负荷着顾客的需求，核心企业是满足顾客需求的主体，因此它的重要性不言而喻。在面对突发公共卫生事件时，关键路径的最大负荷能力是供应链运行的重要因素。

三、应急风险下弹性供应链事前预防策略

基于本节描述的方法判断出关键节点和关键路径后，我们要针对突发事件来提高弹性供应链的弹性。要想提高供应链的弹性，关键节点的核心企业和关键的路径就要有相应的事前预防策略来应对突发事件。供应链的事前预防策略，顾名思义主要就是在突发事件使供应链整体失效之前来安排的一些预防策略。它的主要目的是当突发事件发生时尽可能降低供应链的损失。事前预防策略是构建弹性供应链必不可少的环节，也是提高供应链弹性的重要手段。但因为突发事件是小概率事件，还需考虑事前预防策略的成本问题，企业在制定事前预防策略时相对比较谨慎。以下是基于关键节点和关键路径的弹性供应链事前预防策略。

1. 要充分考虑关键节点的多源供货

多源供货即企业不只拥有一个供货商，它拥有多个供货商供货。这样的好处是不会因为一个供货商中断供货而导致这个供应链无法正常运行。多源供货还应该考虑供应商本身的因素（供应商的地域、供应商的价格），本节所指的关键企业是供应链中的制造商。在应对突发事件时，我们可以考虑针对关键节点，要在关键节点的上游企业中找到一些"相似企业"作为备选，这里的相似企业是指与关键节点合作的供应商。一旦突发事件造成供应链中断后，可以有新的路径使供

应链继续运行。例如我们国家在遭遇突如其来的新冠疫情时，国家立刻采取行动，派遣医护人员到抗疫一线，科研人员积极研发新疫苗。政府要求人们减少出行，出门必须戴口罩。疫情防控期间口罩是供不应求，在整个口罩的生产供应链上，如果核心企业拥有多个供货商，那么这个供应链的弹性将会提高，同时供应链的产出效率将会大大提高，供应链上的企业也将获得更高的效益，面对突发公共卫生事件时也能从容应对。

2. 要充分考虑关键企业的战略库存情况

战略库存即在原有库存的基础上，企业再增加一部分库存，这一部分库存在正常情况下不会被使用，只有在突发事件发生时才会被使用到。这部分库存既可以补充上游供货商的原材料，也能及时止损下游经销商的缺货。这样的策略无疑给企业带来了额外的库存成本，又因为突发事件和供应链失效发生的概率较小，很少有企业愿意增加战略库存，所以我们要重视关键节点企业的战略库存情况，针对关键企业制订战略库存计划，在应对突发事件时，避免因供应链失效而导致经销商缺货、断货。关键节点核心企业的战略库存包括原材料库存、在制品库存和成品库存，这样就可以降低整个供应链上的各种缺货和断货的风险。在应对突发公共卫生事件时，整个弹性供应链各个环节都有可能发生中断，甚至是崩溃，而关键企业的战略库存可以让供应链的弹性更高。

3. 关键节点的核心企业要与供应链的其他企业之间共享信息

信息流是供应链正常运行的重要驱动因素。在面对突发事件时，供应链各个环节之间的数据共享是供应链正常运行的关键。如果各个供应链环节之间可以共享（客户需求、产品订单、库存情况等）有效数据，那么信息就可以高效地从一个企业流到相关的企业，在突发事件发生时，供应链的各个环节可以及时采取相应的措施。供应链各个企业之间的信息共享是应对突发事件、恢复供应链弹性的重要方法之一。供应链关键节点占据供应链的主导，它还是供应链信息的集散中心。关键节点与其他企业之间的信息共享，可以帮助供应链应对突发事件，管控供应链的风险，从而降低供应链的损失。关键节点与其他节点建立的信息共享机制还有利于各个环节审视当前决策是否正确，如果不正确可以及时调整，寻找最优的策略。实现信息共享之后可以帮助供应链上各个企业建立实时决策系统，这样在应对突发事件时可以及时作出应急计划，让供应链的运行有条不紊，同时还保证了供应链系统的连续性。

4. 提前规划供应链的备选路线

和关键节点的多源供货相似，基于关键路径，我们要规划多条备选路线。只有在供应链拥有多条备选路径的条件下，面对突发事件和失效事件，供应链上的企业就可以选择备选路径，这样就可以做到供应链快速恢复到正常运行状态，还可以降低成本，提高供应链的弹性。如本次新冠疫情，全国驰援武汉，向重灾地区运送物资和医疗用品。多个物资和医疗用品的储藏库到武汉的路径可以有多种选择，在新冠疫情肆虐的武汉，可以通过多种渠道将物资和医疗用品送到需要的人手中，这些渠道包括空运物资和医疗用品，在平时是用不到这些路径的，只有在面对突发公共卫生事件时才会被启用。这些备选的路径帮助供应链第一时间做出反应，缩短了物资和医疗用品的运输时间，对国家控制疫情的扩散起了举足轻重的作用。

5. 期权策略

期权策略指的是核心企业在进行一个较小投资时，被投资的供应商拥有一定的冗余生产能力，核心企业可以向供应商支付一定的期权成本，让上游供应商为其预留一定的生产能力。如果供应链在遭遇突发事件时，供应商冗余的生产力就可以满足供应链的需求，供应链上的核心企业对供应商使用之前的期权，供应商立即运行之前那些冗余的生产能力为供应链的核心企业提供原材料。通过这种方法，可以大大降低供应链中断的概率。这种方法还可以为供应链提供一定的缓冲作用。这与横向应急库存联盟的方法不同，应急库存在供应链正常运行时是存在的，是占据库存的实体，而期权策略并不增加库存，成本相对较低。这种期权策略很大程度上提高了供应链的鲁棒性、柔性和弹性，是一种非常不错的事前预防策略。

四、应急风险下弹性供应链事后补救策略

上文介绍了基于关键节点和关键路径的弹性供应链事前预防策略，突发事件是小概率且很难精确预测的。仅通过事前防御策略很难保证供应链的正常运行，在面对突发事件时供应链多少都会受到影响，如果影响较小可能只是供应链的路径中断，如果影响严重的话甚至会造成供应链的崩溃。若供应链受到新冠疫情这样的突发公共卫生事件的冲击后，某些功能可能会丧失。供应链的管理人员应立即采取适当的事后补救策略，尽快地使供应链系统恢复到正常运转状态。事后补救策略应及时有效地应对供应链网络的风险，使供应链网络在面对干扰时仍能保持正常稳定的营运。制定应急风险下弹性供应链的事后补救策略不仅可以应对日常营运风险，还可以提高供应链系统的效

率和供应链各企业的经济效益。以下是应急风险下弹性供应链的事后补救策略。

1. 建立应急处理部门

当突发事件发生后，根据供应链工程中的轻重缓急原则和对实际情况作出判断后，供应链的关键节点组织成立应急部门，应急部门负责处理突发事件给整个供应链带来的损害和影响，合理调配资源、财务、信息和人力来应对突发事件。应急部门及时启动应急行动，要求信息的共享和及时的沟通，确保与应急部门人员的沟通。应急部门还应该具备调动供应链物资的能力。供应链想要从突发事件中快速恢复，使产品和顾客不受影响，就十分依赖于应急部门的应急行动。应急行动主要是正确处理核心企业和上游供应商及下游经销商的关系。总结为一点就是当突发事件发生时，核心企业要做好与供应商和顾客的沟通，根据主次安排好服务。当危机和风险得到一定的控制后，应急部门还应再次审查供应链以保证供应链不会再受突发事件的影响而中断，如果发现潜在风险还应做出及时的处理和改进，这才是一个完整的应急管理响应机制。

2. 横向应急库存一体化

供应链遭遇突发事件时容易发生供应问题，针对这个问题供应链各个企业可以建立一个横向一体化的应急库存策略。应急库存和安全库存不一样，安全库存指的是满足市场需求即可的基本库存，而应急库存不是针对日常需求、运输的不确定性，而是针对突发状况下的库存。横向应急库存一体化指的是为供应链上多个合作企业同时提供库存来应对突发事件，在供应链各个节点之间组成一个库存联盟，应急库存联盟成员之间成本相关、风险共担。当供应链遭遇突发事件造成供需不平衡时，供应链内部的应急库存联盟就会调用库存来调节供应链内部的平衡，这样的库存运输符合精益生产的原则，避免产生浪费，同时还保证了原材料的供应。这种策略可以让供应链以很小的代价摆脱突发事件带来的风险，核心企业和供应商之间的订购合同更加稳定。横向应急库存联盟还可以提升供应链的柔性，供应链柔性的增强可以减小突发事件对供应链的影响。不过它的不足之处是库存成本会增加，进而影响企业的经济效益。

3. 制造差异的延迟策略

随着顾客需求的多样化，供应链产品制造策略也开始改变。制造差异的延迟策略就是将产品的生产环节划分为通用环节和差异环节。面对顾客需求变化的风险，供应链应先加工生产阶段通用的产品或模块，将有差异的模块尽量往后安排，等到顾客确定需求之后，根据他们需求的差异再进行加工，最终生产出相应的产品。通过这种策略生产出的最终产品，组装和交货时间都得到了相应的推迟。

第五节　弹性供应链网络设计

一、供应链网络理论基础

1. 复杂网络理论基础

（1）复杂网络及其度量。

复杂网络（Complex Network）是由大量节点和复杂连接拓扑结构

构成的网络模型。关于复杂网络的概念尚没有统一的定义，但复杂网络是现实的复杂系统拓扑网络抽象的现象，因此，复杂网络演化要比规则网络和随机网络更复杂。钱学森对其进行的定义是，具有自组织、自相似、吸引子、小世界、无标度中部分或全部性质的网络统称为复杂网络。更为详细的定义为：复杂网络是由一系列的节点和连接节点的边构成的网络，此网络具有一定的数学特性（如无标度特性、小世界特性和自相似特性等），并按照一定的规律生长，网络节点和边本身具有实际的意义，可由相应的统计指标来反映。其中无权网络（Out-weighted Network）是指每条边性质都相同或者权重相同；加权网络（Weighted Network）是指网络中每条边有其对应的权值。每个网络中都包含许多节点，这些节点类型可能相同也可能不同。例如，在高速公路网络中，节点城市自身的属性以及每条高速公路的属性都不一样。

现实世界中复杂网络具有以下基本特征。

①网络行为具有统计特征：巨大的网络节点有十分庞大的数目，其行为都应该具有统计性。

②网络连接具有稀缺性：全局耦合结构网络节点数为 N，节点连接数为 $O(N^2)$，但在实际网络中连接数仅为 $O(N)$。

③连接结构具有复杂性：大多数现实网络既不是完全随机网络，也不是完全规则网络。

（2）复杂网络模型种类。

复杂网络模型包括规则网络模型、随机网络模型、小世界网络模型、无标度网络模型等。网络模型是复杂网络的研究基础。如何研究现实网络拓扑特性，构建复杂网络模型是最先要考虑的内容。复杂网络模型首先从研究基本规则的网络结构开始,然后发展到随机网络模型,再到小世界网络模型、无标度网络结构模型,如图 5-19 所示。

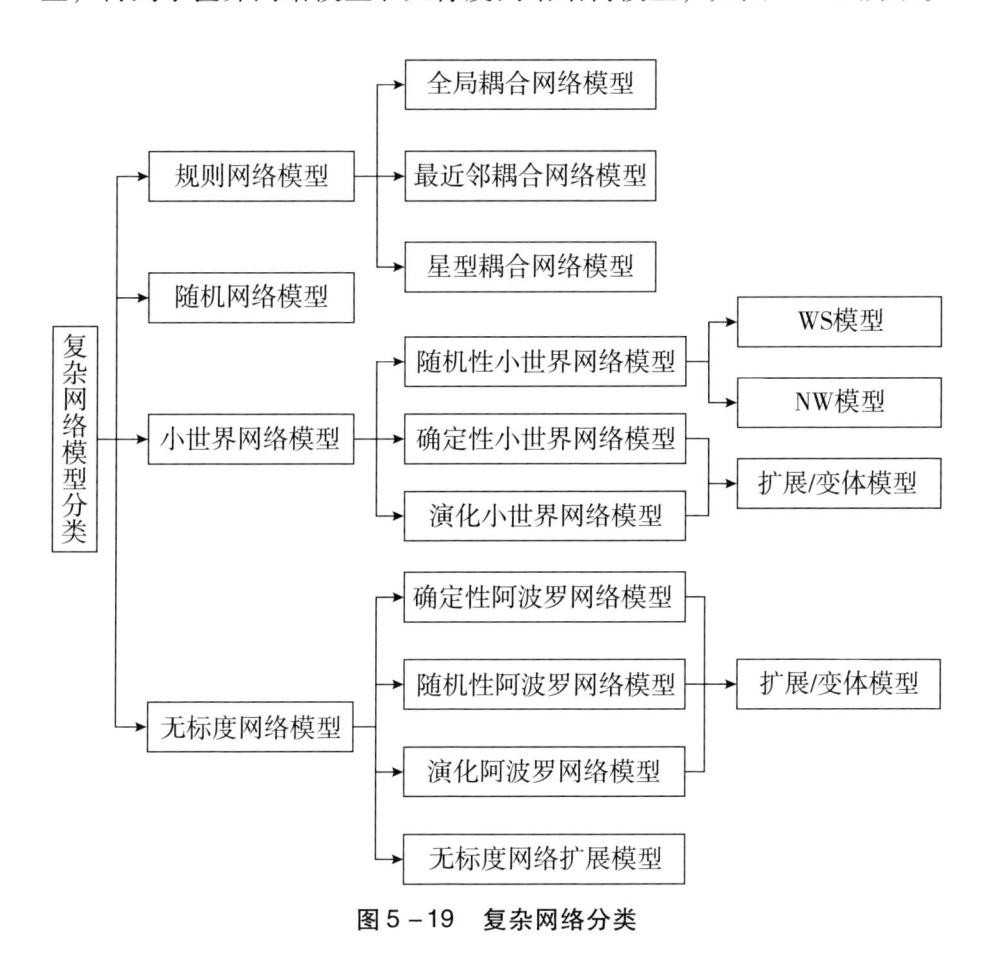

图 5-19 复杂网络分类

① 规则网络。

规则网络中主要的研究集中于全局耦合网络、最近邻耦合网络和星型耦合网络等网络类型(见图 5-20)。其中,最近邻耦合网络中的每个节点都与它周围 k 个节点相连,且对于较大的 k 值,此类型网络的平均路径长度 $L \approx \dfrac{N}{2k}$,聚类系数 $C \approx \dfrac{3}{4} \dfrac{(k-2)}{(k-1)}$。星型耦合网络中有且仅有一个中心点,其余 $N-1$ 个节点都仅与此中心点相连,它们彼此之间均不相连，这种类型网络的平均路径长度 $L \approx 2 - \frac{2}{N}$，聚类系数 $C = 0$。全局耦合网络（即全连接网络）中的任意两节点之间均有边直接相连，在节点数均为 N 的网络中，此类网络具有最小的平均路径长度 $L = 1$ 和最大的聚类系数 $C = 1$。

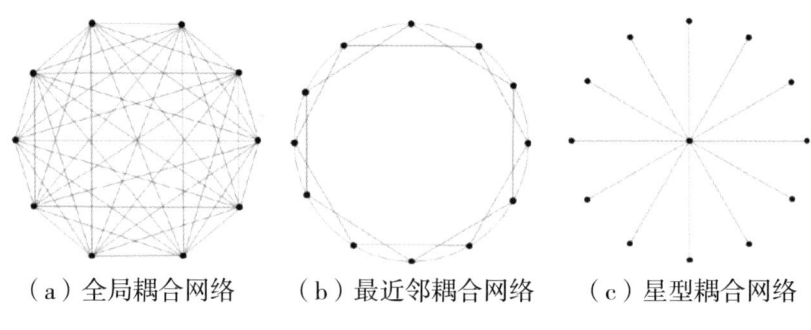

（a）全局耦合网络　　（b）最近邻耦合网络　　（c）星型耦合网络

图 5-20　三种常见的规则网络

②随机网络。

在 Erdos-Renyi 提出的随机网络模型（ER 网络）中，在一个平面上定义有大量节点（$N > 1$），以一定的概率 p 连接每对节点。其特性是网络存在 $pN(N-1)/2$ 条边，度的算术平均值 $\bar{k} = p(N-1) \approx pN$。对应的平均路径长度 $L \approx \ln N / \ln \bar{k}$。因此节点数 N 的增加对 $\ln N$ 的影响很小，这使具有大规模节点数目的随机网络模型的平均路径长度较小。

然而由于随机网络模型的局限性，它不能表示现实网络模型。此后小世界网络和无标度网络模型的提出，掀起了复杂网络在现实网络中的应用浪潮。

③小世界网络。

1998 年，Watts 和 Strogatz 提出了小世界网络模型（WS 模型），其特点是集聚系数较大且平均路径长度较小。

小世界网络是由规则网络和随机网络构建的,即在最近邻耦合网络的基础上以一定的概率 p 对其边进行随机重连。当 $p=0$ 时,网络为规则网络;当 $p=1$ 时,网络为随机网络;当 $p\in$ (0,1) 时,网络为小世界网络。

④无标度网络。

无标度网络(也称 BA 无标度网络)是节点度分布为幂律分布的复杂网络,如科学引文网络、新陈代谢网络、Internet 及交通网络等都属于无标度网络。BA 无标度网络考虑了实际网络的增长特性和优先连接特性,对幂律分布的产生机理也能够充分验证。BA 无标度网络模型的算法如下所述。

起始:给定一个网络,使此网络有 m_0 个节点。

增长:将一个带有 m 条边的新节点在每个时间步加入网络中,并将新节点与按照下一步骤中的概率选择的 m 个节点相连,其中 $m<m_0$。

择优连接:选择旧节点 i 与新节点相连,择优概率 $\prod i = \dfrac{k_i}{\sum_j k_j}$,其中 k_i 是旧节点 i 的度。

经过 t 个时间步后,生成的 $t+m_0$ 个节点和 mt 条边的网络就是无标度网络。BA 无标度网络的聚类系数 $C = \dfrac{m^2 (m+2)^2}{4(m-1)} \Big[\ln\dfrac{m+1}{m} - \dfrac{1}{m+1}\Big]\dfrac{2\ln t}{t}$,平均路径长度 $L \propto \dfrac{\log N}{\log\log N}$。可见,BA 无标度网络的平均度 $\bar{k}$ 不随 N 变化,而且平均路径长度 L 与 $\log N$ 成正比,说明此无标度网络还具有小世界特性。

将常见网络模型的参数分类进行汇总,如表 5 - 2 所示。

表 5-2　　　　　　　　　常见网络模型的参数分类

网络模型	网络参数		
	聚类系数	度分布	平均距离
规则网络	大	δ 函数	大
随机网络	小	泊松分布	小
小世界网络	大	指数分布	小
BA 无标度网络	小	幂律分布	小
许多真实网络	大	近似幂律分布	小

（3）复杂网络的统计特征。

复杂网络的统计特征是指各指标的统计分布，如度和度分布、最短路径长度、网络直径、聚类系数、平均最短路径长度等静态指标。

①度和度分布。

度是衡量网络特性的基本参数之一，度分布是对节点连接情况的统计。其中，节点度 k_i 定义为与此节点连接的节点数目，即：

$$k_i = \sum_{j \in N} a_{ij} \tag{5.3}$$

其中，a_{ij} 为相邻矩阵 $\mathbf{A} = (a_{ij}) \in \mathbf{R}^{N \cdot N}$ 的元素，如果节点之间有连线，则 $a_{ij} = 1$，反之 $a_{ij} = 0$。无向网络中有 N 个节点、L 条边，则平均度定义为各节点度的平均值，即 $\bar{k} = \dfrac{\sum_i k_i}{N} = \dfrac{2L}{N}$。

由此可见，度表示节点的重要程度，度越大重要程度就相对越大，反之亦然。而度分布则可以验证网络是不是无标度网络，即节点的度分布函数为：

$$P(k > k') = \sum_{k'=k}^{\infty} P(k') \tag{5.4}$$

其中，度分布 $P(k)$ 随机均匀地选择网络中的某个节点，节点

度数恰好为 k 的概率。经过大量的试验研究结果证明，大多数现实网络节点的度分布服从幂律分布，即分布函数为 $P(k) \sim k^{-r}$ 的形式。

②平均最短路径长度。

在网络中，节点 i 与节点 j 之间连接的所有路径中，途经最少的节点数量的路径就叫作最短路径。距离就是节点 i 与节点 j 之间的最短路径所包含的边数。对其求平均值就是网络的平均最短路径长度 L：

$$L = \frac{1}{1/2N(N-1)} \sum_{i>j} d_{ij} \tag{5.5}$$

其中，N 表示网络总节点数。

③度度相关性。

网络的度度相关性是指连接度之间的相关关系，简单来说就是，连接度大的节点更易于和连接度大的节点连接，还是更易于和连接度小的节点连接。其中网络正相关（Assortativity）表明连接度大的节点更易于和连接度大的节点连接，网络负相关（Disassortativity）表明连接度大的节点更易于和连接度小的节点连接。

度度相关性是对网络更加完整的描述。度度相关性的物理意义是依据度的大小来决定节点之间连接是否有选择偏好性。节点 i 连接所有节点 j 的平均度为：

$$k_{nn,i} = \frac{1}{k_i} \sum_{j \in V(I)} k_j \tag{5.6}$$

将平均度 $k_{nn,i}$ 平均得：

$$k_{nn}(k) = \frac{1}{N_k} \sum_{i,k_i=k} k_{nn,i} \tag{5.7}$$

也可以等价表示为：

$$k_{nn}(k) = \sum_{k'} k'P(k'|k) \tag{5.8}$$

其中，$P(k'|k)$ 是度为 k 的节点与度为 k' 的节点连接的条件概率。如果具有关联性，则分为两种关联性：如果网络正相关则 $k_{nn}(k)$ 随 k 的增加而增加；如果网络负相关则 $k_{nn}(k)$ 随 k 的增加而减少。如果不具有关联性，则 $k_{nn}(k)$ 是常数。

（4）加权网络的结构度量指标。

无权网络只是勾勒出网络的拓扑结构，节点之间的边没有属性，不能真实反映现实网络，所以加权网络的统计特性值得去深究。加权网络具有更接近真实网络的结构特征，因此研究加权网络的演化机制，需从网络结构度量入手。

①点权与点权分布。

加权网络中节点 i 的强度为：

$$s_i = \sum_{j \in N} w_{ij} \tag{5.9}$$

无权网络中节点 i 的强度为：

$$s_i = \sum_{j \in N} a_{ij} w_{ij} \tag{5.10}$$

其中 $a_{ij} = 1$ 表示节点 i 和节点 j 相连，反之为 $a_{ij} = 0$。w_{ij} 为赋予两个节点连线的权重。随机选取一个节点，此节点强度为 s 的概率，可以表示为节点的点权分布，这一分布能够准确地提供一些网络特征的信息情况。

②边权与边权分布。

加权网络 $G'' = (V, E, W)$，由节点集合 $V = \{v_1, v_2, \cdots, v_N\}$ 和连接边集合 $E = \{e_1, e_2, \cdots, e_K\}$，以及边的权重集合 $W = \{w_1, w_2, \cdots, w_K\}$ 构成。在这里将权重值设为正值。

边权分布 $P(w)$ 定义为随机选取权重为 w 的某条边的概率。

③权重差异度。

为探究某节点或边的差异性和局部的网络特征，了解其与其他节点或边的紧密程度，出现了权重差异度（Display in the Weight）的概念，公式为：

$$Y_i = \sum_{j \in N_i} \left(\frac{w_{ij}}{s_i}\right)^2 \qquad (5.11)$$

其中，N_i 为节点 i 的邻居节点集合，为点权，w_{ij} 为边权。

节点权重差异度指的是与节点的度值具有较大的关系且表明与节点相连接的边的权值离散程度的度量指标。

2. 系统动力学理论基础

（1）系统动力学内涵。

系统的组成包括系统内部各个子系统及其相互关系的有序性，涵盖的方面有两个层次：一是各组成部分，二是系统内部各部分之间的互动与关联。

（2）系统动力学概念。

在系统动力学领域，存在两种截然不同的反馈模式：正反馈和负反馈。其中，正反馈代表着正向调节作用，通常以"＋"表示；而负反馈则代表着负向调节作用，通常以"－"表示。

反馈回路是由一系列因果链和相互作用链构成的封闭回路，在因果关系反馈图中体现。

若因果链全为正或含有偶数个负，则反馈回路为正，若有奇数个负，则反馈回路为负。

受到反馈回路作用的系统，输入自身历史信息，通过内部作用影响未来行为，最终输出结果。

正反馈系统是由正反馈回路控制的系统，与负反馈系统相反，具有不稳定性和自强化性两个特点。一阶正反馈系统只有一个积量的反馈，呈现指数级上升的趋势。一阶线性正反馈系统所对应的微分方程为：

$$y' = ky - b(k > 0) \tag{5.12}$$

求得的解为：

$$y(t) = [y(0) - b/k]e^{kt} + b/k \tag{5.13}$$

负反馈系统是由负反馈回路控制的系统，相比于正反馈系统，其稳定性更好，能够自我调节并达到平衡状态。一阶线性负反馈系统对应的微分方程与正反馈系统不同：

$$y' = -ky + b(k > 0) \tag{5.14}$$

求解得到：

$$y(t) = [y(0) - b/k]e^{-kt} + b/k \tag{5.15}$$

（3）系统动力学模型构建原则。

系统动力学模型的构建有六个原则。①整体性原则要求将系统作为一个整体来考虑，同时考虑各个部分之间的相互影响和环境因素的影响。②相关性原则要求保证模型中的各个要素之间有关联，这是确保流程图有效性的重要因素。③焦点原则是通过选取最具代表性、最具关联度的变量，来表达系统的功能与结构，而忽略那些不太相关的变量，从而使得模型更简洁。④层次性原则是对复杂多变量体系进行结构层次分析的一种方法。⑤一致性原则是指在系统流程图中，将因果关系反馈图和变量名称统一起来，同时将系统动力学方程中的单位量纲统一起来，并用单位检验来保证。⑥普遍性原则是指所构建的系统动力学模型，既可以应用于具体的数值，也可以应用于求解类似的问题。

(4) 系统动力学建模与仿真。

尽管系统动力学模型设计涉及的内容多，但其核心依然是六个内容，包括订单履行、一般人员、所需资金、应需要什么设备、物料处理及相关信息。

当前，国内外已有大量功能强大的软件，如 Vensim，AnyLogic，Stella，Powersimstudio 等。Vensim 软件在现代社会中得到了广泛的应用，如信息管理、房地产、物流和仓储、经济发展等，只要对 C、C++ 等计算机语言有基本的了解，就能在视窗下操作。图 5-21 显示了 Vensim 的模型设计流程。

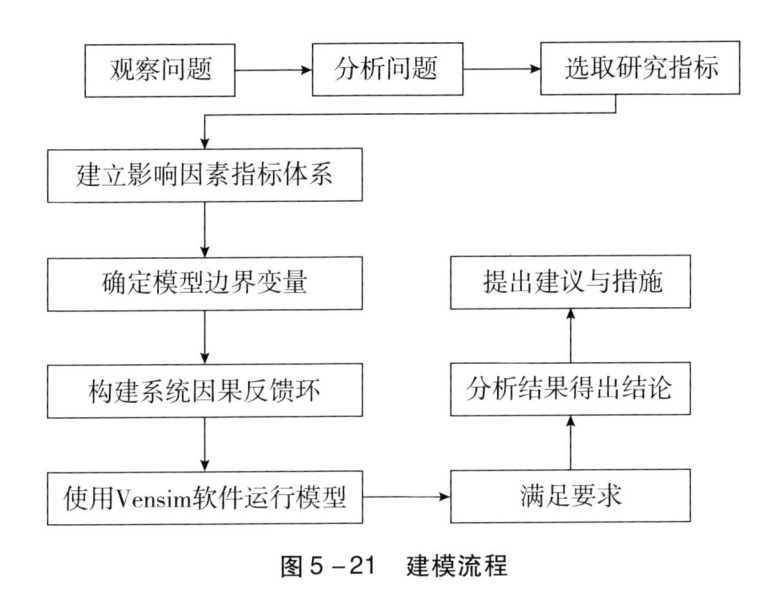

图 5-21 建模流程

(5) 系统动力学应用可行性。

采用系统动力学的方法来识别供应链脆弱性，这是一种解决供应链问题的有效方法，已经有多个领域的学者进行了相关的研究并取得了进展。例如，蒋娜通过系统仿真分析了外包供应链的牛鞭效应及其影响因素；徐磊等（2019）根据不同需求情况建立了三级供应链突发事件的系统动力学模型。

①符合系统论的结构基础。

企业供应链是一个由零部件供应商、供应链解决方案、原始设备生产商、企业代理经销商等多个子系统所构成的紧密联系的有机整体。供应链系统理论所具有的普遍意义，为系统动力学模型提供了一个理论结构基础。

②符合系统动力学模型的运行模式。

供应链系统是功能、结构的有机结合，以系统观来统筹规划，协同各参与者的行为和利益。即使供应链各环节存在效益背反现象，供应链管理仍以实现供应链整体绩效最优为目标。

③四大特征符合系统动力学。

首先，在供应链中，各要素之间存在着一种复杂的交互关系，这与系统动力学对复杂问题的研究相一致；其次，在供应链中，变量之间存在非线性关系，系统动力学的方法可以解决非线性问题；再次，由于供应链系统内部和外部环境的影响，其状态是在不停地发生着变化的，这与系统的动态特性相一致；最后，供应链各子系统之间形成了一个反馈环，这与系统动态中对因果关系的处理相一致，供应链上的需求滞后现象也反映出了各子系统间的滞后问题。

二、供应链网络构建与弹性设计

供应链网络构建是指对供应链中产品、信息等的流动结构进行科学合理的规划、设计、建设，包括节点布局、运输线路设计、容量配置等，如图 5-22 所示。

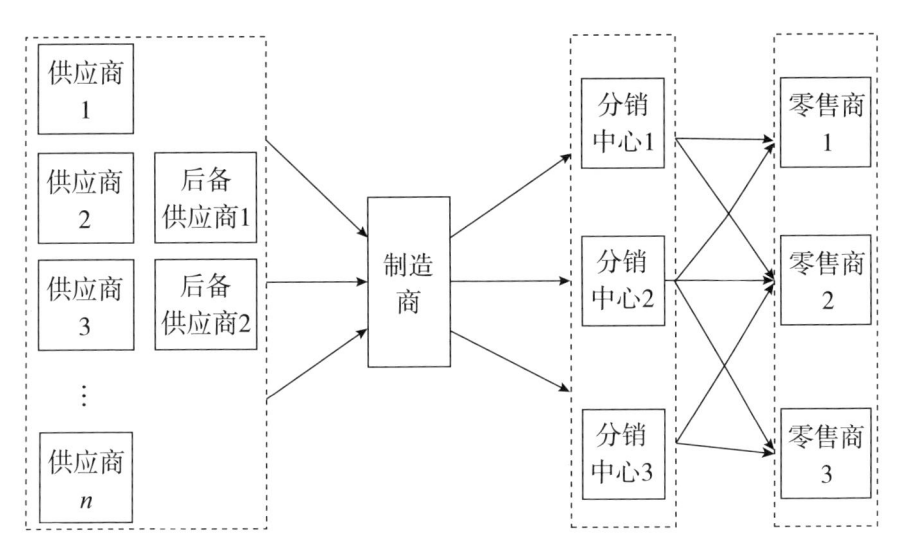

图 5-22 供应链网络构建

宝洁公司（P&G）也通过对其物流网络进行再设计而使得供应链成本降低。1993 年宝洁公司开始重新设计其供应链，成立了两个独立的工作小组，一个小组沿着产品线组建而成，负责分析制造形势，另一个小组负责分析配送中心（DC）的位置并为 DC 分配客户设计方案。宝洁公司的工程师与辛辛那提大学的教授们一起开发了一个进行选址决策的支持系统。为了分析 DC 的位置及客户配送归属划分，他们运用了一系列数学解决方案，并同 GIS 组合在一起，以实现数据和方案的可视化，检查数据库中不易觉察的问题。据宝洁内部估计，当时对北美制造和配送系统的重新设计每年为宝洁公司节省了 2.5 亿美元。

1. 供应链网络设计内容

供应链网络设计主要包括物流网络设计、信息网络设计、关系网络设计(即供应链组织结构设计)三个基本方面。在供应链网络设计中,弹性供应链的理念也应融入物流、信息、关系网络设计的各个方面,以提高供应链的应变能力和灵活性。

(1)物流网络设计。

物流网络设计是供应链网络设计的基础,也是最为重要的内容,是实现货物快速、高效时空转移的前提。物流网络设计主要包括物流节点设计(包括节点数量的确定、位置的选择、容量的规划、服务市场分配等)和物流线路的设计(主要包括运输网络类型的确定、运输方式的选择、运输线路的优化等)。

(2)信息网络设计。

信息网络是弹性供应链的关键支撑。它应确保实时数据采集、共享和分析,以加快决策响应速度。现代企业与传统企业的一个重要区别就是信息技术的广泛应用,这已经成为供应链成员之间进行沟通和协调的基本手段,是供应链网络有效运行的重要保障。供应链信息网络的设计主要包括网络技术的选择、设施设备的配置、不同成员企业间沟通协议的确定等内容。

(3)关系网络设计。

关系网络设计的核心是增强供应链各成员之间的协调与合作,为弹性供应链的建设提供基础。关系网络设计即供应链组织网络设计,也即供应链整个结构中上下游企业间相互协调的机制与制度、相互间关系的管理、不同企业在供应链中的角色确定等,以及企业(尤其是核心企业)在供应链环境下进行的组织结构设计等。

2. 供应链网络设计模型

供应链网络设计模型通常包括混合整数规划函数、多目标规划函数、两阶段法等；Hatefi 等（2015）采用该理论提出了模糊可能性规划模型，解决了考虑中断风险和参数不确定的正反向物流网络设计问题。该模型将诸如成本、需求、设施能力、退货等不精确的参数模拟为三角模糊变量。Salehi Sadghia 等（2015）在对零售商供应链网络设计问题进行研究时，同时考虑了中断风险和市场风险，提出了基于情景的可能性鲁棒模型，该模型的输入参数均为模糊数。Torabi 等（2015）研究了考虑中断风险和市场风险的供应商选择和订单分配问题，提出了双目标混合可能性两阶段随机规划模型，将需求、成本、价格和次品率假设为三角模糊数。随后，Torabi 等（2016）针对闭环供应链网络设计问题提出了混合整数可能线性规划模型。该模型考虑了各种成本、需求、退货率、次品率和可用容量的不确定性，并将这些不确定参数量化为三角模糊数。此外，Mari 等（2016）针对解决服装行业正反向供应链网络设计问题，提出了可能性模糊多目标规划模型，采用同样的方法考虑了需求、成本、退货率、容量和中断可能性的不确定性。Ghomi – Avili 等（2018）研究了考虑中断风险的闭环供应链设计问题，提出了模糊双目标双层模型，在最大化总利润和最小化碳排放量的情况下对供应链的设施节点和最优分配进行决策。闭环供应链网络结构如图 5 – 23 所示。该模型认为客户需求是关于价格的函数，并将函数中的价格系数假设为模糊数。Sabouhi 等（2018）针对供应商选择问题，首先采用模糊数据包络分析方法评价可供选择的供应商绩效，然后结合这个评价结果构建了两阶段的可能性规划模型。在这个模型中，供应商评价绩效的输入和输出参数以及供应商的容量损失被认为是不确定的，并且采用必然性测度来处理这些不确定参数。Mari 等（2019）针对模糊环境下的服装行业的供应商选择和订单分配问题，提出了模糊多目标规划模型，将不确定的参数假设为具有线性隶属函数的模糊数。

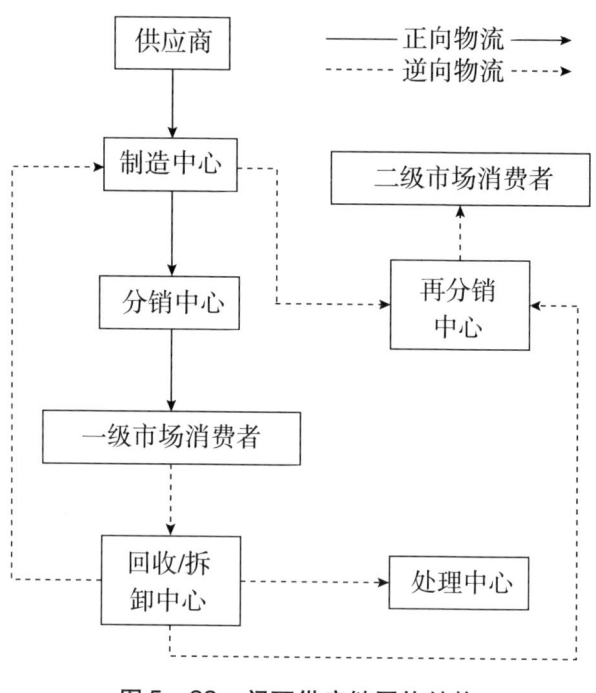

图 5-23　闭环供应链网络结构

混合规划方法以外，还有学者结合多种规划方法，解决了多种参数不确定性下的弹性供应链网络问题。Jabbar Zadeh 等（2016）针对两阶供应链网络设计问题，首先提出了确定的随机模型，随后考虑需求、中断概率和中断后的可用容量的不确定性，采用鲁棒优化方法，将模型拓展为混合鲁棒-随机优化模型，该模型假设不确定参数为从给定区间取值的随机变量。Khalili 等（2017）研究了两阶生产分配网络设计问题，并提出了两阶段混合随机可能性规划模型，模型将成本、需求和可用容量假设为三角模糊数，同时将中断风险表示为随机情景，其对供应链的影响表示为情景相关参数。为了确保中断后的连续生产和分配，学者引入了备用库存、紧急库存和额外的生产能力的策略。此外该模型采用条件风险值（CVaR）来衡量决策者的风险态度。Mohammaddust 等（2017）考虑中断和市场风险的四阶（供应商、制造商、配送中心和零售商）供应链网络设计问题，首先构建了一个最大化利润的单目标规划模型。该模型采用紧急库存、额外生产能力和替代供应商或设施来提高供应链的弹性。此外，学者考虑了客户需求的不确定性，将其假设为随机变量。随后，基于该模型，学者考虑了不确定的运输时间和装卸时间，基于鲁棒优化方法，提出了一个最小化响应时间和需求满足率的双目标模型。Samani 等（2020）研究了不确定环境下的血液供应链网络设计问题，并用模糊随机方法解决了参数的不确定性。Ahranjani 等（2020）解决了考虑中断和市场风险的生物乙醇弹性供应链网络设计问题，提出了混合整数线性规划模型。为了解决市场波动、恶劣的天气条件和生产环境等因素导致的缺乏足够数据和参数，如价格、成本和产量等的认知不确定性，该研究结合随机、可能性和鲁棒优化方法提出了多种混合规划模型。Haeri 等（2020）针对不确定性下的血液供应链网络设计问题，提出了多目标综合弹性效率模型，在最大化弹性、效率和最小化总成本的情况下，对设施位置和最优网络分配进行分配。在该研究中，学者结合随机和鲁棒优化方法处理参数不确定性。

三、弹性供应链建模

1. 基于系统动力学的弹性供应链网络

在系统动力学模型（System Dynamics，SD）中包含了五种变量，分别是状态变量、速率变量、外生变量、流量变量和辅助变量。状态变量指的是描述系统状态的变量。它反映系统在某一时刻的特征和条件。状态变量随时间的变化描绘了系统的动态行为。其离散方程表示为：

$$X(M) = X(N) + T \times (F_{in}(NM) - F_{out}(NM)) \quad (5.16)$$

式中：X 表示状态变量；F_{in} 表示输入速率；F_{out} 表示输出速率（变化率）；T 表示时间间隔（从 N 时刻到 M 时刻）。积分方程表示为：

$$S(t) = S(t_0) + \int_{t_0}^{t} r\mathrm{d}t = S(t_0) + \int_{t_0}^{t} [F_{in}S(t_0) - F_{out}S(t_0)]\mathrm{d}t \quad (5.17)$$

流量变量表示一定时期内某种经济变量变动的数值。辅助变量是描述过程中状态变量和速率变量之间信息传递和转换过程的中间变量。其方程表示为：

$$r = g[S(t), a(t), c]$$
$$a(t) = f[L(t), a^*(t), e(t), c] \quad (5.18)$$

式中：r 表示积累量变化速率；$S(t)$ 表示 t 时刻的积累变量值；$a(t)$ 表示 t 时刻的辅助变量；$e(t)$ 表示 t 时刻的外生变量值；c 表示一个常数；$a^*(t)$ 表示其他辅助变量。

（1）问题描述及模型参数。

我国某产品的进口具有两个显著特征：其一，进口量巨大，约占全球产品出口总量的四分之一；其二，进口结构较为单一。就进口量而言，我国每年该产品进口量稳定在 2000 万件左右。就进口结构而言，我国该产品主要来源于美国、日本和德国，这三个国家的出口量占据了我国该产品绝大部分的进口量。这使我国该产品的进口市场集中，渠道过于单一，易受国际市场波动影响。我国进口量大的产品主要依靠海运，因此该进口的产品先流入长江流域和沿海等地区，经过工厂加工之后流入市场。根据调查表明，各大港口和沿海发达地区此进口产品的加工量已经占全部加工量的70%~85%。分析这种产品的发货国家以及进入国内和地区，可以得出一个基本的产品供应链进口模型，如图5-24所示。

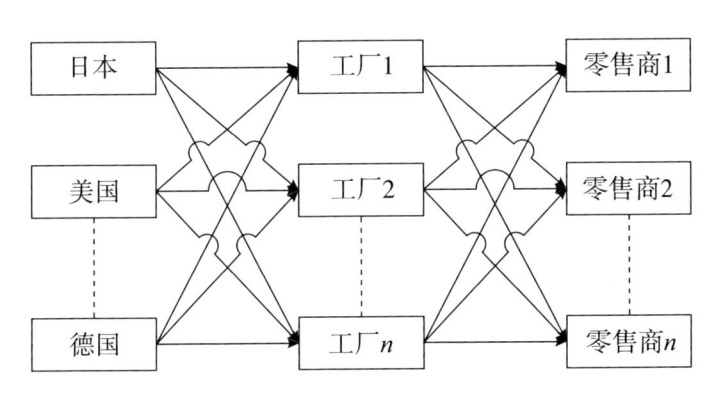

图5-24　产品供应链进口模型

在该模型中选取三个原料供应商，选取国内的三个加工制造商，建立了一个多源二级供应链系统。当其中一个供应商的供应发生中断时，加工制造商在没有其他供应商选择的时候，会增加另外两个原料供应商的采购数量来补充市场的需求。但是在紧急情况下加大订单的采购量，这两个原料供应商会收取比原来更高的采购价格。此外，市场需求的变化也会经常发生并且影响着供应链的运行。因此，建立一个多源二级供应链的系统动力学模型，不仅考虑到供应中断问题，而且还兼顾了市场需求的波动。通过对该模型进行仿真实验，并且通过分析实验中当供应商发生中断时，该模型供应链系统利润的变化、库存量变化来反映优化的结果。

（2）确定模型边界。

在供应链中包括了多种"流"的方向问题。其中的商流与增值流关系到所有权归属和社会的实体流动方向都太过于复杂，考虑问题过多，在系统动力学中不适合用来建立模型，所以忽略两者的存在。在整个供应链中加工制造厂的原料采购计划和加工生产计划由各个成员的订单量来确定。在模型中物流是主要优先考虑的问题，主要体现在采购、加工和销售这一系列流程中实物的流动。物流也取决于供应链的市场需求变化和订货信息的变化，因此在模型中也包括了信息流，用供应链的总订单完成率的变化来作为衡量指标。资金流是重要的指标，在供应链中用来衡量经营绩效。本节采用了供应链产生的总利润变化来进行衡量，其中考虑到相关成本和销售价格。

本节的多源二级供应链系统是由一个加工制造商和多个原料供应商组成，加工制造商是原料供应商的下游，原料供应商是加工制造商的上游。当多源二级供应链系统的中断发生在不同供应商处的时候，系统动力学模型的大概边界如图 5-25 所示。

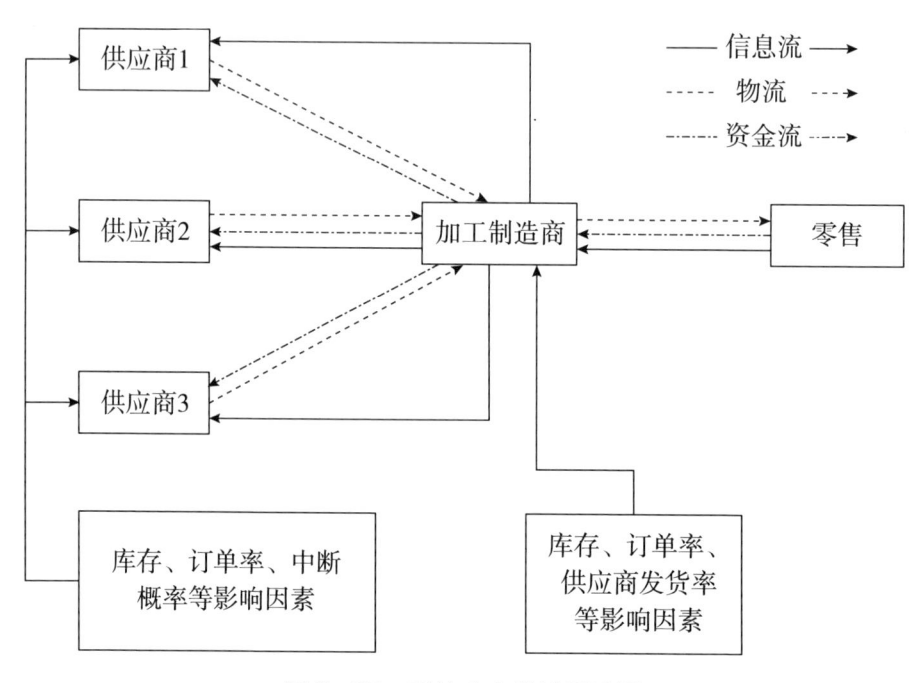

图 5-25 系统动力学模型边界

(3) 因果关系及系统动力学流程。

鉴于供应链系统的特点和中断风险的问题,我们可以得出该系统的复杂性和非线性。为了全面综合各要素之间的关系,建立了该系统的因果关系图并进行分析,如图5-26所示。制造商主要根据市场需求预测和期望库存来调节库存,再根据加工制造商的发货量和仓库的现有库存量来确定库存差额,然后根据库存调节反应时间、库存差额及订单率需求生成的订单发给原料供应商。加工制造商的利润是销售总额减去总成本,假设所有涉及的成本价格和时间都是常量,订货量、制造商发货量、需求订单累计则是状态变量。

系统中有三个反馈回路,这三个反馈回路类似,都是从库存到订单的反馈回路。在每个循环中市场的需求变化和库存调节都起着决定订单生产率变化的作用。所以订单生产率的大小直接受市场需求的变化影响,后一期的订单量变化会被库存量大小直接影响。在订单生产率形成之后,就会产生订单累计。订单完成率也会受到订单的处理周期和订单的累计量的影响而发生变化。在订单结束之后,各个原料供应商将会收到订货量分配计划。原料供应商会合理调整自己的库存并且按量配发货物。产品制造完成后,发往加工制造商,该制造商会根据自身库存情况合理调配货物,同时进行库存调节,以便顺利进入下一轮循环。

影响供应链系统波动性的因素有很多,比如采购价格、应急资金、销售价格和缺货惩罚成本的变化等,所以需要进行因果关系图分析,将模型中的因素转化为状态变量、流量变量和辅助变量,构建系统动力学流程,如图5-27所示。

图 5-26 因果关系

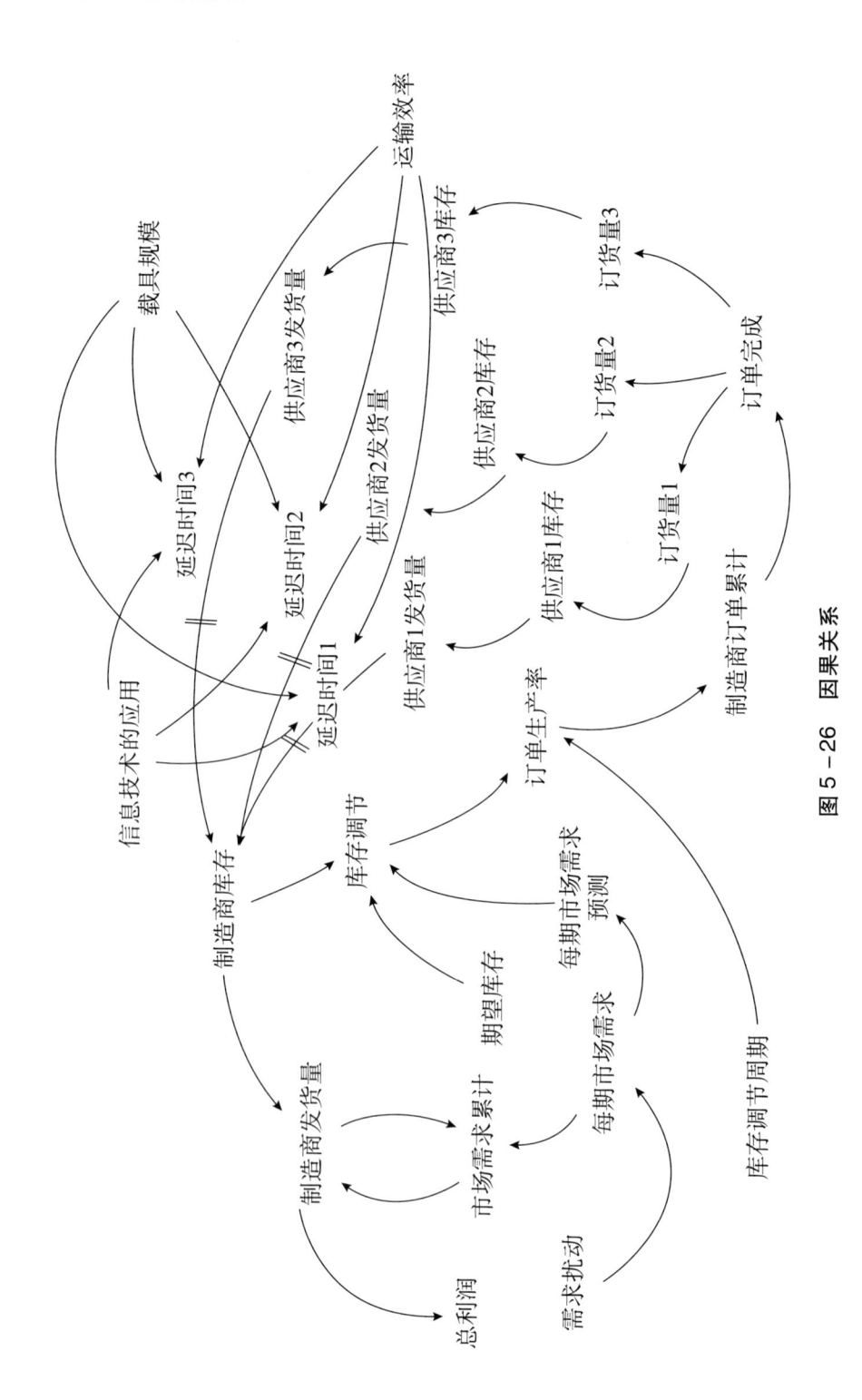

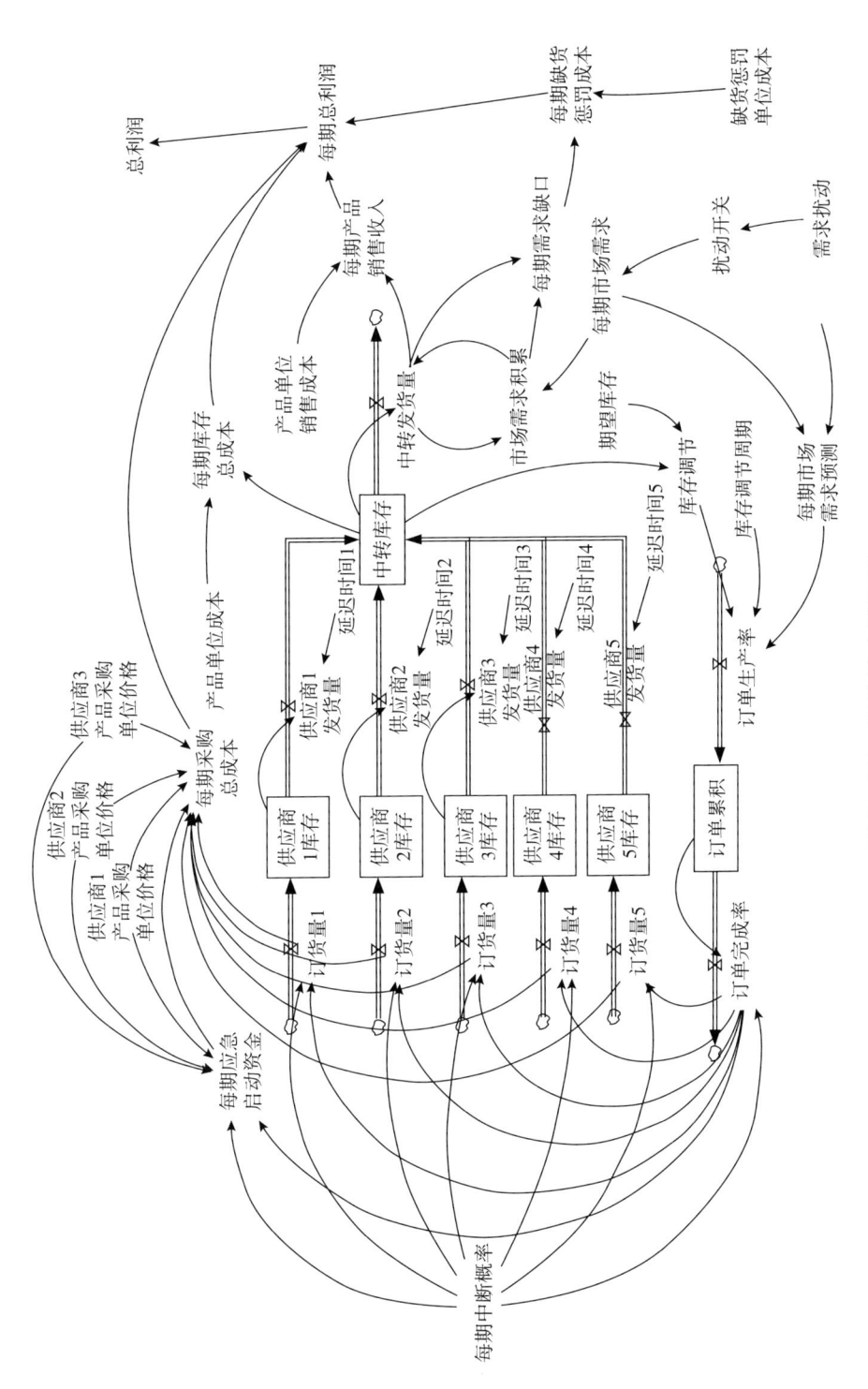

图 5-27 系统动力学流程

（4）模型假设。

为了减少不必要因素影响，对模型作以下假设。

①最初只有3个主要原材料供应商，先不考虑其他供应商的参与（后续仿真时再增加供应商数量）；

②中断概率服从均匀分布；

③市场需求的期望值服从正态分布；

④扰动概率服从均匀分布；

⑤假设3个原材料供应商的市场份额分别为45%、35%和20%；

⑥在供应链中只生产一种产品；

⑦中断发生可能是因为自然灾害、工人罢工、交通中断等因素导致物流不能到达下一级供应链企业；

⑧中断的时间是连续的整数，供应商可能会发生中断，某个供应商中断意味这个供应商合同停止；

⑨制造商有无限生产能力，不考虑生产限制；

⑩供应链总利润不考虑税收情况。

本模型主要用到3个原材料供应商，当原材料供应商1发生发货中断的时候，启动应急措施，加大对原材料供应商2和原材料供应商3的订单采购量。当原材料供应商2发生发货中断的时候，启动应急措施，加大对原材料供应商1和原材料供应商3的订单采购量。当原材料供应商3发生发货中断的时候，启动应急措施，加大对原材料供应商1和原材料供应商2的订单采购量。当一个供应商发生供货中断，在没有其他供应商加入的情况下，就会增加供应链系统中其他供应商的采购量。如果都是正常供应的情况，大家都能在合同规定时间内完成订单的生产，这个时候原材料供应商供应量与市场预测需求量一致。在这种情况下就要看加工制造商当期库存和市场需求量这两者的大小来确定本期的货物配发量。

在原材料供应商发生供货中断时,有一些供应商无法完成预订订单。这时这一期实际的订单总量减去发生中断导致的误差量就是供应商的供货量。在市场实际需求量小于加工制造商本期实际的供货量加上一期的库存量时,市场的实际需求发货量就是加工制造商的发货量。否则就按照本期的实际库存量配发货物。

(5) DYNAMO 语言建立模型。

该模型仿真模拟原材料供应商发生供货中断时的实时情况,对模型中的各个变量建立 DYNAMO 方程,可以更好地达到仿真实验目的。

2. 考虑失效情境的弹性供应链网络

实际运作过程中,供应链网络通常存在一个具有仓库储存功能的配送中心。该配送中心的建立,可将分散储存的产品聚集起来,以提高产品的装卸效率、增加物流周转的速度、便于统一管理,从而有效地降低了供应链网络中各个节点企业建立独立储存仓库的库存成本,进而实现了供应链网络整体运营成本的最小化目标。此次设计的配送中心分为两类,第一类为不会发生失效的配送中心,该类设施的固定建设成本较高,其中已包括设施维护费用在内;第二类为存在失效风险的配送中心,该类设施的各项成本相对较低。

模型中还分别针对供应商、配送中心、分销中心以及物流服务商失效后仍能维持的供应能力进行了研究,与传统研究中各节点受失效事件影响完全失去供应能力的观点不同。

(1) 模型假设。

①本模型为多产品设计,且产品为单向替代,替代产品不会发生

失效中断的情况。替代产品的数量可以在短期内迅速提升，从而满足供应中断的产品需求量。

②只有一个制造商，且不会发生失效。

③所设计的配送中心分为两类，第一类为具有较高的建立成本以及设施维护成本，不受失效情景影响；第二类为各项成本相对较低，存在失效风险。

④分销中心为流通型分销中心，仅以随进随出的方式进行配货和供货，不存在长期的产品库存。

⑤所有分销中心拥有一个共同的联合战略分销中心，其中的库存产品仅在常规分销中心发生失效的情况下才启用以补充供应不足的部分。

⑥在任意时刻每个零售商均只从一个分销中心处进货，只有在分销中心失效的条件下，才能从联合战略分销中心进货。

⑦供应链网络下游发生失效时，至少有一个分销中心失效。

⑧各失效情境的发生相互独立。

（2）模型参数及其含义（见表5-3）。

表5-3　　　　　　　　模型参数及其含义

参数	含义
I	供应商集合
R	后备供应商集合
M	制造商集合
Q	配送中心集合
T	物流服务商集合（运输方式）
J	分销中心集合

续表

参数	含义
K	零售商集合
W	原材料集合
L	产品集合
B	失效场景集合
Y_i	0-1变量，是否选择供应商 i 进行原材料供应
YE_r	0-1变量，是否选择后备供应商 r 进行原材料供应
O_j	0-1变量，是否在 j 处建立分销中心
Y_i^w	0-1变量，是否选择供应商 i 供应原材料 w
YE_r^w	0-1变量，是否选择后备供应商 r 供应原材料 w
YE_{it}	0-1变量，是否为供应商 i 选择第 t 种运输方式
Q_q	0-1变量，是否在 q 处建立配送中心
O_j^l	0-1变量，是否选择分销中心 j 对产品 l 进行供应
YH_{qj}	0-1变量，是否为配送中心 q 服务分销中心 j
M_{jk}	0-1变量，是否为分销中心 j 服务零售商 k
F_{jtk}	0-1变量，是否为分销中心 j 通过运输方式 t 服务零售商 k
QS_{itm}^w	供应商 i 采用第 t 种运输方式为制造商 m 供给原材料 w 的数量
QSP_{itm}^w	发生失效时，供应商 i 采用第 t 种运输方式为制造商 m 供给原材料 w 的数量
QSR_{rtm}^w	发生失效时，后备供应商 r 采用第 t 种运输方式为制造商 m 供给原材料 w 的数量
L_{qm}^l	制造商 m 向配送中心 q 供应产品 l 的数量
DM_{jq}^l	配送中心 q 向分销中心 j 供应产品 l 的数量
QD_{jtk}^l	分销中心 j 采用第 t 种运输方式为零售商 k 供给产品 l 的数量
QDP_{jtk}^{bl}	失效情境 b 下，分销中心 j 采用第 t 种运输方式为零售商 k 供给产品 l 的数量
QDR_{tk}^{bl}	失效情境 b 下，联合战略分销中心采用第 t 种运输方式为零售商 k 供给产品 l 的数量

续表

参数	含义
g_b^l	失效情境 b 下，联合战略分销中心持有产品 l 的库存量
f_i	建立供应商 i 的固定成本（包括渠道建立成本、订货成本、交易成本等固定成本之和）
f_r^*	建立后备供应商 r 的固定成本（包括渠道建立成本、订货成本、交易成本等固定成本之和）
cs_{im}^w	制造商 m 从供应商 i 处获得单位原材料 w 的需求成本（包括原材料的单位生产成本、单位可变订货成本和可变交易成本等）
cs_{rm}^w	制造商 m 从后备供应商 r 处获得单位原材料 w 的需求成本（包括替代原材料的单位生产成本、单位可变订货成本和可变交易成本等）
hs_{itm}^w	供应商 i 选择第 t 种运输方式运输单位原材料 w 的运输成本
hs_{rtm}^w	后备供应商 r 选择第 t 种运输方式运输单位原材料 w 的运输成本
P_i	供应商 i 发生失效的概率
PS_{it}	供应商 i 选择第 t 种运输方式时发生失效的概率
mn_{im}^w	供应商 i 向制造商 m 供应原材料 w 的最小供应量
lm_i	供应商 i 的原材料供应能力上限
lm_r	后备供应商 r 的原材料供应能力上限
β_w	供应量比例参数，$\beta_w \in (0,1)$，单个供应商对原材料 w 的供应量不超过总供应量的 β_w 倍
cpt_m^l	制造商 m 生产单位产品 l 的加工成本
fm_q	开设配送中心 q 的固定成本
lm_q	配送中心 q 的产品配送能力
e_q^l	配送中心 q 对单位产品 l 的综合管理成本（包括产品的购买成本、装卸成本、运输成本以及库存保管成本等）
PW_q	配送中心 q 的失效概率
fw_j	开设分销中心 j 的固定成本

续表

参数	含义
LW_j	分销中心 j 的最大处理能力
cp_{jtk}^l	分销中心 j 选择第 t 种运输方式运输单位产品 l 的运输成本
cpx_l	联合战略分销中心运输单位产品 l 的运输成本
bx_l	联合战略分销中心存储单位产品 l 的库存持有成本
cm_{jq}^l	分销中心 j 从配送中心 q 处获得单位产品 l 的需求成本（包括购买成本、运输成本、管理成本等）
vx_q^l	联合战略分销中心从配送中心 q 处获得单位产品 l 的需求成本
cn_{jk}^l	零售商 k 从分销中心 j 处获得单位产品 l 的需求成本（包括购买成本、管理成本等）
μ_k^l	零售商 k 从联合战略分销中心获得单位产品 l 的需求成本
P_b	失效情境 b 发生的概率
P_j^b	失效情境 b 影响分销中心 j 供应能力的概率
P_j	分销中心 j 发生失效的概率，$P_j = \sum_{b \in B} P_b P_j^b$
π_{jt}^b	失效情境 b 下，分销中心 j 选择第 t 种运输方式失效的概率
θ'	系统允许选择供应商的数量上限
θ''	系统允许建立配送中心的数量上限
θ'''	系统允许建立分销中心的数量上限
η	原材料转换系数，即加工一单位产品对应的原材料的需求量
λ_i	发生失效时，供应商 i 的供应能力系数，$\lambda_i \in [0, 1)$，表示发生失效风险时，供应商 i 仍能维持原有供应量 λ_i 倍的供应能力
λ_{it}	发生失效时，供应商 i 所选取的物流服务商 t 的运输能力系数，$\lambda_{it} \in [0, 1)$，表示发生失效风险时，供应商 i 选取的物流服务商 t 仍能维持原有供应量 λ_{it} 倍的运输能力
λ_q	发生失效时，配送中心 q 的供应能力系数，$\lambda_q \in [0, 1)$，表示发生失效风险时，配送中心 q 仍能维持原有供应量 λ_q 倍的供应能力

续表

参数	含义
λ_j^b	失效情境 b 下，分销中心 j 供应能力系数，$\lambda_j^b \in [0,1)$，表示失效情境 b 发生时，分销中心 j 仍能维持原有供应量 λ_j^b 倍的供应能力
λ_{jt}^b	失效情境 b 下，分销中心 j 选取物流服务商 t 的供应能力系数，$\lambda_{jt}^b \in [0,1)$，表示失效情境 b 发生时，分销中心 j 仍能维持原有供应量 λ_{jt}^b 倍的供应能力
TC^*	供应链网络的最大容忍失效成本
OPS'	供应网络的最低容忍可靠性
OPW'	分销网络的最低容忍可靠性
OPM'	运输网络的最低容忍可靠性
MAX	大数

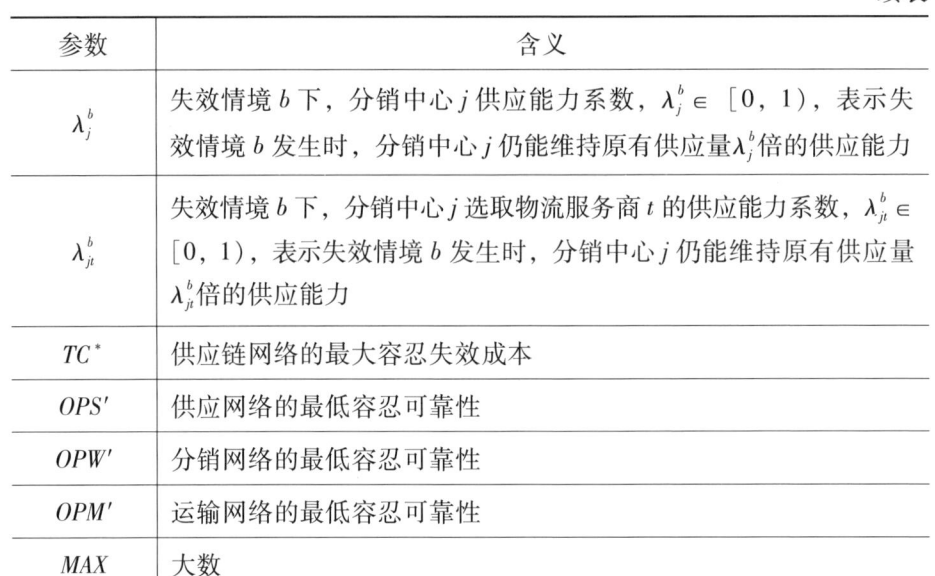

（3）模型构建。

常规运作成本是指供应链网络在未受到失效事件干扰的情况下，网络内部产生的各项成本的总和。以下目标函数是系统的常规运作总成本。

$$\min TC = \sum_{i \in I} f_i \cdot Y_i + \sum_{i \in I} \sum_{t \in T} \sum_{m \in M} \sum_{w \in W} (hs_{itm}^w + cs_{itm}^w) \cdot QS_{itm}^w + \\ \sum_{q \in Q} \sum_{l \in L} \sum_{m \in M} cpt_m^l L_{qm}^l + \sum_{q \in Q} O_q \cdot fm_q + \sum_{q \in Q} \sum_{l \in L} \sum_{m \in M} e_q^l \cdot L_{qm}^l + \\ \sum_{j \in J} fw_j \cdot O_j + \sum_{j \in J} \sum_{q \in Q} \sum_{l \in L} cm_{jq}^l \cdot DM_{jq}^l + \\ \sum_{j \in J} \sum_{k \in K} \sum_{t \in T} \sum_{l \in L} cn_{jtk}^l \cdot QD_{jtk}^l + \sum_{j \in J} \sum_{k \in K} \sum_{t \in T} \sum_{l \in L} cp_{jtk}^l \cdot QD_{jtk}^l$$

(5.19)

上式第一项表示建立供应商的固定成本，第二项表示原材料从供应商到制造商的运输成本以及制造商对供应商的原材料需求成本，第三项表示制造商的加工成本，第四项表示建立配送中心的固定成本，第五项表示配送中心对产品的综合管理成本,第六项表示建立分销中心的固定成本,第七项和第八项分别表示分销中心与零售商的产品需求成本,第九项表示产品从分销中心到零售商的运输成本。期望失效成本是指供应链网络发生失效后,系统总体的期望运营成本。以下目标函数是系统的期望失效总成本,模型的设计是在达到各约束条件的情况下,最小化供应链系统的期望失效总成本。以下为目标函数的各项成本说明。

建立供应商的固定成本、供应商的产品运输成本、制造商对供应商的产品需求成本:

$$\sum_{i \in I} f_i \cdot Y_i + \sum_{i \in I} \sum_{t \in T} \sum_{m \in M} \sum_{w \in W} (hs_{itm}^w + cs_{itm}^w) \cdot QSP_{itm}^w \qquad (5.20)$$

后备供应商固定渠道建立成本、产品运输成本、制造商对后备供应商的产品需求成本:

$$\sum_{q \in Q} \sum_{l \in L} \sum_{m \in M} cpt_m^l L_{qm}^l \qquad (5.21)$$

配送中心的固定建立成本以及产品的综合管理成本:

$$\sum_{q \in Q} \sum_{l \in L} (O_q \cdot fm_q + e_q^l \cdot L_{qm}^l \cdot PW_q \cdot \lambda_q) \qquad (5.22)$$

分销中心的固定建立成本以及对配送中心的产品需求成本:

$$\sum_{j \in J} fw_j \cdot O_j + \sum_{j \in J} \sum_{q \in Q} cm_{jq} \cdot DM_{jq} \qquad (5.23)$$

零售商从分销中心与联合战略分销中心获得产品的需求成本:

$$\sum_{j \in J} \sum_{k \in K} \sum_{t \in T} \sum_{l \in L} \sum_{b \in B} (cn_{jk}^l \cdot QDP_{jtk}^{bl} + \mu_k^l \cdot QDR_{tk}^{bl}) \qquad (5.24)$$

分销中心与联合战略分销中心将产品运输到零售商处的运输成本:

$$\sum_{j \in J} \sum_{k \in K} \sum_{t \in T} \sum_{l \in L} \sum_{b \in B} cn_{jtk}^l \cdot QDP_{jtk}^{bl} + \sum_{k \in K} \sum_{t \in T} \sum_{l \in L} \sum_{b \in B} cpx_l \cdot QDR_{tk}^{bl} \qquad (5.25)$$

联合战略分销中心的库存成本：

$$bx_l \cdot g_b^l \tag{5.26}$$

则供应链网络期望失效运营总成本最小化为：

$$\begin{aligned}
\min TS = & \sum_{i \in I} f_i \cdot Y_i + \sum_{i \in I} \sum_{t \in T} \sum_{m \in M} \sum_{w \in W} (hs_{itm}^w + cs_{itm}^w) \cdot QSP_{itm}^w + \\
& \sum_{q \in Q} \sum_{l \in L} \sum_{m \in M} cpt_m^l L_{qm}^l + \sum_{r \in R} \sum_{w \in W} \sum_{m \in M} \sum_{t \in T} [f_r^* \cdot YE_r + \\
& (hs_{rtm}^w + cs_{rtm}^w) \cdot QSR_{rtm}^w] + \sum_{t \in T} \sum_{k \in K} \sum_{l \in L} \sum_{b \in B} cpx_l \cdot QDR_{TK}^{bl} + \\
& \sum_{q \in Q} \sum_{l \in L} (O_q \cdot fm_q + e_q^l \cdot L_{qn}^l \cdot PW_q \cdot \lambda_q) + \sum_{j \in J} \sum_{l \in L} fw_j \cdot \\
& O_j + \sum_{j \in J} \sum_{q \in Q} \sum_{l \in L} cm_{jq}' \cdot DM_{jq}' + \sum_{j \in J} \sum_{t \in T} \sum_{k \in K} \sum_{l \in L} \sum_{b \in B} cp_{jtk}' \cdot \\
& QDP_{jtk}^{bl} \cdot F_{jtk} + bx_l \cdot g_b' \tag{5.27}
\end{aligned}$$

其中，当供应商的原材料供应发生失效时，既可能是由于供应商本身的失效造成的，也可能是所选用的物流服务商的失效造成的，还存在两者同时发生失效的情况。因此，失效情境下，供应商 i 采用第 t 种运输方式为制造商 m 供给原材料 w 的数量 QSR_{itm}^w 与后备供应商 r 为制造商供给原材料 w 的数量 QSR_{rtm}^w 的表达式分别为式（5.28）与式（5.29）所示：

$$\begin{aligned}
QSR_{itm}^w = & [P_i \cdot (1 - PS_{it}) \cdot \lambda_l + (1 - P_i) \cdot PS_{it} \cdot \lambda_{it} + \\
& P_i \cdot PS_{it} \cdot \lambda_l \cdot \lambda_{it}] \cdot QS_{itm}^w \tag{5.28}
\end{aligned}$$

$$\begin{aligned}
QSR_{rtm}^w = & QS_{itm}^w - [P_i \cdot (1 - PS_{it}) \cdot \lambda_l + (1 - P_i) \cdot PS_{it} \cdot \\
& \lambda_{it} + P_i \cdot PS_{it} \cdot \lambda_l \cdot \lambda_{it}] \cdot QS_{itm}^w \tag{5.29}
\end{aligned}$$

同理，当分销中心的产品供应发生失效时，也存在三种失效情形。故失效情境 b 下，分销中心 j 采用第 t 种运输方式为零售商 k 供给产品 l 的数量 QDP_{jtk}^{bl} 与联合战略分销中心为零售商 k 供给产品的数量的表达式分别为式（5.30）与式（5.31）所示：

$$QDP_{jtk}^{bl} = [P_i \cdot (1 - \pi_{jt}^b) \cdot \lambda_j^b + (1 - P_j) \cdot \pi_{jt}^b \cdot \lambda_{jt}^b +$$
$$P_i \cdot \pi_{jt}^b \cdot \lambda_j^b \cdot \lambda_{jt}^b] \cdot QD'_{jtk} \quad (5.30)$$

$$QDR_{tk}^{bl} = QD_{jtk}^l - [P_i \cdot (1 - \pi_{jt}^b) \cdot \lambda_j^b + (1 - P_j) \cdot \pi_{jt}^b \cdot \lambda_{jt}^b +$$
$$P_i \cdot \pi_{jt}^b \cdot \lambda_j^b \cdot \lambda_{jt}^b] \cdot QD'_{jtk} \quad (5.31)$$

以下是本模型中的约束条件。

供应商 i 的供应能力约束，即供应商的供应量要小于其供应能力上限：

$$\sum_{t \in T} \sum_{m \in M} QS_{itm}^w \leq \sum lm_i^w, \forall i \in I, \forall w \in W \quad (5.32)$$

只有当供应商 i 被选择时，才存在供应量：

$$QS_{itm}^w \leq MAX \cdot Y_i^w, \forall i \in I, \forall w \in W, \forall t \in T, \forall m \in M \quad (5.33)$$

式 5.64 表示多源供应，即单个供应商对于原材料 w 的供应量不能超过制造商总需求量的 β_w 倍：

$$\sum_{t \in T} \sum_{m \in M} QS_{itm}^w \leq \sum_{q \in Q} \sum_{m \in M} \sum_{l \in L} \beta_w \cdot L_{qm}^l \cdot \eta, \forall i \in I, \forall w \in W \quad (5.34)$$

后备供应商的最大供应能力限制：

$$\sum_{t \in T} \sum_{m \in M} QSR_{itm}^w \leq \sum lm_r^w, \forall r \in R, \forall w \in W \quad (5.35)$$

只有后备供应商被选择时，才存在供应量：

$$QSR_{itm}^w \leq MAX \cdot YE_r^w, \forall r \in R, \forall w \in W, \forall t \in T, \forall m \in M \quad (5.36)$$

只有物流服务商 t 被选择时，供应商 i 才能采用第 t 种运输方式进行供应：

$$QS_{itm}^w \leq MAX \cdot YE_{it}, \forall i \in I, \forall w \in W, \forall t \in T, \forall m \in M \quad (5.37)$$

若从常规供应商 i 处订货，那么至少会选择一种运输方式：

$$\sum_{t \in T} YF \geq Y_i^w, \forall i \in I \quad (5.38)$$

原材料与产成品之间的转换关系为 η：

$$\sum_{t \in T} \sum_{m \in M} \sum_{i \in I} \sum_{w \in W} QS_{itm}^w + \sum_{t \in T} \sum_{m \in M} \sum_{r \in R} \sum_{w \in W} QSR_{itm}^w = \sum_{q \in Q} \sum_{m \in M} \sum_{l \in L} \eta \cdot L_{qm}^l \quad (5.39)$$

配送中心只向与之建立关系的分销中心进行产品供应：

$$DM_{jq}^l \leq MAX \cdot YH_{qj}, \forall q \in Q, \forall l \in L, \forall j \in J \quad (5.40)$$

分销中心从配送中心处获得的产品流入量与其供应给零售商的流出量相均衡：

$$\sum_{q \in Q} \sum_{j \in J} \sum_{l \in L} DM_{jq}^l = \sum_{j \in J} \sum_{t \in T} \sum_{k \in K} \sum_{l \in L} QD_{jtk}^l \cdot F_{jtk} \quad (5.41)$$

任何一种失效情境下，联合战略分销中心的存储量至少等于所有分销中心的期望缺货量：

$$g_b^l \geq \sum_{k \in K} \sum_{t \in T} QDR_{tk}^{bl}, \forall b \in B, \forall l \in L \quad (5.42)$$

若没有建立分销中心则不选择任何运输方式：

$$\sum_{t \in T} \sum_{k \in K} F_{jtk} \leq MAX \cdot O_j^l, \forall j \in J, \forall l \in L \quad (5.43)$$

分销中心的处理能力不会大于其能力上限：

$$\sum_{j \in J} \sum_{t \in T} \sum_{k \in K} QD_{jtk}^l \leq LW_j, \forall j \in J \quad (5.44)$$

制造商只向被建立的配送中心供应产品：

$$L_{qm} \leq MAX \cdot O^l, \forall j \in J, \forall q \in Q \quad (5.45)$$

只能选定一个分销中心为零售商进行产品供应：

$$\sum_{j \in J} M_{jk} = 1, \forall k \in K \quad (5.46)$$

只有分销中心被选择，才能为零售商进行产品供应：

$$\sum_{t \in T} \sum_{k \in K} \sum_{l \in L} QD_{jtk}^l \leq MAX \cdot M_{jk}, \forall j \in J \quad (5.47)$$

供应链网络的期望失效总成本不应超过网络最大容忍失效成本：

$$TS \leqslant TC^* \tag{5.48}$$

供应网络的可靠性表示为：

$$OPS = \prod_{i \in I} \prod_{t \in T}(1 - PS_{it})^{YF_{it}} \cdot \prod_{i \in I}(1 - P_i)^{Y_i^a} \tag{5.49}$$

分销网络的可靠性表示为：

$$OPW = \prod_{j \in J}(1 - P_j)^{O_j} \prod_{j \in J} \prod_{t \in T} \prod_{k \in K}(1 - \pi_{jt})^{F_{jtk}} \tag{5.50}$$

运输网络的可靠性表示为：

$$OPM = \prod_{i \in I} \prod_{t \in T}(1 - PS_{it})^{YF_{it}} \prod_{j \in J} \prod_{t \in T} \prod_{k \in K}\left(1 - \sum_{b \in B} P_b \cdot \pi_{jt}^b\right)^{F_{jtk}} \tag{5.51}$$

供应网络的可靠性不小于分销网络最低容忍可靠性，因此有约束：

$$OPS \geqslant OPS' \tag{5.52}$$

分销网络的可靠性不小于分销网络最低容忍可靠性，因此有约束：

$$OPW \geqslant OPW' \tag{5.53}$$

运输网络的可靠性不小于运输网络最低容忍可靠性，因此有约束：

$$OPM \geqslant OPM' \tag{5.54}$$

被选中的供应商数量不能超过系统允许的上限数量：

$$\sum_{i \in I} Y_i + \sum_{r \in R} YE_r \leqslant \theta' \tag{5.55}$$

建立的配送中心数量不能超过系统允许的上限数量：

$$\sum_{q \in Q} O_q \leqslant \theta'' \tag{5.56}$$

建立的分销中心数量不能超过系统允许的上限数量：

$$\sum_{j \in J} O_q \leqslant \theta''' \tag{5.57}$$

决策变量的非负约束：

$$QS_{itm}^{w} \geq 0 \quad QSP_{itm}^{w} \geq 0 \quad QSR_{itm}^{w} \geq 0 \quad L_{qm}^{l} \geq 0$$

$$DM_{jq}^{l} \geq 0 \quad QD_{jtk}^{l} \geq 0 \quad QDP_{jtk}^{bl} \geq 0 \quad QDR_{tk}^{bl} \geq 0 \quad g_{b}^{l} \geq 0$$

$$(5.58)$$

决策变量的标准整数约束：

$$Y_i \in \{0,1\} \quad \forall i \in I \qquad Y_i^w \in \{0,1\} \quad \forall i \in I, \forall w \in W$$

$$O_j \in \{0,1\} \quad \forall j \in J \qquad O_j^l \in \{0,1\} \quad \forall j \in J, \forall l \in L$$

$$O_q \in \{0,1\} \quad \forall q \in Q \qquad YF_{it} \in \{0,1\} \quad \forall i \in I, \forall t \in T$$

$$YE_r \in \{0,1\} \quad \forall r \in R \qquad YE_r^w \in \{0,1\} \quad \forall r \in R, \forall w \in W$$

$$M_{jk} \in \{0,1\} \quad \forall j \in J, \forall k \in K \qquad YH_{qj} \in \{0,1\} \quad \forall q \in Q, \forall j \in J$$

$$F_{jtk} \in \{0,1\} \quad \forall j \in J, \forall t \in T, \forall k \in K \tag{5.59}$$

第六节　本章小结

本章是关于应急风险下的弹性供应链网络设计，首先进行了应急风险下的弹性供应链需求分析，通过分析现状提出当前存在的问题。其次对弹性供应链设计原则与总体构架进行了阐述，介绍了弹性供应链设计过程、设计架构。再次进行了应急风险下弹性供应链策略以及策略提升的研究，针对供应网络中的关键点、关键路径提出预防与补救策略。最后引出两种不同考虑情境下的弹性供应链网络，第一种是基于系统动力学的弹性供应链网络，第二种是考虑失效情境的弹性供应链网络。

案例分析

施耐德基于定制化供应链提升供应链运作效率

顺应智能制造浪潮，施耐德电气提出了"定制化供应链"的概念，基于客户差异化的购买行为，将供应链运营模式分为五种不同类型。为了化解这种定制化模式带来的供应链管理难度和复杂度，施耐德电气开始通过技术手段精细化企业内部的管理和服务，将订单、运费、客户、仓储、时效等数据进行建模，并模拟各种仿真场景，对整个物流运输网络进行优化，找到最佳的重心点位，最大限度地减少配送时间，确保客户满意度。按照客户不同的习惯偏好，存在 11 种不同的购买行为模式，如果简单地使用同一种供应链模式，会有部分客户的特定需求难以被满足。

所以，为了让不同类型的客户需求都得到最大化满足，公司对整个供应链模式进行了改造升级，从 11 种客户行为模式中，映射出五大类型的供应链模式：第一，标准的产品按照库存生产；第二，定制化产品按照订单生产；第三，部分产品按照选型来配置生产；第四，定制化产品从源头定制设计生产；第五，特殊情况下按全柔性模式生产。在这个过程中，对内针对五种不同类型的供应链设计了相应的流程；对外针对不同类型的客户，工厂也会遵循不同的供应链模式来进行产品生产和客户服务。

施耐德电气整个供应链网络体系非常庞大，全球有近 200 家工厂，接近 100 家物流中心。对于中国区而言，既有原材料的进出口，也包含了成品商品的出口，还有一些运输业务，因此受到疫情、自然灾害的影响也会更大。这就非常考验企业供应链的韧性。这种韧性体现出在当外界冲击来临时，供应链如何能够迅速地复原和反弹的能力，考验企业的"内功"。

第一，采购本地化。之前，公司更多关注的是在全球范围内的供应链资源配置最优化。但当危机发生时，这种高度全球化的供应链网络会受到很大冲击，它的脆弱性也会展现出来。为了有效解决这个问题，公司提出了短链协同的目标，加大了供应链本地化改造和优化的力度。其实早在2019年之前，公司上游物料的本地化采购比例就已经很高了，但是过去三年，外部的危机促使企业进一步加速物料的本地化，以确保在扰动因素发生时，依然能够就近拿得到料、供得上货，最大程度上保证了供应链的连续性。此外，对于一些会对业务产生重大影响的关键物料，公司也采取了备份方案，确保每一种物料至少有两家供应商，这也是一种韧性的表现。

第二，决策本地化。"决策"不仅指与供应链管理相关的一系列决策内容，包括工业战略布局、物流设计、精益体系、安全管理等方面，同时也包括了与供应链密切相关的其他职能部门的决策本地化，例如在产品规划和研发等方面，施耐德都实行了大刀阔斧的本地化改造，逐年加大在产品研发、技术认证、实验测试等方面的本地化管理力度，以更好地适应和满足本地市场的发展需求。

第三，生产本地化。施耐德电气在中国有将近30家生产工厂和物流中心，不断推动"China for China"的产品交付战略，确保了敏捷的客户交付和紧急响应能力。对于一些关键产品，公司也在不同工厂中部署了备份的产线，在最大程度上保障供应链交付安全。

第四，设备本地化。短链协同还会涉及一些关键设备，以前，这些关键设备大多是通过国外进口的，如今中国本地也有了设计和制造关键设备的能力，可以为本地化生产做好关键设备和产线方面的保驾护航。

完成整个供应链从固定到弹性的转型，有助于应对全球化背景下日益复杂的环境并支持多市场分类，促使企业对其端到端运营建立起准确的模型，对成本、服务、风险和持续性等多方面进行优化，在成本和客户满意度之间找到最优的平衡点，打造敏捷、快速响应、持续改进的供应链。

思考问题：当外界冲击来临时，制造企业如何能够迅速进行供应链弹性复原？

第六章 弹性供应链运作评价管理

第一节　企业运作管理基本概述

运作管理是针对企业在其将输入流（原材料、人力资本和能源等）转化为输出流（产品和服务）来满足客户需求这一过程中，所进行的各种决策以及制定的各种规则。运作管理的目标是以最低的成本最大化企业的价值，企业所选择的运作管理方式需要对企业的整体战略形成有效的支持。传统的运作管理侧重于企业内部管理，通过各种决策方法和技术手段提升企业的效率和效益。

随着企业间竞争与合作的增强，供应链管理已成为运作管理的一个主要研究领域。一条供应链一般由多个企业（组织）、人力、活动、信息和资源等构成，通过这些环节将产品或服务由供应端转移到客户端。供应链管理是指对供应商、制造商、分销商和客户组成的网络中的物流、信息流和资金流的管理：在满足服务水平需要的同时，以系统总成本最小的方式将正确数量的商品在正确的时间配送到正确的地点。

由于运作管理与供应链管理所涉及的范围比较广，近年来其研究方向呈现出交叉研究的特点，如与经济金融的结合、与市场营销的结合、与行为科学的结合等。在研究方法上也呈现出多样化的特点，除了传统的定量模型的研究方法外，也越来越多地采用实证研究（包括实验研究）方法，使研究成果能更具有实用价值。近几年，国际上在运作管理和供应链管理领域的研究热点主要集中在以下几方面。

（1）传统经典研究方向的深度理论创新与新方法借鉴。运作管理中的库存管理、生产计划与调度排程的研究，供应链管理中的优化与协调、物流管理与调度、风险机理的研究等方面仍不断涌现出新的成果。

（2）信息技术尤其是大数据和电子商务对运作管理和物流供应链管理影响的研究。大数据与智能技术驱动的运作管理与智能物流，大数据驱动的供应链优化与客户关系协调，基于市场与客户大数据的运营调度与优化，与新兴电子商务和商业模式匹配的运作/物流/供应链的调度优化，大数据支持的商业模式的运作管理决策，信息共享的供应链管理创新模式等方面的研究正受到广泛关注。

（3）与其他学科的借鉴与交叉研究。与经济学、金融学交叉的供应链金融，以及采用金融工具控制或对冲需求风险的研究，与营销科学交叉的渠道管理及供应商/客户关系管理、定价与收益管理研究，与行为科学交叉的行为运作管理、物流与供应链系统中不同利益主体行为的研究等方面已成为新的学科增长点。

（4）行业应用衍生出的新理论与新方法的研究。结合医疗运作管理与医疗物流/供应链的优化，突发与应急事件的调度优化与物流供应等方面的研究具有重要的价值。

在运作管理领域，我国学者有关生产计划调度、物流管理的优化、批量生产模式理论与方法的研究，显著提高了生产作业效率、降低了资源和能源消耗及作业成本。在行为运作管理方面，针对行为因素的发现、运营决策中的非理性行为及其原因分析、信息认知加工的非理性、不同决策群体之间行为的异质性以及相关的改善决策方法所开展的研究，取得了良好的成果。

在供应链管理领域，我国学者针对供应链中成员企业在分别追求自身利益最大化的过程中会导致供应链整体绩效降低的问题，设计出了不同商业情景下的协调契约（数量折扣、回购、收益共享、数量柔性、销售返利等），通过风险分担机制在实现自身利益最大化的过程中也使得供应链整体绩效达到最优。在一对多、多对一甚至多对多的供应链协调、资金流同物流和信息流相结合的供应链协调问题，以及供应链上下游成员之间长期关系的契约谈判等方面的研究，也都取得一些进展。针对供应链中纳入资源节约、环境保护、可持续发展理论和节能环保的国家战略所开展的研究也是成果丰硕，如在绿色产品研发与严格的环境标准对环境保护的影响关系、回收再制造生产优化决策、闭环供应链上下游的竞争与协调、逆向物流、动态定价等方面，将资源利用效率、污染物排放/交易等纳入供应链协调与优化理论中的研究等，都产生了重要的国际影响。

随着移动互联网的兴起，越来越多的学者开始研究大数据在运作管理和物流供应链管理中的应用，并已经取得了初步成果。我国的电子商务发展迅猛，一些企业如阿里巴巴、百度等已经走在了世界前列。但学界相应的理论研究则落后于实践，缺乏理论创新来指导、引领业界进一步的发展。在以大数据应用为代表的研究中，应注重学科的交叉融合（既包括工商管理学科内部各领域间的交叉，也包括与其他学科之间的交叉）。

第二节　供应链运作管理模式

传统的供应链运作模式可以分为三种形式：推式、拉式和激进式。对于推式生产，上游企业在对市场进行预测后制订其生产计划，然后下游企业以上游企业制订的生产计划为依据来制订自己的生产、销售或服务计划。在这种由上及下的推动模式下，上游企业在整个供应链的运作中起到了主导作用，通过自身的生产计划来协调各成员企业的活动。对于拉式供应链，下游销售商直接与客户进行交易，能够获取到精准的销售数据与需求信息，由此产生订单计划。供应链上游企业根据销售商的订单计划来制订其生产计划、采购计划和物流计划。此时，下游企业在供应链中起主导作用，通过需求信息协调成员企业之间的活动。而对于激进式风格的供应链，制造商通常是供应链的核心，供应商和销售商都按照制造商的生产计划来制订自己的计划。在这种模式下，制造商起主导作用，供应商和销售商依附于制造商的生产计划。在传统的供应链中，成员企业不能完全参与整个供应链的运作。主导企业总是将其他成员与客户分隔开来，这会导致生产的盲目性和牛鞭效应，导致供应链整体运作效率低下，难以实现链上的价值增值。

在大数据时代背景下，大数据不仅在物流企业的管理效率方面，也在加强与上游供应商企业联系等方面起到重要的作用。具体可以总结为以下三个方面。第一，大数据供应链为企业提供了丰富的数据。物流企业供应链管理运作过程中，借助大数据技术可以为企业提供丰富的数据信息作为参考，从而确保相关战略决策制定的合理性。其间，数据信息主要涵盖上游供应商信息数据、货物质量信息数据、货主信息数据以及市场行情动态等，有利于为企业发展提供方向。第二，大数据供应链为管理模式优化提供了方向。借助大数据等先进技术手段，不仅可以提升企业供应链管理运作的便捷性，同时在精准服务客户等方面，也发挥着积极的作用，对于推动物流企业供应链管理运作模式优化发挥着积极的作用。第三，大数据供应链为企业管理层决策提供数据支持。结合物流企业供应链管理运作基本要求，供应链管理协同大数据分析，不仅能够保证相关数据信息获取的及时性，同时还可以协助企业管理人员明确管理运作模式中存在的弊端，从而找到管理问题，通过精准定位、及时纠正等方式，促进企业供应链管理运作模式得以优化，从而切实保证企业效益。

第三节　物流企业运作管理模式

一、自营物流配送模式

自营物流配送模式是指在实际发展过程中，企业自己建设物流配送系统，配送过程完全由企业自己控制，且配送主要服务于自身业务活动，是企业自给自足的一种配送模式。自营物流配送模式是全程服务模式，物流配送业务活动完全隶属于企业内部，对企业是一种能力上的挑战，它要求企业拥有一定的配送管理能力和协调能力。自营物流配送模式的优势主要体现在其可控性强、配送的运作风险低、服务质量好等方面，能够与企业的经营策略相配合，并通过与用户直接接触来提升自己的形象，从长远来看，与第三方物流配送模式和共同物流配送模式相比，自营物流配送模式的成本更低。然而，自营物流配送模式对企业来讲，其初始投入高昂，成本较高，而且在管理上也相对复杂。这一配送模式主要适用于企业初始资金较为充足或区域化经营的电子商务企业，以及对物流配送要求比较高的企业。

二、第三方物流配送模式

第三方物流配送模式是指由供应方和需求方以外的第三方提供物流配送服务的运作方式，这一服务模式是通过第三方物流企业的独立运营，由第三方企业完成配送服务。第三方物流独立于企业之外，不属于服务对象的任何一方，独立性较强，其专门从事物流配送服务，服务相对比较专业，业务种类相对较全，而且早期采取这一配送模式的成本较低。然而，这种模式也有其劣势，如企业无法对物流配送过程进行有效的监控，配送的及时性、准确性及服务质量难以保证。随着电子商务的不断发展及第三方物流的不断完善，这一配送模式受到那些资金较少、配送要求低、处于起步阶段或综合性比较强的电子商务企业的欢迎。

三、共同物流配送模式

共同物流配送是多个企业联合起来进行物流配送，是一种物流联盟型的配送模式，它能够实现企业的资源整合并对用户展开集中配送服务，通过构建一个统一的物流配送系统来完成，每一个电子商务企业都是参与者和服务者，企业之间相互协作共同实现配送的整体优化。这一配送模式能够有效联合企业组织配送，实现企业资源的充分利用，并达到单独一个企业所达不到的配送目标，能够节约企业的成本，实现互惠互利的目的，对电子商务的发展有积极的影响作用。不足之处是各企业在配送管理、经营意识等方面存在一定的差距，配送的开展及协调相对较难，导致配送的效率相对较低。因此，这一模式适用于对配送服务要求不高，企业规模、资金相对较小的企业，往往这些企业能够实现产业链的集聚，而且配送量相对较小。三种典型物流配送模式的比较如表 6-1 所示。

表 6-1　　　　　　三种典型物流配送模式的比较

类型	自营物流配送模式	第三方物流配送模式	共同物流配送模式
独立性	隶属于电子商务企业	独立于电子商务企业	电子商务企业参与
优势	可控性强、运作风险低	服务专业、成本较低	节约成本、互惠互利
劣势	初始成本较高、管理复杂	可控性低、无法面向用户提供	协调困难、效率较低
使用条件	企业资金充足、物流服务要求较高、区域化经营	资金较少、处于起步阶段或综合性较强的电子商务企业	产业集聚、规模较小、资金较少、配送量较小

如表 6-1 所示，区域电子商务企业应根据其自身的战略目标、经营特点等情况选择合理的物流配送模式，并综合以下几个方面进行考虑。①物流配送在企业中的战略地位。若企业对物流配送要求高，物流配送是其核心业务，企业可以选择自营物流配送模式，若企业对物流配送的要求低，可以将物流业务外包出去，选择第三方物流配送或共同物流配送模式。②企业的经营特点。企业经营范围较集中或集聚明显，可选择自营物流配送模式或共同物流配送模式，而企业经营范围广、综合性强可以选择第三方物流配送模式。③企业的物流配送管理能力。企业物流配送管理能力强，可选择自营物流配送模式或共同物流配送模式，反之，则应该选择第三方物流配送模式。目前，自营物流配送模式和第三方物流配送模式应用的范围越来越广，占有更

多的应用份额，共同物流配送模式也由于它的特殊性，受到企业的欢迎。区域电子商务企业在实际经营过程中，应根据自身的需求去选择合理的配送模式。

第四节　运作管理影响因素

影响企业运作管理的因素有很多种，在物流对制造或服务企业运营的重要性方面，物流是现代企业运营中不可或缺的一环，对制造和服务企业来说具有重要性。物流管理涉及物品的运输、仓储、库存管理以及供应链协调等方面，对企业的运作效率和竞争力有着直接的影响。

在供应链管理方面，物流是供应链管理的核心。企业通过物流系统将原材料、零部件或成品从供应商处收集并送至生产线或分销渠道，确保供应链的畅通。物流的高效管理可以降低供应链中的延误、损耗和成本，提高企业的生产效率和产品质量。一个典型的例子是汽车制造业。汽车制造商需要协调与各种供应商的物流合作，将原材料、零部件送到正确的位置。通过有效的物流管理，能够确保零部件的准时交付和按需供应，从而提高整体生产效率。

考虑顾客满意度时，物流是确保服务企业提高客户体验满意度的关键因素之一。通过优化物流运作，企业可以提高交付的可靠性和速度，确保产品或服务按时到达客户手中，从而增强客户对企业的信任和忠诚度。以电子商务行业为例，物流的效率直接影响到顾客的满意度。快速、准确地处理订单，快速配送和可靠的售后服务都是提高顾客满意度的关键因素。通过建立高效的物流网络和合作伙伴关系，企业能够实现及时配送和顾客需求的灵活响应。

在库存管理方面，物流对于制造企业的库存管理至关重要。准确掌握库存水平和合理安排供应链，可以避免库存积压和缺货问题。通过精确预测需求、合理配置库存和及时补充物料，企业可以最大限度地降低库存成本，提高资金周转率，同时确保生产线的连续性。例如，零售业需要准确掌握库存水平，以满足顾客需求。通过优化物流流程，及时补充货物并合理配置库存，可以避免库存积压或缺货的情况，提高销售效率和顾客满意度。

在企业成本控制上，物流对企业的成本控制至关重要。通过优化物流网络和流程，企业可以降低运输、仓储和分销等环节的成本。合理选择运输方式、减少仓储费用、优化运输路线和货运合并等措施，可以降低企业的运营成本，提高盈利能力。在食品供应链中，物流成本占据很大比例。通过采取优化物流流程、合理选择运输方式和集中仓储等措施，企业可以降低运输成本、减少损耗和浪费，提高运营效率，从而降低产品价格并提高竞争力。

从环境可持续性上来看，物流对企业的环境可持续性发展具有重要影响。通过优化运输路线和运输方式，企业可以减少能源消耗和碳排放，降低对环境的影响。采用可再生能源、推广电动车辆、优化仓储设施等绿色物流措施，有助于企业实现可持续发展，并树立环保形象。例如，运输业是碳排放的主要来源之一，通过绿色物流实践，如使用电动车辆、优化运输路线和减少包装废弃物等，企业可以减少对环境的负面影响，提升品牌形象，并满足越来越重视环境可持续性的消费者需求。

总结而言，物流对于制造或服务企业来说至关重要。优化物流管理可以提高供应链的效率，满足客户需求，控制成本，并在环境方面发挥积极作用。企业应重视物流管理，并不断改进和创新物流策略，以保持竞争力并取得长期的商业成功。

第五节 运作模式评价体系

一、物流运作模式选择

对于物流运作模式选择问题，一些学者进行深入研究，并给出了解决该问题的决策方法，本节将分别对物流运作模式选择常用的方法研究进行综述。

1. 基于 Ballou 二维矩阵模型的选择方法

Ballou 二维矩阵模型决策方法是最早、最具有系统性的物流运作模式选择方法，对于该方法的研究有很多，具体如下。姜天针对电子商务仓储物流模式的选择问题，基于 Ballou 二维矩阵物流运作模式选择模型理论，采用优劣势比较分析法，对电子商务仓储物流模式的选择进行了分析，得出电子商务企业与仓储物流模式匹配选择策略，研究所得结论对于电子商务企业进行物流运作模式的选择具有一定的参考价值。余平针对建筑企业物流模式的选择问题，分别采用德尔菲法、ISM 分析方法以及 Ballou 二维矩阵物流运作模式选择模型等方法，对建筑企业发展物流运作模式选择研究以及优化物流运作模式选择的相应对策进行了研究分析工作，得到了影响物流模式选择的 7 大因素，给出了建筑企业发展自身物流的有效应对策略，该结论为建筑企业物流的发展起到了理论支持的作用。华中生针对 Ballou 二维决策方法的使用问题，基于已有的相关理论研究，在对 Ballou 二维决策方法研究的基础上，指出了该方法存在的重要问题：Ballou 二维决策方法虽然考虑到了企业的战略目标和经营能力，却没有考虑物流的运作成本和服务水平的影响，论证了 Ballou 二维决策方法在考虑物流成本方面的局限性，所提出问题对于物流运作模式选择的进一步研究具有警示作用。戢守峰针对 Ballou 二维决策方法理论问题，基于理论分析方法，阐述了 Ballou 二维决策方法的使用条件、使用方法以及理论背景，分析了该方法的最大特点是围绕企业经营战略目标，寻求物流子系统自身的战略平衡点，指出了该方法未能在指标设定上考虑到成本的影响，有着与生俱来的缺陷，运用了鲍尔索克斯的战略原则验证了该分析的正确性，所给出的结论对于物流运作模式选择研究及 Ballou 二维决策方法的应用具有指导作用。

2. 基于综合分析的选择方法

有关综合分析方法的研究开展也较为广泛，华中生针对物流运作模式选择的综合分析方法使用问题，基于研究经验和文献分析，论述了考虑企业经营物流能力、物流运营成本及物流服务的竞争力等因素来进行物流模式选择的综合分析法，给出了该方法的物流成本计算公式，揭示了公式中各个参数的悖反关系，所得到的结论对于综合分析方法的应用具有指导作用。王蕾和张红丽针对农产品绿色物流系统综合绩效评价的问题，采用层次分析法和模糊综合分析法，进行了新疆农产品绿色物流综合绩效评价的工作，得到了新疆农产品绿色物流绩效处于一般状态的结论，该结论对新疆加快发展绿色物流系统有着一定程度的推进意义。蔡迎春针对核心书目及核心出版社的测定问题，分别采用文献计量法、布拉德福区域分析法以及引用文献分析法等方法，对2002—2005年经济类图书的核心书目及核心出版社进行测定，得到了2002—2005年经济类图书核心书目与核心出版社的分类总结，研究所得结论为研究图书馆对国内经济类图书的采选提供了客观的依据。周明慧针对企业逆向物流模式决策的问题，采用模糊综合分析法，对生产型企业逆向物流的三种模式进行构建综合指标体系的工作，得出了逆向物流模式相关决策的方法，该方法对企业逆向物流模式具有理论铺垫作用。王浩澈针对汽车制造企业物流模式的选择问题，采用模糊层次分析方法，对制造企业的物流模式选择进行分析评价工作，得到了汽车制造企业有效选择物流模式的方法，该方法对企业选择物流模式具有参考和借鉴的价值。胡绍华等针对战时野营保障效果评价问题，采用层次分析法、物元分析法及模糊物元分析法等相关理论，对保障直达的配送敏捷响应模式进行了分析，得到了军工用品供应保障的具体措施和相应的实现过程，结论为军工用品保障供应模式的改革起到了模板作用。Liang等针对食品安全有关问题，基于模糊综合评价方法，验证了在食品安全的可追溯性方面信息识别是其实现的关键技术之一，阐明了有效的信息识别技术包括许多独特的特点，运用了模糊综合评价方法取得了有效的分析结果，确定了最优组合工艺参数，其结果可以为下一步的示踪剂提供基础信息识别，并有助于改进示踪剂的生产。

3. 基于AHP（层次分析法）的选择方法

层次分析方法在物流运作模式选择问题中的应用较为常见。

Saaty于1977年首次提出了层次分析法，明确了该方法是一种在对一系列待选择方案进行比较后,通过分析比较结果来帮助决策者在复杂背景条件下进行决策的有效方法,他开创了层次分析法应用的先河,对层次分析法的应用作出了不可磨灭的贡献。陈裕针对第三方物流企业运作模式选择的问题,采用模糊评价法以及层次分析模型法等方法,进行了对第三方物流企业运作模式选择的研究工作,得出了企业运作模式评价模型的有效性,该结论对我国第三方物流企业的物流运作模式升级思路、改进途径起到理论支持作用。针对第三方物流服务供应商的选择问题,基于已有研究方法以及相关理论,开发了一种将质量功能展开(QFD)、模糊集理论和层次分析法(AHP)三种方法相结合的综合方法,评估并选择了最佳的第三方物流服务供应商,确定了在多个评估标准条件下企业的利益需求,介绍了评估标准选取的相关原则以及要求,验证了提出方法的有效性,证明了该方法在企业应用中的作用,分析了该综合方法优于现有方法的原因,所给出方法对丰富物流服务供应商的选择方法具有重要意义。Peng 针对物流服务供应商的选择问题,采用模型构建方法及 AHP 进行了相关研究,分析了评价指标体系的主要维度有:物流成本、物流运作效率、服务供应商以及物流技术水平,建立了物流外包服务供应商的评估选择模型,进行了基于 AHP 方法的实际案例分析,提供了企业选择物流外包服务供应商的一个参考。华中生针对物流运作模式选择的层次分析法应用问题,采用系统分析的方法,在确定物流运作模式选择问题是涉及多方面因素的复杂决策问题基础上,指出了企业可以通过多目标决策或评价的方法进行辅助决策,进而分析了层次分析法在物流运作模式选择问题中的应用,给出了将层次分析法在物流运作模式选择问题中进行应用的具体步骤。

王艳玮等针对生鲜农产品网上超市销售的物流配送模式选择问题，采用平衡计分卡及 AHP 等方法，对生鲜农产品网上超市销售后的配送物流模式进行分析选择工作，得到了适合网上超市的物流配送模式选择方法，所得结论为网上超市生鲜产品物流配送方法选择给出了有力的理论支撑。侯东亮针对废旧手机逆向物流模式的选择问题，采用 AHP 建立了废旧手机的逆向物流运作模式选择模型，进行了手机生产企业逆向物流模式的选择工作，得出了手机生产企业选择外包模式来进行物流活动为最优方式的结论，所得结论对企业物流模式选择方法研究起到了理论铺垫作用。林松涛针对进出口企业物流运作模式选择问题，采用定量分析与定性分析相结合的层次分析方法，构建了进出口企业的物流运作模式选择模型，建立了物流运作模式选择维度的评价体系，所开展的研究对于物流运作模式研究领域的扩展以及相关研究方法的丰富具有重要意义。

4. 其他选择方法

除以上几种常见物流运作模式选择方法外，也有许多学者给出了不一样的分析决策方法来解决物流运作模式选择问题。杜丹清针对 B2C 电子商务环境下物流模式的选择问题，采用威廉姆森交易规制结构匹配关系、交易费用法以及 AHP 等方法，对我国电子商务物流模式的选择进行研究，得到了电子商务环境下如何选择适合的物流模式的相关决策方法，所得结论对我国大力发展第三方物流起到了理论支撑作用。何建华针对电子商务环境下的物流模式如何选择的问题，通过对传统电子商务物流模式的优劣势分析，以企业管理物流的能力及物流对企业成功的重要性两个维度为依据，构建物流决策矩阵图，在此基础上得出适合企业的物流模式，为企业物流模式的转变提供理论依据。苏菊宁针对制造业如何选择物流模式的问题，重新划分了物流模式，建立了物流模式决策四阶段模型，同时利用定性、定量、评价分析、能力评价指标体系及模糊层次等方法，分别对制造业物流需求分析，物流业务在企业竞争力中的影响程度分析，物流能力优劣势分析，物流模式选择分析，提出了与其他物流模式选择研究不同的观点，所作研究对物流运作模式的选择具有一定的借鉴意义。陈宜针对物流运作模式的选择问题，采用对成本收益及企业自身因素进行定性和定量分析的方法，利用函数算式对成本收益进行分析，同时建立决策模型，并结合古林法求得企业自身权重值，继而确定企业选择自营物流或外包物流，得出了通过对企业的成本及自身情况的定性定量分析来选择物流模式是具有一定可行性的结论，所得结论对于物流运作模式选择问题的进一步研究具有铺垫作用。么贵永针对电子商务环境下物流模式的选择问题，采用了物流模式的对比分析方法，分别对第三方物流、自营物流、物流联盟（共同物流配送）三种物流模式进行优劣势分析，同时综合考虑企业自身实际需要和资源条件，为电子商务环境下的物流模式选择问题提供了一种可行的决策依据。Bolumole 针对企业物流外包的决策问题，基于多学科理论视角，建立了一个能够检验物流外包决策的网络模型，该模型弥补了企业物流决策和应用评估领域的空白，所开展的研究增加了对物流外包以及物流运作模式选择的理解，对该领域相关研究具有探索与铺垫作用。王燕和郭伊莎针对企业物流外包决策体系问题，基于已有经典物流外包理论，采用加权灰关联方法，进行了物流运作模式选择的有关工作，得到了物流外包决策体系并建立了企业物流外包决策模型，所做工作对丰富物流运作模式选择方法具有重要意义。

二、ESG 指标评价体系

ESG 的英文全称是"Environmental, Social and Governance", ESG 评级是一种衡量企业在环境、社会和公司治理三个方面的绩效或风险的方法, 它能够帮助投资者识别和应对可持续发展相关的机会和挑战。目前, 全球有多家机构提供了不同的 ESG 评级产品和服务, 其中较具影响力和覆盖面的有 MSCI、汤森路透和富时罗素等。这些机构都建立了自己的 ESG 数据库和评分系统, 涵盖了全球范围内的数千家公司。相比之下, 国内的 ESG 研究还并不成熟, 只有少数上市公司等开展了相关工作。本节选取了与物流相关度较高且主营业务不同的三家企业, 分别是紫金矿业、物产中大、安克创新, 同时依据国内的这三家知名上市企业的 ESG 年度报告, 对 ESG 评级体系进行对比分析。

1. 评价指标的介绍

根据 ESG 的含义, 发现三家知名企业都将一级指标划分为环境、社会和公司治理三个方面, 但在二级指标的具体内容和范围上有所区别。紫金矿业的 ESG 年报中, 将环境分成了四个二级指标, 分别是气候投入、自然资源消耗、环境污染以及环境治理; 社会方面涉及四个二级指标, 分别是人力资本、产品责任、社会舆论以及环保机会; 公司治理方面涉及两个二级指标, 分别是公司管理和公司行为 (见表 6-2)。

表 6-2　　　　　　　　　　紫金矿业评价体系

一级指标	二级指标
公司治理	公司管理、公司行为
环境	气候投入、自然资源消耗、环境污染、环境治理
社会	人力资本、产品责任、社会舆论、环保机会

物产中大的 ESG 评级中，按照环境、社会和公司治理三个维度，分别设置了 10 个议题和 177 个三级指标。其中，环境维度涵盖了资源利用、低碳排放和创新性三个子主题，共有 61 个三级指标；社会维度涵盖了雇用职工、人权问题、社区关系和产品责任四个子主题，共有 63 个三级指标；公司治理维度涵盖了管理能力、股东和所有权、CSR 策略（指企业的社会责任策略）三个子主题，共有 53 个三级指标（见表 6-3）。

表 6-3　　　　　　　　　　物产中大评价体系

一级指标	二级指标
公司治理	管理能力、股东和所有权、CSR 策略
环境	资源利用、低碳排放、创新性
社会	雇用职工、人权问题、社区关系、产品责任

安克创新的 ESG 评级中，按照环境、社会和公司治理三个维度，分别设置了 13 个议题和 127 个三级指标。其中，环境维度涵盖了环境管理、环境状态披露和负面事件三个子主题，共有 27 个三级指标；社会维度涵盖了员工管理、供应链管理、客户管理、社区管理、产品管理、公司慈善和社会负面事件七个子主题，共有 54 个三级指标；公司治理维度涵盖了商业道德、公司管理和负面事件公关三个子主题，共有 46 个三级指标（见表 6-4）。

表 6-4　　　　　　　　　安克创新评价体系

一级指标	二级指标
公司治理	商业道德、公司管理、负面事件公关
环境	环境管理、环境状态披露、负面事件
社会	员工管理、供应链管理、客户管理、社区管理、产品管理、公司慈善、社会负面事件

安克创新的 ESG 指标体系特别关注负面事件的处理，在每个子主题中都设置了相应的负面事件指标，以监测企业在 ESG 方面可能存在的风险。

2. ESG 评价体系的分析

对三个企业的 ESG 评价体系进行分析，得出以下三个结论。

(1) 三家企业的评价体系明确，评价指标所覆盖的内容基本一致。它们的 ESG 评价体系在一级指标上基本一致，都根据 ESG 的内涵选择环境、社会和公司治理三大类别。尽管二级指标的选取有差异，但覆盖的主要内容大致相同。

(2) 三家企业的评价指标的权重设置各不相同。紫金矿业和安克创新的指标权重主要考虑指标对行业的影响力和受影响时间，物产中大的指标权重设置则简单地根据具体考评项目的数量占比。

(3) ESG 在中国还处于发展初期，相比发达市场，中国公司的信息披露质量和程度略低。上市公司往往是国内企业中做得好的，并不能代表企业的平均水平。

总体来说，当前这三家企业的相关体系已经建立得较为完善，覆盖内容也基本一致。

3. ESG 评价体系的建立

结合上文的分析，本节建立了符合研究要求的 ESG 评价体系，如

表 6-5 所示。

表 6-5　　　　　　　　　　ESG 评价体系

一级指标	二级指标
社会	客户管理、公益活动、产品管理、员工保障、供应链管理
环境	应对气候变化、资源管理、污染管理、环保投资
企业运营	管理能力、企业道德

在构建 ESG 评价体系时，主要参照了紫金矿业 ESG 评价体系。紫金矿业 ESG 评价体系具有高度透明和量化的优势，提供了定量指标的计算方法。本节旨在建立一个操作性强、信息充足、适应国内企业应用的 ESG 评价体系。

4. 基于 ANP 的层次结构的确定

ANP（网络分析法）原理是依据问题的性质，将问题分解为不同的组成部分。根据要素之间的相互作用和从属关系，将要素按不同层次分组，构建多层次分析结构模型。它与普通的 AHP（层次分析法）都是多准则决策方法，但两者在模型结构和算法方面均有区别。

首先，AHP 采用层次结构，各层次之间是上下级的关系。而 ANP 采用网络结构，可以表达要素之间的依赖、反馈和相互作用关系。

其次，AHP 是通过层次结构计算各层次的局部权重和整体权重。而 ANP 则着重于考虑各要素之间的相互影响后，更全面地反映各要素的重要性。

再次，AHP 通常假定各准则之间独立，无法判断准则之间的相对重要性。而 ANP 可以比较多个准则之间的重要性，为每个方案在不同准则下的表现进行综合评判。同时 AHP 的一致性检验在层次结构中进行，检验各层次的判断矩阵是否一致。ANP 的一致性检验在网络结构中进行，检验专家判断整个网络各要素之间依赖程度的一致性。

最后，AHP 更适用于较简单的决策问题，ANP 则可以处理复杂决策问题，包括要素之间存在复杂的相互依赖和反馈关系的情况。

总之，ANP 在继承 AHP 的优点基础上，通过采用网络结构和全局权重的计算，扩展了其适用范围，可以处理复杂决策问题。但 ANP 的模型和算法也相对复杂，对专家判断的要求更高。在实际应用中对较简单的问题可以采用 AHP，而 ANP 则更适用于要素之间存在复杂相互作用关系的决策问题。

ANP 结构图分为控制层和网络层两部分，如图 6-1 所示。

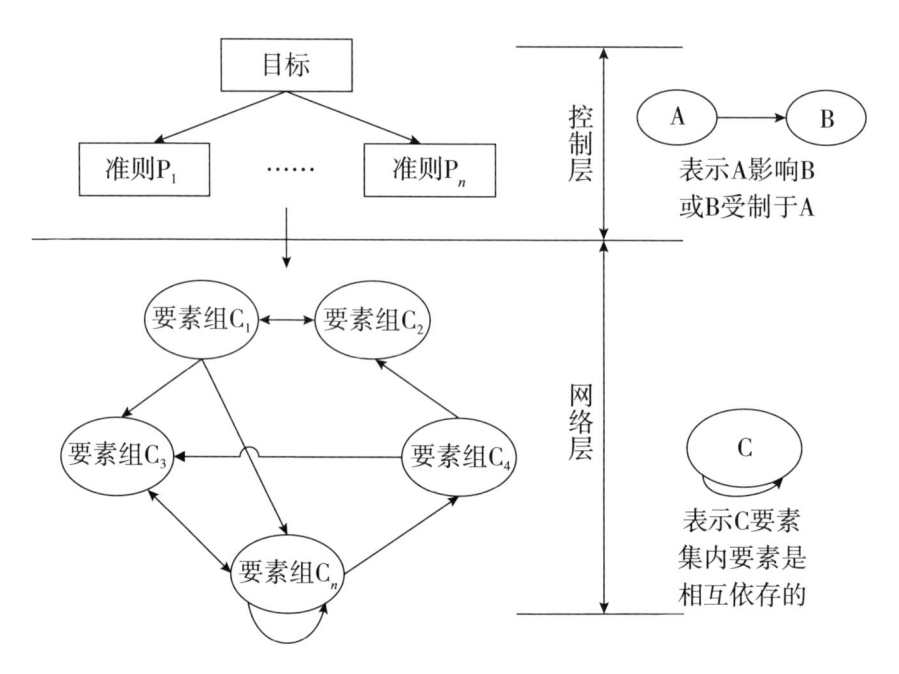

图 6-1 ANP 结构示意

控制层和网络层有诸多要素，而这些要素之间有着相互依赖、相互作用的关系。由于要素不是独立存在，一个要素的状态可能会对另一个要素或一组要素造成影响,从而导致网络结构具有复杂性。

接下来,将基于 ANP 求解 ESG 指标的权重。

(1) 构建网络层次结构图,如图 6-2 所示。

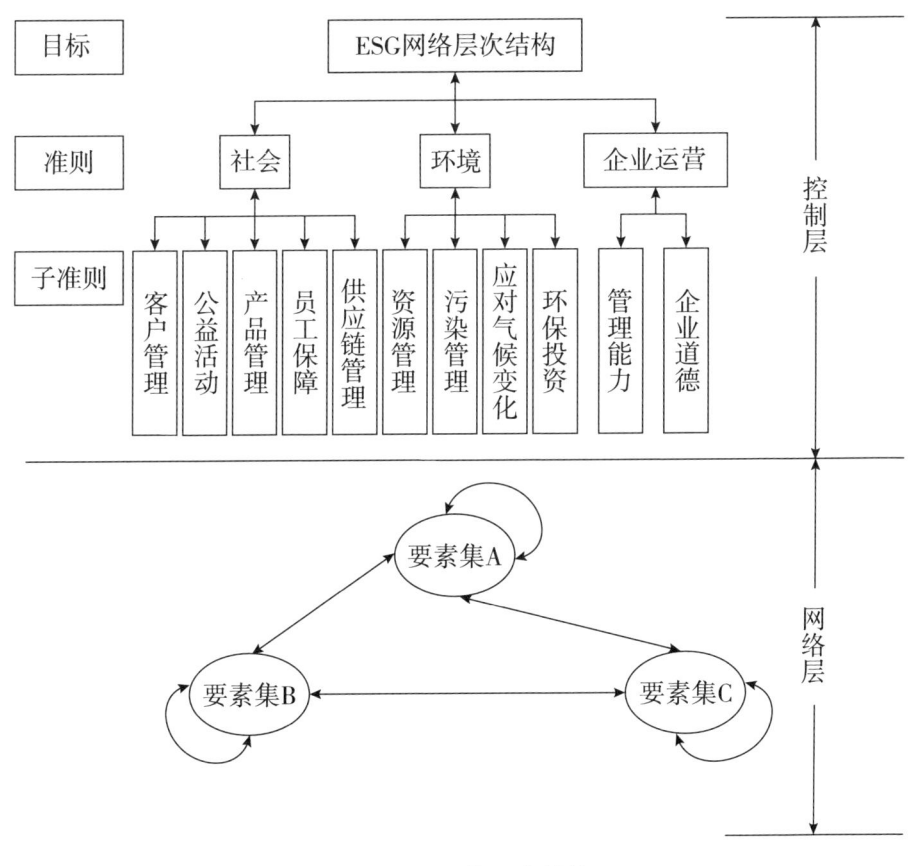

图 6-2 网络层次结构

(2) 征求专家的意见来确定各种影响因素之间的关系。本研究邀请了 7 位专家,通过发布"答案星"问卷的形式进行了调查,这些专家都具有 ESG 研究方面的专业知识。通过网络研讨确定影响因素之间联系以及相互作用,如图 6-3 所示。

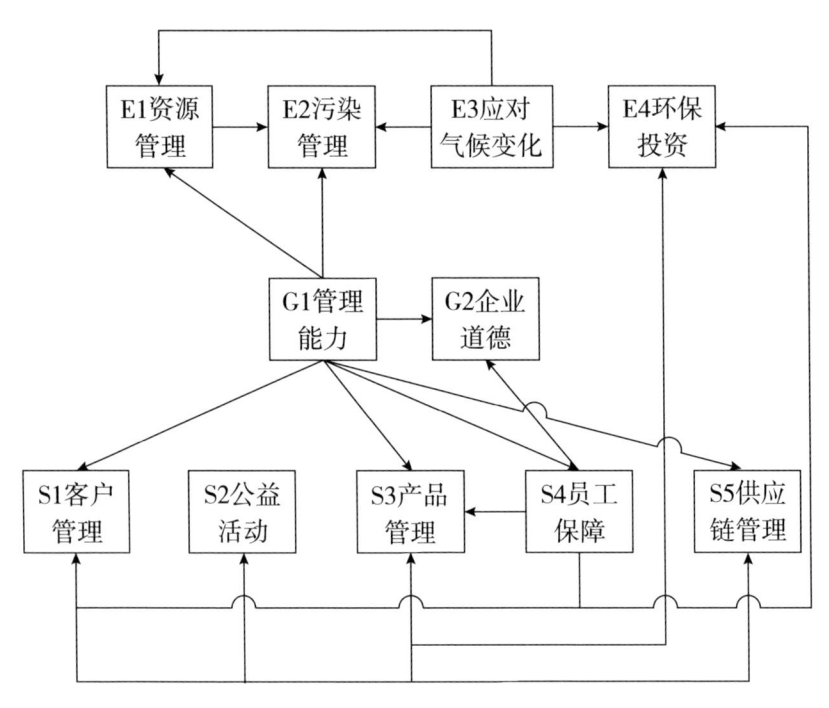

图 6-3 ESG 影响关系

（3）计算各影响因素的权重。基于表 6-6 中的 1~9 标度，对环境（E）、社会（S）和企业运营（G）这三个影响因素进行相对重要性的评估，得出了如表 6-7 所示的比较矩阵。该矩阵的 CR 小于 0.1，说明已通过一致性检验。

表 6-6   1~9 标度

序号	重要性等级	C_{ij} 赋值
1	i 和 j 两元素同等重要	1
2	i 比 j 元素稍重要	3
3	i 比 j 元素明显重要	5
4	i 比 j 元素强烈重要	7
5	i 比 j 元素极端重要	9

续表

序号	重要性等级	C_{ij} 赋值
6	i 比 j 元素稍不重要	1/3
7	i 比 j 元素明显不重要	1/5
8	i 比 j 元素强烈不重要	1/7
9	i 比 j 元素极端不重要	1/9

表 6-7　　　　　ESG 因素两两比较矩阵

ESG	E	S	G	W
E	1	1/3	1/2	0.1634
S	3	1	2	0.5396
G	2	1/2	1	0.2970

$\lambda_{max} = 3.0092$；$CR = 0.0088 < 0.1$（一致性检验通过）

此时权重矩阵 $\boldsymbol{\omega}_1 = (0.1634, 0.5396, 0.2970)^T$

（4）计算共同一级指标下的影响因素权重。假设影响因素之间不存在依赖和反馈关系，得出两两比较矩阵，如表 6-8、表 6-9、表 6-10 所示。

表 6-8　　　　　影响因素两两比较矩阵（E）

E	E1	E2	E3	E4	W
E1	1	2	2	1	0.3257
E2	1/2	1	2	1/2	0.1936
E3	1/2	1/2	1	1/3	0.1243
E4	1	2	3	1	0.3564

$\lambda_{max} = 4.0458$；$CR = 0.0172 < 0.1$（一致性检验通过）

表 6-9　　　　　　　影响因素两两比较矩阵（S）

S	S1	S2	S3	S4	S5	W
S1	1	1	1/2	1	1	0.1625
S2	1	1	1/3	1/2	1	0.1297
S3	2	3	1	2	2	0.3506
S4	1	2	1/2	1	2	0.2159
S5	1	1	1/2	1/2	1	0.1412

$\lambda_{max}=5.0746$；$CR=0.0166<0.1$（一致性检验通过）

表 6-10　　　　　　　影响因素两两比较矩阵（G）

G	G1	G2	W
G1	1	1	0.5
G2	1	1	0.5

$\lambda_{max}=2$；$CR=0<0.1$（一致性检验通过）

因此所有的矩阵均通过了一致性检验。

（5）考虑到ESG三个一级指标之间的相互依赖性，分别以环境（E）、社会（S）和企业运营（G）为基准，进行重要性判断，形成ESG因素内在依赖性比较矩阵（见表6-11）。

表 6-11　　　　　ESG 因素内在依赖性比较矩阵

E	S	G	W
S	1	2	0.6667
G	1/2	1	0.3333

$\lambda_{max}=2$；$CR=0<0.1$（一致性检验通过）

S	E	G	W
E	1	1/2	0.3333
G	2	1	0.6667

$\lambda_{max}=2$；$CR=0<0.1$（一致性检验通过）

续表

G	E	S	W
E	1	1/3	0.25
S	3	1	0.75
$\lambda_{max}=2$；$CR=0<0.1$（一致性检验通过）			

由此得到比较矩阵ω_2：

$$\omega_2 = \begin{bmatrix} ESG & E & S & G \\ E & 0 & 0.33 & 0.25 \\ S & 0.67 & 0 & 0.75 \\ G & 0.33 & 0.67 & 0 \end{bmatrix}$$

（6）令矩阵ω_1与矩阵ω_2相乘，从而得到相互依赖权重矩阵ω_3：

$$\omega_3 = \omega_2 \times \omega_1 = (0.2523, 0.3322, 0.4155)^T$$

在这种情况下，可以得到影响因素在假设前提下的权重值（见表6-12）。

表6-12　　　　　　　　　　　权重值

影响因素集合	权重	影响因素	权重	总的权重
E	0.2523	E1	0.3257	0.082
		E2	0.1936	0.049
		E3	0.1243	0.031
		E4	0.3564	0.090
S	0.3322	S1	0.1625	0.054
		S2	0.1297	0.043
		S3	0.3506	0.116
		S4	0.2159	0.072
		S5	0.1412	0.047

续表

影响因素集合	权重	影响因素	权重	总的权重
G	0.4155	G1	0.5	0.208
		G2	0.5	0.208

由此得到权重矩阵 ω_4：

$\omega_4 = (0.082, 0.049, 0.031, 0.09, 0.054, 0.043, 0.116, 0.072,$
$\quad 0.047, 0.208, 0.208)^T$

（7）考虑到影响因素之间的依赖和反馈关系，进一步构建了二级指标影响矩阵（见表6-13）。

表6-13　　　　　二级指标影响矩阵

E1 资源管理	E2	E3	G1	权重
E2	1	1/2	2	0.2970
E3	2	1	3	0.5396
G1	1/2	1/3	1	0.1634

$\lambda_{max} = 3.0092$；$CR = 0.0088 < 0.1$（一致性检验通过）

E2 污染管理	E1	E3	G1	权重
E1	1	3	2	0.5499
E3	1/3	1	1	0.2098
G1	1/2	1	1	0.2402

$\lambda_{max} = 3.0183$；$CR = 0.0176 < 0.1$（一致性检验通过）

E4 环保投资	E3	S4	权重
E3	1	2	0.6667
S4	1/2	1	0.3333

$\lambda_{max} = 2$；$CR = 0 < 0.1$（一致性检验通过）

续表

S1 客户管理	S3	S4	G1	权重
S3	1	2	2	0.5000
S4	1/2	1	1	0.2500
G1	1/2	1	1	0.2500

$\lambda_{max}=3$；$CR=0<0.1$（一致性检验通过）

S3 产品管理	S4	S5	G1	权重
S4	1	1/2	1	0.2500
S5	2	1	2	0.5000
G1	1	1/2	1	0.2500

$\lambda_{max}=3$；$CR=0<0.1$（一致性检验通过）

S5 供应链管理	E4	G1	权重
E4	1	1/2	0.3333
G1	2	1	0.6667

$\lambda_{max}=2$；$CR=0<0.1$（一致性检验通过）

G1 管理能力	E2	S4	G2	权重
E2	1	1/2	1	0.2599
S4	2	1	1	0.4126
G2	1	1	1	0.3275

$\lambda_{max}=3.0536$；$CR=0.0516<0.1$（一致性检验通过）

G2 企业道德	S4	G1	权重
S4	1	1/2	0.3333
G1	2	1	0.6667

$\lambda_{max}=2$；$CR=0<0.1$（一致性检验通过）

然后利用权重矩阵得到未赋权的超矩阵ω_5，如表6-14所示。

表 6-14　超矩阵

W	E1	E2	E3	E4	S1	S2	S3	S4	S5	G1	G2
E1	1	0.5499	0	0	0	0	0	0	0	0	0
E2	0.297	1	0	0	0	0	0	0	0	0.2599	0
E3	0.5396	0.2098	1	0.6667	0	0	0	0	0.3333	0	0
E4	0	0	0	1	0	0	0	0	0	0	0
S1	0	0	0	0	1	0	0	0	0	0	0
S2	0	0	0	0	0	1	0	0	0	0	0
S3	0	0	0	0	0.5000	0	1	0	0	0	0
S4	0	0	0	0.3333	0.2500	0	0.2500	1	0	0.4126	0.3333
S5	0	0	0	0	0	0	0.5000	0	1	0	0
G1	0.1634	0.2402	0	0	0.2500	0	0.2500	0	0.6667	1	0.6667
G2	0	0	0	0	0	0	0	0	0	0.3275	1

将未赋权的超矩阵（ω_5）乘以影响因素的权重矩阵（ω_4）可以得到矩阵ω_6：

$$\omega_6 = (0.109, 0.13, 0.1455, 0.1057, 0.054, 0.043,$$
$$0.143, 0.30, 0.105, 0.446, 0.28)^T$$

将结果归一化之后，得出最终主观权重矩阵ω_7：

$$\omega_7 = (0.061, 0.071, 0.051, 0.059, 0.03, 0.02, 0.08,$$
$$0.168, 0.09, 0.25, 0.117)^T$$

5. ESG 评分过程

这项研究采取自下而上的方法评估企业的 ESG 表现。首先，根据收集到的与 ESG 相关的信息，对公司在各二级指标下的具体评估项目进行评价，并采用百分位数排名评分法计算每个项目的分数。其次，将各项目分数加总归一化为二级指标分数。再次，根据计算出的指标综合权重确定一级指标分数。最后，得出每个公司的 ESG 总分。具体评分过程如下。

第一步，根据企业 ESG 报告、年度报告及相关社会新闻报道等信息，评估目标公司的每个具体评估项目并打分。

第二步，用该项目得分低于目标公司的同行业公司数量，加上 0.5 倍与其得分相同公司的数量，除以同行业拥有该项目有效得分公司总数，得出该项目的百分位数得分。

第三步，将每个二级指标下所有评估项目得分加总，然后分别归一化以得出目标公司每个二级指标的得分。

第四步，将每个二级指标的得分乘以相应的指标权重，加总分类得出目标公司一级指标的得分。

第五步，计算一级指标的得分，即为目标公司的 ESG 总得分。

上述过程首先在项目层面上评分，然后逐步纳入各层面指标的综合考量，最终得出整体表现，避免了直接给出主观判断。采取定量化和系统的方法评估企业 ESG，使结果更加客观准确。各步骤之间也体现出清晰的逻辑关系，评分过程具有较强的条理性与连贯性。通过归一化和权重综合等手段，最大限度降低不同指标和项目之间的影响，使结果能够真实反映企业 ESG 方面的表现。

第六节　弹性供应链运作协调策略

在企业运作中，弹性供应链的管理是至关重要的，因此本节从此主题出发，研究弹性供应链的协调优化。通常考虑从供应链弹性的核心——碳排放问题出发，考虑在需求有限的条件下，供应链成员之间的博弈行为对供应链碳排放和经济效益产生的影响，从而进一步通过供应链契约对供应链进行协调运作，探讨使供应链上的成员实现双赢的条件。

一、问题描述

在由单一的制造商和单一的零售商构成的弹性供应链中，博弈论的原理认为制造商因为在博弈中处于强势地位，将作为 Stackelberg 博弈的领导者。为提高研究效率，假定该供应链上的企业的销售成本可以忽略。结合实际，零售商往往会持有一定的过期存货，而存货也存在一定的价值。现实生活中也存在由于库存不足而无法及时销售的现象，缺货同样也会带来一定的损失。同时在问题中假设若供应链采取减排技术投入的话，供应链消耗的低碳原材料量应当与其不采取减排时消耗的原材料量一致。

在这个供应链中，零售商作为追随者，其订购决策会受制造商的批发定价影响。为最大化自己的利润，制造商会综合考虑生产成本、批发价格以及零售商的订购量，以确定最优的批发定价和产量。而零售商基于制造商的批发定价和自己对市场需求的预测，会确定最优的订购数量，以最大化利润。制造商作为首个行动者，会采取积极主动的定价和产量策略。而零售商则会根据制造商的决定和自身信息作出自主选择，达到利益的最大化。

1. 碳减排技术投资

为响应政府的碳减排政策，制造商往往会采用投资减排技术的手段。通过阅读国内外相关的文献得知，有学者在研究中表明，在减排技术方面的投资主要分布在设备相关费用和研发相关费用以及购买低碳原材料的费用等边际投资。同时有研究表明，在减排投资下，单位质量产品的相关投资金额与其系统减排水平成规则的二次函数，一般其表达式为$c_i \times \lambda^2$，$\lambda \in [0,1]$为减排水平，c_i为单位质量产品的减排技术投资系数，设$c_i > c_e \times e/2$，e为单位质量产品产生的碳排放量。

2. 碳交易政策

在供应链的活动中，往往认为制造商生产产品是碳排放的主要来源。假设在减排技术投资之前，生产每单位质量产品将产生的碳排放量为e。

为应对全球气候变化，中国采取了碳交易的政策：通过设置行业的碳配额，规定每单位质量产品的碳配额为k。如果单位质量产品的实际碳排放量超过碳配额k，制造商需要以单位交易价格c_e购买碳排放权以补足差额；如果低于配额 k，制造商可以以同样价格出售多余的碳排放权。为简化分析，假设超出或低于碳配额的部分可以完全通过交易获得或出售。

在碳交易政策下，如果 $e > k$，制造商需要支付 $(e-k) \times c_e$ 的排放交易费用；如果 $e < k$，制造商可以获得 $(k-e) \times c_e$ 的排放交易收益。很显然，排放交易费用会提高制造商的成本而导致利润下降，而排放交易收益则会增加其利润。

在碳交易政策下，制造商的减排动机有相当大比例来源于排放交易费用对其利润的影响。他们需要根据现有和预期的排放交易价格，决定减排技术投资额度和速度，以达到最小化减排成本和稳定利润的目的。

3. 需求方面

企业往往无法精确预测市场需求，但可以基于历史，得出其概率分布的统计特征，为方便研究，假设本次研究的供应链的需求服从标准正态分布，且假定需求足够大。

二、模型建立

首先对本节所用的符号进行设定，如表 6-15 所示。

表 6-15 符号说明

符号	含义	符号	含义
π_{SC}	供应链系统总利润	q	零售商订货量
J	碳排放总量	d	需求量
M	制造商	w	单位质量产品的批发价
C	集中决策	l	单位质量产品的缺货成本

续表

符号	含义	符号	含义
a	收益共享系数	c_e	单位碳排放权交易价
k	单位质量产品的碳配额	c_i	单位质量产品的减排技术投资系数
π	利润额	λ	制造商的减少排放量水平
$\bar{J}$	单位质量产品碳排放量	p	单位质量产品的售价
R	零售商	S_a	针对未售出产品的单位质量产品的残值损失
D	分散决策	c	单位质量产品的原材料成本
RS	收益共享契约	e	减排投资前单位质量产品的碳排放量
MM	价格补贴契约	b	补贴价格
TPT	两部收费契约	π_X^*	X 的最大期望利润
μ	市场需求均值	σ^2	市场需求方差
F	TPT 下制造商收取的补贴费用	ψ	概率分布族
z_λ	制造商生产单位质量产品的成本		

然后建立符合要求的模型。制造商进行减排投资前的碳排放成本为 $c_e[e-k]q$，碳排放总量为 eq，进行投资之后的碳排放成本为 $c_e[e(1-\lambda)-k]q$，碳排放总量为 $e(1-\lambda)q$。

对于该供应链而言，假设制造商作为 Stackelberg 博弈的领导者，则零售商为 Stackelberg 博弈中的追随者。制造商以自身期望利润为目标函数，即：

$$\max_\lambda \min_{F \in \psi(\mu,\sigma^2)} \pi_M^F(\lambda) = wq - cq - c_e[e(1-\lambda)-k]q - c_i \lambda^2 q \quad (6.1)$$

其中，wq 是制造商的收益，cq 是总原材料费用，$c_e[e(1-\lambda)-k]q$

是有关碳排放权的费用，$c_i\lambda^2 q$ 是减排技术投资。

设定一个参数 z_λ 代表制造商生产单位质量产品的成本：

$$z_\lambda = c + c_e[e(1-\lambda) - k] + c_i\lambda^2 \tag{6.2}$$

零售商自身期望利润为目标函数，即：

$$\max_{q} \min_{F \in \psi(\mu,\sigma^2)} \pi_R^F(q) = p\min(d,q) + S_a(q-d)^+ - l(d-q)^+ - wq \tag{6.3}$$

其中，$p\min(d,q)$ 是零售商总收益，$S_a(q-d)^+$ 是零售商的残值收益，$l(d-q)^+$ 是零售商的缺货损失，wq 是零售商的进货成本。

三、需求信息有限条件下的弹性供应链协调分析

本节将进行无契约协调时供应链的最优运作，采用鲁棒优化方法，分析集中决策和分散决策两种情景下的运作效果，并比较两种决策方式达到最佳减排目标和最大利润的策略。

集中决策方式下，供应链上下游企业会进行协调，共同决定最优减排目标和生产计划，这可以优化整个供应链的效率。而分散决策方式下，企业往往更在意追求自身利益最大化，往往倾向于独立决定减排策略和生产计划，这可能导致供应链整体效率低下。

1. 集中决策分析

在需求信息有限的条件下，设零售商的销售量为 $\min(d,q)$，未售出的剩余产品的数量为 $(q-d)^+$，缺货数量为 $(d-q)^+$。满足关系：

$$\min(d,q) = d - (d-q)^+ \tag{6.4}$$

$$(q-d)^+ = q - d + (d-q)^+ \tag{6.5}$$

在需求信息有限的条件下，系统期望利润的目标函数为：

$$\max_{q,\lambda} \min_{F \in \psi(\mu,\sigma^2)} \pi_C^F(q,\lambda) = p\min(d,q) + S_a(q-d)^+ - l(d-q)^+ - z_\lambda q \tag{6.6}$$

$p\min(d,q)$ 是总销售利润，$S_a(q-d)^+$ 是残值收益，$l(d-q)^+$ 是缺货损失，$z_\lambda q$ 是低碳产品的生产成本。综上可以得到集中决策的目标函数，表示为 $\max\limits_{q,\lambda} \pi_C(q,\lambda)$，其中 $\pi_C(q,\lambda)$ 为最坏分布下供应链的预期总收益，满足：

$$\pi_C(q,\lambda) = (p - S_a)\mu - (z_\lambda - S_a)q - (p + l - S_a) \\ \frac{\sqrt{\sigma^2 + (q-\mu)^2} - (q-\mu)}{2} \tag{6.7}$$

因此可以得到集中决策下零售商的最优订购量。

在需求信息有限及一定的减排水平下，在该决策下供应链整体的最优订购量为：

$$q_c(\lambda) = \frac{\sigma(p + l + S_a - 2z_\lambda)}{\sqrt{(p+l-z_\lambda)(z_\lambda - S_a)}} + \mu \tag{6.8}$$

由此可得，在一定的减排水平下，最优订购量与销售价格、缺货损失成本和残值成正比，与单位质量产品生产成本成反比。

为了达到最优减排水平，需要考虑减排投资系数、单位质量产品的碳排放量和碳排放权交易价格这三个因素。其中，减排投资系数越高，最优减排水平越低；单位质量产品的碳排放量和碳排放权交易价格越高，最优减排水平越高。同样，为了达到最优订购量，需要考虑投资系数、单位质量产品的碳排放量和单位质量产品的碳配额这三个因素。其中，投资系数和单位质量产品的碳排放量越高，最优订购量越低；单位质量产品碳配额越高，最优订购量越高。

此外，当市场需求信息有限时，集中决策下最优减排水平为：

$$\lambda_c^* = \frac{e\, c_e}{2\, c_i}$$

当市场需求信息有限时，在该决策下供应链的最大预期收益为：

$$\pi_c^* = (p - z_{\lambda_c^*})\mu - \sigma \sqrt{(p + l - z_{\lambda_c^*})(z_{\lambda_c^*} - S_a)} \qquad (6.9)$$

在该决策下，为了获得更高的供应链利润，零售商必须提高订购量。同时随着产品订货的增加，零售商的进货成本也会提高，从而降低了自身的利润。

集中决策的实施离不开协调各企业的决策机制。需要妥善考虑每个决策主体的利益变化，构建相应机制以激励其与集中决策保持一致，这是实现供应链整体效率的关键所在。

2. 分散决策分析

在分散决策的情形下，每个企业根据自身利益最大化的原则独立决定减排策略和生产计划。作为博弈的第一个行动者，制造商会根据零售商提供的市场信息和自身的预测，决定实现最大利润的最佳减排量。然后，零售商将根据制造商决定的减排水平，预测市场需求和销量，计算不同订购量下的利润，并选择利润最大的订购量作为最优订购量。

在需求信息有限的条件下，设零售商的销售量为 $\min(d,q)$，未售出的剩余产品的数量为 $(q-d)^+$，缺货数量为 $(d-q)^+$。满足关系：

$$\min(d,q) = d - (d-q)^+ \qquad (6.10)$$

$$(q-d)^+ = q - d + (d-q)^+ \qquad (6.11)$$

在需求信息有限的条件下，零售商期望利润的目标函数为：

$$\max_{q} \min_{F \in \psi(\mu,\sigma^2)} \pi_R^F(q) = (p - S_a)E(d) - (w - S_a)q - $$
$$(p + l - S_a)E(d - q)^+ \qquad (6.12)$$

根据国外的相关研究,有:

$$E(d - q)^+ \leqslant \frac{\sqrt{\sigma^2 + (q - E(d))^2} - (q - E(d))}{2} \qquad (6.13)$$

令 $\pi_R(q) = \min_{F \in \psi(\mu,\sigma^2)} \pi_R^F(q)$ 表示零售商的数学期望收益,其中:

$$\pi_R(q) = (p - S_a)\mu - (w - S_a)q - (p + l - S_a)$$
$$\frac{\sqrt{\sigma^2 + (q - \mu)^2} - (q - \mu)}{2} \qquad (6.14)$$

由此得到分散决策下零售商的最优订购量。在需求信息有限的条件下,分散决策下零售商的最优订购量为:

$$q_R^* = \frac{\sigma(p + l + S_a - 2w)}{2\sqrt{(p + l - w)(w - S_a)}} + \mu \qquad (6.15)$$

由此得到最优订购量与技术投资减排水平无关,但同时与单位质量产品的销售价格、单位质量产品的残值和单位质量产品缺货成本成正比,与单位质量产品批发价格成反比。

当需求信息有限时,在该决策下制造商的最优减排水平为

$$\lambda_M^* = \frac{e\, c_e}{2\, c_i} \qquad (6.16)$$

由此得到在该决策下,当市场需求信息有限时,零售商的最大期望利润为:

$$\pi_R^* = (p - w)\mu - \sigma\sqrt{(p + l - w)(w - S_a)} \qquad (6.17)$$

制造商的最大期望收益为 $\pi_M^* = (w - z_{\lambda_M^*})q_R^*$;供应链系统最大期望收益为:

$$\pi_D^* = (p - z_{\lambda_M^*})\mu - \frac{\sigma(p + l + S_a - 2w)(z_{\lambda_M^*} - S_a)}{2\sqrt{(p + l - w)(w - S_a)}} -$$

$$\frac{\sigma(p + l - S_a)(w - S_a)}{2\sqrt{(p + l - w)(w - S_a)}} \tag{6.18}$$

$$z_{\lambda_M^*} = c + c_e(e - k) - \frac{(ec_e)^2}{4c_i} \tag{6.19}$$

因此，如果制造商不投资减排技术，零售商的订购量和预期利润将不产生变化，但制造商的利润将会有一定的下降，碳排放量将会增加到 $J^* = eq_R^*$。

当市场需求信息有限时，集中决策下的最优减排水平与分散决策下的最优减排水平相等，即：

$$\lambda_C^* = \lambda_M^*, q_C^* > q_R^*, \pi_C^* > \pi_D^* \tag{6.20}$$

因此，通过分析发现，集中决策的整体收益率要大于分散决策。但在分散决策模式下，制造商投资减排技术能做到增加制造商利润的同时减少碳排放，从而实现供应链的经济效益和环境效益。

而如果制造商不投资减排技术，虽然可以节省成本，但同时也失去技术进步带来的收益，如生产效率的提高和成本的下降。同时碳排放也会增加。

相比之下，集中决策可以实现供应链效率和利润最大化。但这需要零售商放弃本地利润最大化的目标，执行制造商的集中决策。如果零售商考虑到自身利益，可能不会配合集中决策，则将导致损害供应链的整体效益。

因此，作为决策的领导者，制造商需要设计机制来鼓励零售商的配合。本节将通过选择不同的机制来优化这个弹性供应链模型。如果零售商的决定不能很好地服务于整体决策，其本地利润最大化的目标可能会损害供应链的整体效率。

3. 算例分析

结合有关产品和企业运营相关的子准则的权重，同时结合紫金矿业等企业的 ESG 年报，得到弹性供应链运营有关的参数的相关信息。

通过查询安克创新公司生产氮化镓充电头的相关信息，选取型号为 A2637 的 Type – C 接口的电源适配器作为样例。

通过电商平台和线下店铺走访得到在网上的销售均价约为 40 元/个，在线下直营店则约为 60 元/个，因此设该产品单件销售均价为 50 元，该产品的批发价约为 30 元。此外通过查询安克创新公司的财报和 ESG 年报等报告得到，减排投资前碳排放量 0.85 个单位，单位质量产品的碳配额约为 0.8 个单位。市场需求服从均值为 200，标准差为 65 的正态分布，同时一个单位的碳排放交易价约为 8 元。该产品的缺货成本假设为 40 元/个，同时未售出产品由于库存或产品过时带来的残值损失约为 10 元/个，单位产品的生产成本约为 15 元/个，结合案例同时对其他与碳排放相关的参数进行一定的假设，设定单位质量产品的减排技术投资系数为 100。因此本案例的参数基本取值如下：$p = 50$，$w = 30$，$l = 40$，$S_a = 10$，$c_e = 8$，$c = 15$，$e = 0.85$，$k = 0.8$，$c_i = 100$，$\mu = 200$，$\sigma = 65$。

对由安克创新公司制造商和线下店铺与网店共同构成的零售商集体所组成的供应链进行求解，分散决策和集中决策下的最优决策、期望利润和碳排放量如表 6 – 16 所示。

表 6-16　　　　　　　　　　求解结果

决策	是否投资	λ^*	q^*	π_R^*	π_M^*	π_{SC}^*	$\bar{J}^*$	J^*
分散	投资	0.034	238	1751	3502	5253	0.824	196
分散	不投资	0	238	1751	3475	5226	0.849	202
集中	投资	0.034	297	—	—	5579	0.822	244
集中	不投资	0	290	—	—	5508	0.852	247

通过算例分析可以得出以下结论。

第一，无论采取什么决策方式，氮化镓充电头制造商进行减排技术投资后，都能够降低碳排放总量，与此同时还能够提高供应链的利润水平。说明减排技术投资能帮助企业实现经济和环境双赢。

第二，集中决策方式相比分散决策方式，能够带来更高的最优订货量、期望利润以及碳排放总量，但减排水平和单位质量产品碳排放量等数据与分散决策方式相当。这意味着，尽管集中决策不能直接减少企业碳排放，但却能通过提高订购量来获取更高利润。

接下来将进一步探讨如何通过运用三种契约来实现供应链协调优化。综上，模型分析结果表明：减排技术投资能带来环境效益与经济效益的双赢，制造商应加大投入力度；跨企业合作和协调有助于供应链整体效益的提升。

四、结合契约的弹性供应链优化策略

为了协调供应链，实现环境与经济效应的双赢，制造商可以与零售商签订契约，使零售商放弃本地利润最大化的目标，执行制造商的集中决策的同时，给予零售商一定好处作为补偿，从而帮助零售商更好地配合集中决策。

1. 基于两部收费契约的协调

两部收费契约在供应链协调契约中广泛应用。它的做法是,制造商先按较低的批发价格将货物卖给零售商,然后再向零售商收取一个固定费用 F 来补贴自己,以保障自己的收益。通常制造商也会给零售商获得这个补贴提供一些条件。

在此契约的条件下,制造商自身的期望利润目标函数为:

$$\max_{w,\lambda} \min_{F \in \psi(\mu,\sigma^2)} \pi^F_{M,TPT}(w,\lambda) = (w - z_\lambda)q + F \tag{6.21}$$

零售商的自身期望利润目标函数为:

$$\max_{q} \min_{F \in \psi(\mu,\sigma^2)} \pi^F_{R,TPT}(q) = p\min(d,q) + S_a(q-d)^+ - l(d-q)^+ - wq - F \tag{6.22}$$

基于两部收费契约,零售商的最优订购量将为 $q^*_{TPT} = \dfrac{\sigma(p+l+S_a-2w)}{2\sqrt{(p+l-w)(w-S_a)}} + \mu$,制造商的最优减排水平为 $\lambda^*_{TPT} = \dfrac{e\,c_e}{2\,c_i}$,最优批发价格为 $w^*_{TPT} = z_{\lambda^*_C}$。

综上所述,制造商的最大预期收益为 $\pi^*_{M,TPT} = F$。同时得到零售商的最大预期收益为 $\pi^*_{R,TPT} = \pi^*_C - F$,$\pi^*_{R,TPT} + \pi^*_{M,TPT} = \pi^*_C$。为了实现帕累托最优,则需保障契约运行的必要条件为:$\pi^*_M \leqslant F \leqslant \pi^*_C - \pi^*_R$。

2. 基于收益共享契约的协调

收益共享契约在供应链协调契约中广泛应用。其方法是制造商首先提供优惠的批发价格以用来激励零售商接受要求,然后在某些约束条件下,零售商可以与制造商共享部分收入。双方通过共同协商,确定最优批发价格,从而实现供应链的完美协调。

收益共享契约的目的是协调每个企业的决定,最大化供应链的效率。优惠的批发价格可以减轻零售商的成本压力,鼓励其配合集中决策；而收入共享可以让零售商从中受益，增加其参与集中决策的动机，从而帮助零售商更好地配合集中决策。

设收益共享系数为 a，即制造商分配的收益比例。在此契约下零售商期望收益的目标函数为：

$$\max_{q} \min_{F \in \psi(\mu, \sigma^2)} \pi_{R,RS}^F(q) = ap\min(d,p) + S_a(q-d)^+ - l(d-q)^+ - wq \quad (6.23)$$

在此契约下制造商期望收益的目标函数为：

$$\max_{w,\lambda} \min_{F \in \psi(\mu, \sigma^2)} \pi_M^F(w,\lambda) = (1-a)p\min(d,q) + (w - z_\lambda)q \quad (6.24)$$

基于收益共享契约，零售商的最优订购量将为 $q_{RS}^* = \dfrac{\sigma(p + l + S_a - 2z_{\lambda_C^*})}{2\sqrt{(p+l-z_{\lambda_C^*})(z_{\lambda_C^*} - S_a)}} + \mu$，制造商的最优减排水平为 $\lambda_{RS}^* = \lambda_C^* = \dfrac{ec_e}{2c_i}$，最优批发价格为 $w_{RS}^* = z_{\lambda_C^*} - \dfrac{(1-a)(z_{\lambda_C^*} - S_a)p}{p+l-S_a}$。

收益共享契约下，最优批发价格会随着系数 a 的增加而上升，即零售商给予制造商的分成比例越小，制造商给出的最优批发价格就会越高。此外基于该契约，可以对最坏分布下各方的期望利润进行分析计算。得到制造商的 $\pi_{M,RS}^* = \dfrac{(1-a)(l^\mu + \pi_C^*)p}{p+l-S_a}$。同时得到零售商的

$$\pi_{R,RS}^* = \pi_C^* - \dfrac{(1-a)(l^\mu + \pi_C^*)p}{p+l-S_a}, \quad \pi_{R,RS}^* + \pi_{M,RS}^* = \pi_C^*$$。

为了实现帕累托最优，则需保障契约运行的必要条件为：$a_1 \leqslant a \leqslant a_2$。其中 $a_1 = 1 - \dfrac{(p+l-S_a)(\pi_C^* - \pi_R^*)}{p(l^\mu + \pi_C^*)}$，$a_2 = 1 - \dfrac{(p+l-S_a)\pi_M^*}{p(l^\mu + \pi_C^*)}$。

3. 基于价格补贴契约的协调

价格补贴契约在供应链协调契约中广泛应用。它的做法是，制造

商根据原有承诺，对零售商在产品到期或过保障期之前对未售出产品给予一定补偿，有可能是经济层面的，也有可能是采取退换货等方式。在本研究中，将退换货等其他行为也等价为给予一定的现金补偿，在降低过剩产品的风险的同时，对零售商进行一定的让利。因此零售商就有更大的动力订购更多的产品，而制造商也可以保护自己的利益。为了实现供应链的协调优化和双赢，需要确定最优批发价格 w_{MM} 和经济补贴价格 b。

在此契约下制造商的期望利润函数为：

$$\max_{w,\lambda} \min_{F \in \psi(\mu,\sigma^2)} \pi^F_{M,MM}(w,\lambda) = (w - z_\lambda)q - b(q - d)^+ \quad (6.25)$$

零售商的期望利润函数为：

$$\max_{q} \min_{F \in \psi(\mu,\sigma^2)} \pi^F_{R,MM}(q) = p\min(d,q) + (S_a + b)(q - d)^+ - l(d - q)^+ - wq \quad (6.26)$$

为实现协调优化，在价格补贴契约条件下零售商和制造商将采用集中决策。基于该契约，零售商的最优订购量为 $q^*_{MM} = \dfrac{\sigma(p + l + S_a - 2z_{\lambda_c^*})}{2\sqrt{(p + l - z_{\lambda_c^*})(z_{\lambda_c^*} - S_a)}} + \mu$，制造商的最优减排水平为 $\lambda^*_{MM} = \lambda^*_C = \dfrac{ec_e}{2c_i}$，最优批发价格为 $w^*_{MM} = z_{\lambda_c^*} + \dfrac{(p + l - z_{\lambda_c^*})b}{p + l - S_a}$。

随着 b 增加，制造商的批发价格也增加。此时制造商的最大预期收益为 $\pi^*_{M,MM} = \dfrac{(l^\mu + \pi^*_C)b}{p + l - S_a}$。同时得到零售商的最大预期收益为

$$\pi^*_{R,MM} = \pi^*_C - \dfrac{(l^\mu + \pi^*_C)b}{p + l - S_a}，\pi^*_{R,MM} + \pi^*_{M,MM} = \pi^*_C。$$

为了实现帕累托最优，则需保障契约运行的必要条件为：$b_1 \leqslant b \leqslant$

b_2。其中 $b_1 = \dfrac{(p + l - S_a) \pi_M^*}{l^\mu + \pi_C^*}$，$b_2 = \dfrac{(p + l - S_a)(\pi_C^* - \pi_R^*)}{l^\mu + \pi_C^*}$。

前文分析表明，制造商作为领导者，可以通过三种契约来调整批发价格，使供应链在分散决策和集中决策下的整体绩效一致，达到完美协调的目标。

此外，当契约参数在正常范围内取值时，供应链整体的经济绩效均高于未协调时，这代表若双方均愿意接受契约，则将实现供应链双赢。

上述三种契约机制的目的是通过价格或收益调节，协调零售商的决策与集中决策保持一致，实现供应链效率最大化。当价格或收益调节的幅度适当时，既能满足各企业的基本要求，也能发挥协调效果，这就实现了双赢。

同时，在一定范围内，价格和收益也可以在零售商和制造商之间进行再分配。如果某一方的谈判能力较强，可以通过协商获得更大的利润份额。这需要在不影响协调效果的前提下进行，根据双方的谈判能力进行利润的再分配。

第七节　本章小结

本章的主要内容是弹性供应链运作评价管理相关内容，首先是对于企业运作管理的基本概述以及企业物流运作管理模式的概述，运作管理的目标是以最低的成本最大化企业的价值，企业所选择的运作管理方式需要对企业的整体战略形成有效支持。其次分析了运作管理影响因素，主要考虑顾客满意度、库存管理、企业成本控制、环境可持续性四个方面。同时，本章对运作模式评价体系进行了研究，运用了ESG指标评价体系，并针对需求信息有限条件下的弹性供应链进行协调分析，最终提出可持续供应链运作协调策略。

案例分析

上游零部件供应能力保障机制案例分析——以吉利汽车公司为例

受新冠疫情影响，位于湖北、广东、浙江等疫情较为严重区域的企业不得不推迟复工复产，这些企业中也包括众多负责供应全球汽车零部件的相关企业，汽车零部件企业的延迟复工复产致使整个汽车行业处于面临多级断供风险的危险处境。对于吉利汽车公司来说，疫情的影响主要表现如下。第一，本地零部件供应商未能及时复工复产，同时又缺少库存。据了解，吉利汽车宣布复工时，由于众多相关零部件供应链延迟复工以及各个城市之间的交通管制，导致其无法全面按时正常生产，部分生产基地也不得不延迟复工复产。位于浙江宁波的吉利汽车春晓制造基地面临着零部件断供的危险局面，因配套供应商复工进度不一致，导致了多种零部件供应不足，难以满足生产要求。例如负责给吉利配套生产轮罩内板的宁波市泰鸿机电，因员工紧缺、生产力不足以及日常实施零库存管理，缺少库存，无法按时供货给吉利汽车，给其带来了断供危机。第二，物流中断。随着疫情事态逐步发展严重，为了避免病毒的再次传播，各地出台相应交通管制措施，如省市区域道路之间设置关卡实施严查等防疫措施，致使物流运输效率低下，部分区域甚至存在物流中断现象，物流运输受阻导致整车或零部件产品运输效率大大降低，这也就意味着即使零部件供应商能正常生产，也不能及时运输到吉利生产基地。据宁波市经济和信息化局官网信息显示，宁波市外有185家供应商无法将零部件运送至市内各吉利生产基地。第三，部分省外供应商尚未复工复产。例如，位于疫情最为严重的湖北省的供应商复工延迟，其中就包括光瑞汽车零部件有限公司，其负责供应吉利汽车KX11侧围冲压件，暂时无法复工。吉利汽车有53家供应商位于武汉，而且吉利汽车在武汉也规划了生产基地，即使工厂人员充足，但因物料不够，也会导致后期工厂停产。

面对新冠疫情对吉利汽车公司零部件供应的影响，公司在上游零部件供应能力保障机制中所采取的策略主要分为主动策略和被动策略两种，主动策略有多源多地区供应和供应商分类管理两种，是吉利汽车公司在日常运营中的供应商管理战略，为吉利汽车公司在疫情发生时快速采取的被动策略奠定了基础。在疫情发生时，吉利汽车公司所采取的被动策略针对本土供应商和海外供应商有所不同，由于海外供应商自身的运营状况未知，存在许多不确定性，而且海外供应商提供的大多数为汽车制造中的核心零部件，为了降低核心零部件断供造成的巨大风险，吉利汽车公司对于这类核心零部件持有安全库存。对于国内的本土供应商，主要通过寻求政府的帮助采取激活或替代供应商的策略。由于吉利汽车公司供应商主要分布在江浙地区，疫情防控期间部分供应商位于浙江省内中高风险城市，存在复工难、物流不通等问题，导致了大范围供应失效的情况，对此吉利汽车公司寻求政府帮助，对于浙江省内的供应商进行全面激活并提供物流支持，保证吉利汽车公司的复工复产。对于浙江省外的供应商，所占比例不大，属于局部供应失效，则通过政府梳理的省内符合吉利汽车公司零部件供应需求企业清单，从中挑选满足吉利供应商评价体系要求的企业作为替补供应商，保证公司的零部件供应。

思考问题： 面对新冠疫情这类风险，吉利汽车是如何对弹性供应链进行调整的？

参考文献

[1] 刘家国，施高伟，卢斌，等．供应链弹性三因素模型研究[J]．中国管理科学，2012，20（S2）：528-535．

[2] 王长琼，罗琦．考虑两级中断的弹性供应链网络优化设计[J]．物流技术，2020，39（4）：60-66，83．

[3] 王海燕，王云瑜．灰需求下考虑缺货和中断风险的供应链网络设计[J]．福州大学学报（哲学社会科学版），2019，33（2）：38-44．

[4] 肖建华，刘侠，尚帅，等．基于节点失效和需求不确定的弹性供应链网络优化模型与算法[J]．统计与决策，2018，34（17）：50-53．

[5] 朱新球，苏成．基于胡克定律的供应链弹性研究[J]．物流技术，2010，29（21）：102-105．

[6] 李俊．基于可拓的供应链弹性综合评价研究[D]．哈尔滨：哈尔滨工程大学，2012．

[7] 王红春，刘红云，吴丹丹．基于多层次模糊评价法的装配式建筑供应链风险评价研究[J]．北京建筑大学学报，2019，35（4）：83-88，95．

[8] 马红．突发公共卫生事件交通运输应急法律制度探究[J]．交通企业管理，2020，35（4）：1-3．

［9］丁宁．公共卫生灾害的风险防范与保险［J］．现代商贸工业，2020，41（21）：77－79．

［10］黄美盈．基于"回应型政府"理念的突发公共卫生事件应对策略［J］．现代商贸工业，2020，41（19）：45－47．

［11］潘文浩，李金津，何必凯，等．突发公共卫生事件中网络用户的情感与心理动态分析——以"新冠肺炎"事件为例［J］．传媒观察，2020（7）：13－22．

［12］宋雨倬，何爱伟，刘东鹏，等．2015—2019年甘肃省手足口病突发公共卫生事件分析［J］．疾病预防控制通报，2020，35（4）：47－48．

［13］陈林．重大突发公共卫生事件的经济影响及应对经验——基于文献回顾视角［J］．东北财经大学学报，2020（4）：20－29．

［14］王祎然．疫情期间公共卫生体系建设政策梳理［J］．中国卫生，2020（7）：24－25．

［15］周山东，王泽应．突发公共卫生事件中公民健康责任的伦理分析［J］．东南学术，2020（4）：96－102．

［16］曾悦，张佳．基于突发公共卫生事件下小区防疫响应的社区韧性建设规划思考——以成都市小区防疫响应为例［J］．西部人居环境学刊，2020，35（3）：23－28．

［17］刘丑宏．供应链突发事件应对策略研究［D］．西安：长安大学，2013．

［18］顾丽萍．FMEA在S风电公司研发项目风险管理中的应用研究［D］．上海：东华大学，2017．

［19］张广胜．我国农产品供应链风险因素及对策探讨［J］．浙

江农业科学，2014（3）：312-315.

［20］冯常源．虚拟供应链风险识别及评估研究［D］．秦皇岛：燕山大学，2018.

［21］闫翠翠．基于混合模糊算法的供应链风险ECF体系研究［D］．天津：天津大学，2009.

［22］钟江荣．城市地震次生火灾研究［D］．哈尔滨：中国地震局工程力学研究所，2010.

［23］朱琳．供应链应急管理机制建模与应用研究［D］．青岛：中国海洋大学，2012.

［24］颜波，石平，丁德龙．物联网环境下的农产品供应链风险评估与控制［J］．管理工程学报，2014，28（3）：196-202，173.

［25］张茜茜．突发事件下供应链状态演化研究［D］．西安：长安大学，2016.

［26］王天琪．戴尔独特的供应链及危机管理体系分析［J］．现代商业，2014（1）：182-184.

［27］陈强．基于流程节点的装备制造企业研发风险识别和控制研究［D］．南京：南京航空航天大学，2012.

［28］中国社会科学院语言研究所．新华字典［M］．北京：商务印书馆，2000.

［29］于海生，龙迎红．基于三角模糊数的供应链网络弹性测度［J］．物流技术，2015，34（9）：213-216，258.

［30］安世虎，都艺兵，曲吉林．节点集重要性测度——综合法及其在知识共享网络中的应用［J］．中国管理科学，2006（1）：106-111.

［31］许进，席酉民，汪应洛．系统的核与核度（Ⅰ）［J］．系统科学与数学，1993（2）：102–110．

［32］李鹏翔，任玉晴，席酉民．网络节点（集）重要性的一种度量指标［J］．系统工程，2004（4）：13–20．

［33］朱炜，王超，李俊，等．Web超链分析算法研究［J］．计算机科学，2003（9）：89–93，140．

［34］物流信息互通共享技术及应用国家工程实验室．突发公共卫生事件下应急供应链体系建设研究报告［EB/OL］．（2022–08–27）［2023–03–20］．https：//www.renrendoc.com/paper/218859313.html．

［35］汪鸣．理顺物流运行关系科学有序推进复工复产［N］．经济参考报，2020–03–05（008）．

［36］江苏现代服务业智库．新冠肺炎疫情对全球供应链体系的冲击与应对［EB/OL］．（2020–03–20）［2023–03–20］．https：//www.jsthinktank.com/zhikuyanjiu/202003/t20200320_6568436.shtml．

［37］张阐军．制造业供应链物流精益化管理理论研究与应用［D］．武汉：武汉理工大学，2008．

［38］宋华．电子商务环境下的供应链管理变革［J］．商业经济与管理，2003（12）：4–7．

［39］李帅．基于物流信息共享的供应链协同管理研究［D］．成都：西华大学，2012．

［40］杜栋，庞庆华，吴炎．现代综合评价方法与案例精选［M］．北京：清华大学出版社，2008．

［41］朱新球．应对突发事件的弹性供应链研究［D］．武汉：武

汉理工大学，2011.

［42］潘琰，胡海全. 企业风险承受能力应当如何评价——指标体系构建与评价方法的探讨［J］. 福州大学学报（哲学社会科学版），2013，27（1）：39-46.

［43］丛培栋. 基于模糊评价法的供应链风险评价算法改进研究［D］. 苏州：苏州大学，2009.

［44］白元龙. 基于动态能力视角的供应链弹性影响因素研究［D］. 南京：南京师范大学，2018.

［45］李加平. 不确定环境下考虑决策者风险规避行为的弹性供应链集成优化［D］. 沈阳：东北大学，2015.

［46］刘茵. 考虑失效风险的弹性供应链网络设计［D］. 沈阳：东北大学，2012.

［47］范茜萌. 风险扰动下供应链弹性、供应链鲁棒性和供应链绩效关系研究［D］. 桂林：广西师范大学，2019.

［48］周理昆. 供应中断风险下的弹性供应链优化研究［D］. 长沙：中南大学，2013.

［49］王星星. 突发事件下供应链弹性机制研究［D］. 兰州：兰州大学，2010.

［50］严会贵. 面向失效风险的弹性供应链设计与运作集成优化方法研究［D］. 沈阳：东北大学，2010.

［51］王春兰. 供应链突发事件应急管理研究［D］. 南京：南京大学，2012.

［52］宋轶. 农产品供应链集成模式研究［D］. 武汉：华中师范大学，2015.

［53］黄宁．基于电子商务的新疆农产品供应链集成模式研究［D］．石河子：石河子大学，2015．

［54］卢斌．供应链弹性对供应链竞争力的作用机制研究［D］．哈尔滨：哈尔滨工程大学，2014．

［55］肖琪．关于现代企业物流基于集成供应链管理模式下的探析［J］．智库时代，2019（40）：30，33．

［56］丁青艳．复杂网络结构下供应链企业间合作关系研究［D］．北京：北京交通大学，2012．

［57］闫妍，刘晓，庄新田．基于节点失效的弹性供应链应急管理策略［J］．控制与决策，2010，25（1）：25－30．

［58］杨超．供应链中断下的弹性供应链提升策略与仿真研究［D］．北京：北京理工大学，2015．

［59］盛方正．供应突发事件的应对策略研究［D］．上海：上海交通大学，2008．

［60］朱彩虹．基于突发事件的供应链应急管理研究［D］．厦门：厦门大学，2008．

［61］胡媛．供应链突发事件的应急管理研究［D］．重庆：重庆交通大学，2008．

［62］何国军．基于协同理论的出版供应链管理研究［D］．武汉：武汉大学，2014．

［63］肖静华，谢康，吴瑶，等．从面向合作伙伴到面向消费者的供应链转型——电商企业供应链双案例研究［J］．管理世界，2015，12（4）：138－139．

［64］杨康．基于复杂网络理论下的供应链网络风险管理研究

[D]．北京：北京交通大学，2014．

［65］马文聪．供应链对整合企业绩效影响的证实研究［D］．广州：华南理工大学，2012．

［66］刘希龙，季建华．基于多源供应的弹性供应网络研究［J］．工业工程与管理，2007，12（3）：8-12．

［67］郭茜，蒲云，李延来．供应链中断风险管理研究综述［J］．中国流通经济，2011，25（3）：48-53．

［68］张海龙．应急管理关键问题研究［D］．长春：吉林大学，2010．

［69］王颜新，李向阳．供应链应急响应决策方法体系研究［J］．中国管理科学，2009，11（4）：90-95．

［70］李红艳．基于AHP-模糊综合评价法的互联网金融风险评估研究［D］．济南：山东财经大学，2015．

［71］陈盟．煤矿火灾危险等级多层次模糊综合评价［D］．长沙：中南大学，2014．

［72］李冰漪．日日顺是如何成为大件物流独角兽的？［J］．中国储运，2019（4）：64-65．

［73］张巍瀚．冷链物流供应链弹性评价研究［D］．武汉：武汉理工大学，2017．

［74］曹晟．马士基在蓉企业跨文化团队管理策略研究［D］．成都：四川师范大学，2017．

［75］郭芳．思科中国市场营销战略分析［J］．中国市场，2017（10）：90-92，94．

［76］汪毅之．顺丰公司供应链金融模式的案例研究［D］．武汉：

华中科技大学，2018.

［77］王文隆，刘祺，冯耕中，等．疫情下双渠道供应链恢复努力决策及契约研究［J］．系统工程理论与实践，2023，43（3）：857－870.

［78］王晨．航空制造业供应链风险评估与管理参考模型研究［D］．上海：上海交通大学，2012.

［79］张艳芳．疫情影响下的汽车供应链脆弱性与风险评估研究［D］．北京：北京交通大学，2021.

［80］潘晟．风险控制背景下供应链融资的策略研究——以 X 银行为例［D］．福州：福州大学，2017.

［81］王海燕，李纳，孙涛．汽车制造供应链脆弱性因子辨识研究［J］．武汉理工大学学报（交通科学与工程版），2020，44（2）：238－243.

［82］吴福亮，董明．疫情常态化下的供应链运营管理［J］．供应链管理，2022，3（4）：56－66.

［83］Jesse Chung．新冠疫情下的供应链管理及其对瑞士制造业影响［D］．北京：北京外国语大学，2021.

［84］张开．基于 SIR 模型的汽车制造业供应链的风险传播与控制研究［D］．沈阳：沈阳大学，2019.

［85］孙侨伟．乘用汽车供应链风险研究［D］．长春：长春大学，2021.

［86］韩冬至．疫情对中国汽车行业的影响及对策［J］．河北企业，2020（11）：61－62.

［87］胡春荣，王东，张雷刚．疫情对汽车零部件行业的影响

[J]．销售与管理，2020（4）：42－43．

［88］王勇．汽车零部件铁路物流供应链发展对策［J］．铁道运输与经济，2021，43（1）：34－39．

［89］张道宏，王维莉，古华莹，等．考虑供应商风险偏好的供应链系统动力学分析［J］．计算机工程与应用，2020，56（3）：224－231．

［90］孙涛．汽车制造供应链脆弱性演化机理研究［D］．武汉：武汉理工大学，2018．

［91］张林清，赵忠．生鲜农产品供应链风险识别与防范研究［J］．物流工程与管理，2021，43（2）：52－55．

［92］蒋娜．基于系统动力学的IT服务外包供应链牛鞭效应的研究［D］．武汉：武汉理工大学，2017．

［93］徐磊，朱科，彭金栓．基于系统动力学的不同需求模式下供应链突发事件扩散机理研究［J］．商业经济研究，2019（6）：41－44．

［94］尉迟群丽，何正文，王能民．考虑缺货的闭环供应链选址－库存－路径集成优化［J］．运筹与管理，2021，30（2）：53－60．

［95］顾秋阳，琚春华，吴功兴．考虑碳排放量与数量折扣的闭环供应链网络设计与多目标决策优化研究［J］．控制理论与应用，2021，38（3）：349－363．

［96］张令荣，杨子凡，程春琪．碳配额交易政策下闭环供应链的减排策略选择［J］．管理工程学报，2022，36（1）：172－180．

［97］沈俊宇．区域冷链物流配送中心选址及配送路径优化研究［D］．成都：西南交通大学，2018．

［98］孟宏旭．基于部分供应中断的弹性供应链应急策略研究［D］．武汉：武汉理工大学，2020．

[99] 任慧. 考虑运输中断的可靠三级供应链网络设计 [J]. 计算机工程与应用, 2019, 55 (6): 265-270.

[100] 罗琦. 考虑中断风险的弹性闭环供应链网络优化设计 [D]. 武汉: 武汉理工大学, 2021.

[101] 刘希龙, 季建华. 基于多源供应的弹性供应网络研究 [J]. 工业工程与管理, 2007 (3): 8-12.

[102] 朱新球. 供应链弹性如何影响供应链绩效: 可持续性的中介效应 [J]. 中国流通经济, 2019, 33 (12): 42-54.

[103] 魏晶晶. 基于适应性能力提升供应链弹性的组态研究——以智能供应链企业为例 [J]. 商业经济研究, 2021 (2): 99-102.

[104] 王乾坤, 段宏磊, 申楚雄, 等. 装配式建筑弹性供应链影响因素研究 [J]. 建筑经济, 2021, 42 (10): 79-82.

[105] 刘家国, 姜兴贺, 赵金楼. 基于解释结构模型的供应链弹性系统研究 [J]. 系统管理学报, 2015, 24 (4): 617-623.

[106] 李珍萍, 刘璐, 刘若阳, 等. 基于多种恢复策略的弹性供应链网络设计问题 [J]. 计算机集成制造系统, 2022, 28 (11): 3510-3522.

[107] 王好. 可持续供应链的绩效评价与排序研究 [D]. 西安: 西安电子科技大学, 2021.

[108] 赵宇杰. 可持续供应链融资协调与演化策略研究 [D]. 天津: 河北工业大学, 2019.

[109] 高莹. 碳减排政策下供应链鲁棒运作及协调策略研究 [D]. 曲阜: 曲阜师范大学, 2021.

[110] 傅丽红. 政府不同补贴策略对可持续供应链决策的影响研

究［D］. 广州：广东工业大学，2020.

［111］赵玉姣. 生鲜O2O供应链可持续性研究——以JC公司为例［D］. 广州：华南理工大学，2017.

［112］曹柬. 绿色供应链核心企业决策机制研究［D］. 杭州：浙江大学，2009.

［113］翟露雨. 考虑政府补贴和企业社会责任的调水工程可持续供应链利益协调研究［D］. 郑州：华北水利水电大学，2022.

［114］令狐晋阳. 建筑业可持续供应链的评价研究［D］. 长春：长春工业大学，2016.

［115］魏恒. 考虑企业社会责任和政府补贴的可持续供应链决策［D］. 太原：山西大学，2021.

［116］范豆豆. 绿色食品可持续供应链利益分配研究［D］. 郑州：河南工业大学，2019.

［117］曹英. 碳政策下制造商主导的供应链低碳技术创新协调策略［D］. 太原：太原理工大学，2021.

［118］王应翠. 制造企业可持续供应链绩效提升策略研究——基于战略导向视角［D］. 杭州：浙江理工大学，2015.

［119］刘彩虹，刘爱君，汤中明. 可持续供应链碳减排投资与补货决策集成优化［J］. 技术经济与管理研究，2022（8）：33-39.

［120］孔玉丹. 双碳背景下港口供应链可持续评估与减排策略研究［D］. 大连：大连海事大学，2022.

［121］戴君. 中国企业可持续供应链管理——基于环境保护和社会责任视角［D］. 北京：对外经济贸易大学，2015.

［122］陈磊. 考虑渠道定价权和可持续性的服装供应链采购外包

策略研究［D］. 广州：华南理工大学，2020.

［123］刘嘉文. 零售企业可持续供应链运作绩效模型研究［D］. 武汉：华中科技大学，2018.

［124］虞亚男. 可持续农产品供应链绿色生产与绿色认证策略研究［D］. 南京：东南大学，2020.

［125］冯章伟. 绿色消费行为下闭环供应链定价与再制造模式研究［D］. 南京：南京大学，2020.

［126］孔军军. 考虑环境和社会责任的企业间合作与协调机制研究［D］. 合肥：中国科学技术大学，2022.

［127］安志蓉. 企业环保投资机制研究——环境可持续发展视角［D］. 北京：北京交通大学，2017.

［128］刘洁. 物流企业环境可持续效率与驱动因素研究［D］. 北京：北京邮电大学，2020.

［129］谢磊. 不确定需求下供应链制造商产能分享策略研究［D］. 天津：天津大学，2018.

［130］施华. 复杂不确定环境下可持续供应商综合选择模型与应用研究［D］. 上海：上海大学，2020.

［131］贺铃岚. 基于企业生命周期的ESG与企业价值的相关性研究［D］. 合肥：合肥工业大学，2020.

［132］党忠妍. 民营中小企业在金融危机下的破产原因分析及对策研究——以出口导向型企业为研究对象［D］. 哈尔滨：黑龙江科技学院，2010.

［133］魏恒，王继光，李常洪. 考虑政府补贴和企业社会责任的供应链决策［J］. 经济问题，2020（4）：68－76，94.

［134］谭颖. 环境不确定性视角下的企业供应链弹性的生成机理探究［J］. 物流工程与管理, 2016, 38 (10): 89 - 91, 175.

［135］张瑜. 供应链弹性综合评价与改进策略研究［D］. 沈阳: 东北大学, 2014.

［136］李加平. 不确定环境下考虑决策者风险规避行为的弹性供应链集成优化［D］. 沈阳: 东北大学, 2015.

［137］RUIZ - TORRES A J, MAHMOODI F, ZENG A Z. Supplier selection model with contingency planning for supplier failures ［J］. Computers & Industrial Engineering, 2013, 66 (2): 374 - 382.

［138］AZAD N, DAVOUDPOUR H, SAHARIDIS G K D, et al. A new model to mitigating random disruption risks of facility and transportation in supply chain network design ［J］. International Journal of Advanced Manufacturing Technology, 2014, 70 (9 - 12): 1757 - 1774.

［139］MIKHAIL M, EL - BEHEIRY M, AFIA N. Incorporating resilience determinants in supply chain network design model ［J］. Journal of Modelling in Management, 2019, 14 (3): 738 - 753.

［140］KAMALAHMADI M, PARAST M M. An assessment of supply chain disruption mitigation strategies ［J］. International Journal of Production Economics, 2017, 184: 210 - 230.

［141］DAROM N A, HISHAMUDDIN H, RAMLI R, et al. An inventory model of supply chain disruption recovery with safety stock and carbon emission consideration ［J］. Journal of Cleaner Production, 2018, 197: 1011 - 1021.

［142］SONG Y H, YU H Q, TAN Y C, et al. Similarity matching

of food safety incidents in China: Aspects of rapid emergency response and food safety [J]. Food Control, 2020, 115.

[143] ZHANG P, ZHOU X Y. Health and economic impacts of particulate matter pollution on hospital admissions for mental disorders in Chengdu, Southwestern China [J]. Science of The Total Environment, 2020, 733.

[144] MUNIR M, JAJJA M S S, CHATHA K A, et al. Supply chain risk management and operational performance: The enabling role of supply chain integration [J]. International Journal of Production Economics, 2020, 227.

[145] GOVE P B. Webster's eleventh new international dictionary [M]. [Springfield]: Merriam Webster, 2014.

[146] CONRAD A P. Professional tools for social work practice, human behavior theory and social work practice [M]. New York: Aldine Transaction, 1999.

[147] LUCA U, SANGEETA M, JUHA H, et al. The resilience of energy supply chains: a multiple case study approach on oil and gas supply chains to Europe [J]. Supply Chain Management: An International Journal, 2014, 19 (1): 46-63.

[148] PETER M, YURI M. Developing a resilient supply chain [J]. Procedia-Social and Behavioral Sciences, 2014, 110: 309-319.

[149] WANG J, MUDDADA R, WANG H, et al. Toward a resilient holistic supply chain network system: concept, review and future direction [J]. IEEE Systems Journal, 2016, 10 (2): 410-421.

[150] NILS – OLE H, EDDA F, EVI H, et al. Research on the phenomenon of supply chain resilience [J]. International Journal of Physical Distribution & Logistics Management, 2015, 45 (1/2): 90 – 117.

[151] KLEINBERG J M. Authoritative Sources in a Hyperlinked Environment [J]. Journal of the ACM. 1999, 46 (5): 604 – 632.

[152] DANIEL S, WANG M, HUYNH T L D. This time is indeed different: A study on global market reactions to public health crisis [J]. Journal of Behavioral and Experimental Finance, 2020, 27.

[153] LIU M, XU X F, CAO J, et al. Integrated planning for public health emergencies: A modified model for controlling H1N1 pandemic [J]. Journal of the Operational Research Society, 2020, 71 (5): 748 – 761.

[154] HE Y X, LIU N. Methodology of emergency medical logistics for public health emergencies [J]. Transportation Research Part E, 2015, 79: 178 – 200.

[155] ROSS A, DROGE C. An integrated benchmarking approach to distribution center performance using DEA modeling [J]. Journal of Operations Management, 2002, 20 (1): 19 – 32.

[156] REMKO V H. Research opportunities for a more resilient post – covid – 19 supply chain – closing the gap between research findings and industry practice [J]. International Journal of Operations & Production Management, 2020, 40 (4): 341 – 355.

[157] SHASHI, CENTOBELLI P, CERCHIONE R, et al. Managing supply chain resilience to pursue business and environmental strategies [J]. Business Strategy and the Environment, 2020, 29 (3): 1215 – 1246.

[158] HU F, LIU Y. Multi－index algorithm of identifying important nodes in complex networks basedon linear discriminant analysis [J]. Modern Physics Letters B, 2015, 29 (3).

[159] NGAMWONGTRAKUL B, PHIENTHRAKUL T. Identifying important nodes in scientific publications Singco－authorship network [C] //Student Project Conference (ICT－ISPC), 2016 Fifth ICT International. IEEE, 2016: 13－16.

[160] XU S, WANG P. Identifying important nodes by adaptive Leader Rank [J]. Physical A: Statistical Mechanics and its Applications, 2017, 469: 654－664.

[161] ANTUELA A T, STEWART R. The application of discrete event simulation and system dynamics in the logistics and supply chain context [J]. Decision Support Systems, 2012, 52 (4): 802－815.

[162] DEBABRATA D, PANKAJ D. A system dynamics framework for integrated reverse supply chain with three way recovery and product exchange policy [J]. Computers & Industrial Engineering, 2013, 66 (4): 720－733.

[163] SVEINSSON G. A conceptual framework for the analysis of vulnerability in supply chains [J]. International journal of physical distribution & logistics management, 2000, 30 (9): 731－750.

[164] PETER T, KEVIN M. Supply chain risk in turbulent environments－A conceptual model for managing supply chain network risk [J]. International Journal of Production Economics, 2009 (2): 247－258.

[165] WAGNER S M, NESHAT N. Assessing the vulnerability of

supply chains using graph theory [J]. Int. J. Production Economics, 2009: 121-129.

[166] IVAN K, KATARÍNA L Š. Selected Aspects Of The Risk In The Supply Chain In Context Of The Supplier Quality Management [J]. Research Papers Faculty of Materials Science and Technology Slovak University of Technology, 2015 (36): 90-93.

[167] REZA K, MARK G, NEDA K M. Supplier Selection with Shannon Entropy and Fuzzy TOPSIS in the Context of Supply Chain Risk Management [J]. 2016 (23): 235.

[168] STEPHAN M, WAGNER N. Assessing the Vulnerability of Supply Chains Using Graph Theory [J]. Production Economics, 2010: 121-129.

[169] VILKOJYRI, LATTILAL. Analyzing Supply Chain Vulnerability Through Simulation [M]. SupplyChain Risk Management. Springer, Singapore, 2018.

[170] LAOSIRIHONGTHONG T, TAN K C, ADEBANJO D. Supply chain management in ASEAN automotive manufacturing industry [J]. International Journal of Logistics Research and Applications, 2011, 14 (5): 317-333.

[171] WAGNER S M, BODE C. An empirical investigation into supply chain vulnerability [J]. Journal of Purchasing & Supply Management, 2007, 12 (6): 301-312.

[172] DUCROS M, RUEL S. The snake which bites its own tail. Or the vicious circle of the vulnerable supply chain which does not manage its knowledge [J]. Ifac Papersonline, 2015, 48 (3): 646-651.

[173] LI Z Y, HAI J T. A Capacitated Location – Inventory Model with Demand Selection [J]. Journal of Advanced Transportation, 2019 (2): 1 – 11.

[174] GUO H, ZHANG Y, ZHANG C, et al. A multi – commodity location – inventory problem in a closed – loop supply chain with commercial product returns [J]. International Journal of Production Research, 2020, 58 (22): 6899 – 6916.

[175] LIAO Y, KAVIYANI – CHARATI M, HAJIAGHAEI – KESHTELI M, et al. Designing a closed – loop supply chain network for citrus fruits crates considering environmental and economic issues [J]. Journal of Manufacturing Systems, 2020, 55: 199 – 220.

[176] ABDERRAHMAN A, SAID K, AHMED E H, et al. Multi – objective two – echelon location – distribution of non – medical products [J]. International Journal of Production Research, 2020, 59 (17).

[177] RODOLFO G D, CARLOS A M. Operational planning of forward and reverse logistic activities on multi – echelon supply – chain networks [J]. Computers and Chemical Engineering, 2016, 88: 170 – 184.

[178] TIRKOLAEE E B, GOLI A, GHASEMI P, et al. Designing a sustainable closed – loop supply chain network of face masks during the COVID – 19 pandemic: Pareto – based algorithms [J]. Journal of Cleaner Production, 2022, 333: 130056.

[179] ALEX J R, FARZAD M, AMY Z Z. Supplier selection model with contingency planning for supplier failures [J]. Computers & Industrial Engineering, 2013, 66 (2): 374 – 382.

[180] NADER A, HAMID D, GEORGIOS K D, et al. A new model to mitigating random disruption risks of facility and transportation in supply chain network design [J]. The International Journal of Advanced Manufacturing Technology, 2014, 70 (9 – 12).

[181] LOKESH K S, PRAMOD K J, APURBBA K S. Tactical supply chain planning for tyre remanufacturing considering carbon tax policy [J]. The International Journal of Advanced Manufacturing Technology, 2018, 97 (1 – 4): 1505 – 1528.

[182] LI K, LI D, WU D. Carbon transaction – based location – routing – inventory optimization for cold chain logistics [J]. Alexandria Engineering Journal, 2022, 61 (10): 7979 – 7986.

[183] SARKIS J. Supply chain sustainability: learning from the COVID – 19 pandemic [J]. International Journal of Operations & Production Management, 2021, 41 (1): 63 – 73.

[184] KOBERG E, LONGONI A. A systematic review of sustainable supply chain management in global supply chains [J]. Journal of cleaner production, 2019, 207: 1084 – 1098.

[185] FLORESCU M S, CEPTUREANU E G, Cruceru A F, et al. Sustainable supply chain management strategy influence on supply chain management functions in the oil and gas distribution industry [J]. Energies, 2019, 12 (9): 1632.

[186] GHADIMI P, WANG C, LIM M K. Sustainable supply chain modeling and analysis: Past debate, present problems, and future challenges [J]. Resources, conservation and recycling, 2019, 140: 72 – 84.

[187] ZHU W, HE Y. Green product design in supply chains under competition [J]. European Journal of Operational Research, 2017, 258 (1): 165 – 180.

[188] WANG S Y, CHOI S H. Pareto – efficient coordination of the contract – based MTO supply chain under flexible cap – and – trade emission constraint [J]. Journal of cleaner production, 2020, 250: 119571.

[189] GALLEGO G, MOON I. The distribution free newsboy problem: review and extensions [J]. Journal of the Operational Research Society, 1993, 44 (8): 825 – 834.